汽车底盘电控系统检修

主编　郭炎伟

北京理工大学出版社
BEIJING INSTITUTE OF TECHNOLOGY PRESS

图书在版编目（CIP）数据

汽车底盘电控系统检修 / 郭炎伟主编 . —北京：北京理工大学出版社，2017.7
（2022.6重印）

ISBN 978 – 7 – 5682 – 4443 – 5

Ⅰ. ①汽…　Ⅱ. ①郭…　Ⅲ. ①汽车 – 底盘 – 电气控制系统 – 车辆检修　Ⅳ. ①U472.41

中国版本图书馆 CIP 数据核字（2017）第 179421 号

出版发行 / 北京理工大学出版社有限责任公司
社　　　址 / 北京市海淀区中关村南大街 5 号
邮　　　编 / 100081
电　　　话 / （010）68914775（总编室）
　　　　　　（010）82562903（教材售后服务热线）
　　　　　　（010）68944723（其他图书服务热线）
网　　　址 / http://www.bitpress.com.cn
经　　　销 / 全国各地新华书店
印　　　刷 / 三河市天利华印刷装订有限公司
开　　　本 / 787 毫米 × 1092 毫米　1/16
印　　　张 / 17
字　　　数 / 400 千字
版　　　次 / 2017 年 7 月第 1 版　2022 年 6 月第 5 次印刷
定　　　价 / 49.00 元

责任编辑 / 封　雪
文案编辑 / 封　雪
责任校对 / 周瑞红
责任印制 / 李志强

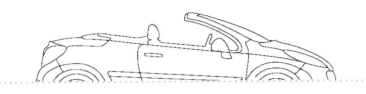

前 言

PREFACE

近年来，随着汽车电子控制技术的飞速发展，在汽车底盘各系统和部件中，采用了越来越多的新型电子控制技术。为了使汽车检测与维修专业、汽车电子技术专业及相关专业的学生和技术人员能够及时了解汽车底盘电子控制系统的有关知识，掌握汽车底盘电子控制系统检修的基本技能，我们特编写了本教材。

本教材内容实用，操作性强，按照深入浅出、理论与实践相结合、注重实践技能培养的原则，在讲解汽车底盘各主要电控系统结构、原理的基础上，重点介绍了故障检修的方法，并且在每个学习任务的后面都附有"知识与技能拓展"项目，帮助学生拓宽视野，接触前沿科技；本教材介绍的汽车底盘电控系统故障检修内容以及在实训项目中所涉及的典型车型，以常见的大众车系、日韩车系和美国车系为主，既考虑到这些车型在电控技术方面所具有的代表性，又考虑到学校现存相关实训、实习设备配备的方便性。除此之外，在每个任务的前面都给出了任务目标，后面都附有思考与练习，以利于学生学习和教师组织教学。

本教材由陕西工业职业技术学院郭炎伟担任主编，学习情境一、学习情境二由郭炎伟编写；学习情境三、学习情境四由陕西工业职业技术学院宋真玉编写；学习情境五由陕西工业职业技术学院吴晨编写；学习情境六由陕西工业职业技术学院许冀阳编写。由于编者水平有限，书中难免存在错误或疏漏之处，恳请广大读者批评指正。

编 者

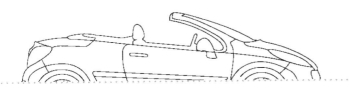

目录

CONTENTS

学习情境一

汽车电控自动变速器结构与检修

学习任务一
电控自动变速器认识与使用

❀ 一、任务目标

（一）知识目标

（1）了解自动变速器的发展及应用。
（2）了解自动变速器的特点及分类。
（3）掌握自动变速器的总体构成及简单工作原理。

（二）能力目标

（1）能够正确使用自动变速器换挡杆。
（2）能够识别自动变速器的型号。
（3）能够将自动变速器总成从车上拆下及重新安装。

❀ 二、任务描述

自动变速器是汽车上一个高科技的机电一体化产品。随着电子技术、计算机技术、液压控制技术的综合发展，汽车自动变速器的控制技术也由全液压式（AT）发展到电控式（ECT）。新型的电控自动变速器已应用智能计算机和脉宽调制式的电液比例压力阀，大大地改善了自动变速器的性能。而且，在引擎控制计算机和自动变速器控制计算机之间进行通信和联合控制，使整车的控制性能大为提高。与此同时，自动变速器已普遍在轿车、大客车（广州等经济较发达城市都有大量的自动变速器公交车）、工程机械（如铲车）等方面得到了广泛的应用。自动变速器的采用，使汽车的驾驶变得方便，乘坐舒适性大大提高，尤其近几年我国自动变速器轿车的保有量迅速上升，现在95%以上的中高级轿车均采用电控自动变速器。因此，学生加强自动变速器的学习显得尤为重要，否则将难以适应未来自动变速器的维修和保养。本任务通过介绍国内外自动变速器的发展、应用等基本知识，使学生产生浓厚兴趣，加深认识。

❋ 三、任务实施——自动变速器的使用及特点

任务一 自动变速器的认识

自动变速器挡位如图 1-1 所示。

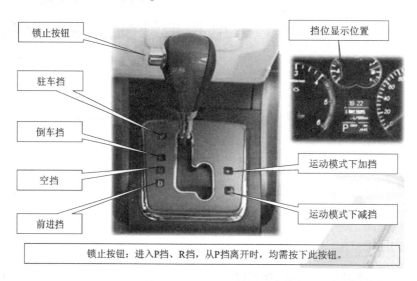

锁止按钮：进入P挡、R挡，从P挡离开时，均需按下此按钮。

图 1-1 自动变速器挡位

1. 自动变速器挡位认识

（1）P：驻车挡。请注意是驻车，不是停车。长时间车辆停放时使用，并配合手刹使用。

（2）R：倒车挡。一般停车入库时使用。

（3）N：空挡。请勿用 N 挡滑行，短距离拖车可以用 N 挡，较长时间红灯（两三分钟以上的），可以 N 挡等待，也可以 P 挡等待。

（4）D：前进挡。和自动挡的车前进挡功能一样。

（5）S：运动挡。升挡时机延后，一般至少 2 500 r/min 以上换挡，并且不再使用第 6 挡，也就是说 S 挡只有 5 挡。

（6）D(+ 、 -)：手动挡。可手动切换挡位，上推一下升一挡，下拉一下降一挡。可两挡实现起步。高挡时松油门不踩刹车不会降挡，给了油，如果速度太低，则自动降到合适挡位。行驶中不会主动升挡，可踩至红线转速。

2. 自动变速器各挡间切换

（1）P 到 R、R 到 P 都要按排挡锁，要刹车。

（2）R 到 N 不用按排挡锁，不用刹车。

（3）N 到 R 要按排挡锁，要刹车。

（4）N 到 D 不用按排挡锁，要刹车。

（5）D 到 S 要按排挡锁，不用松油不用刹车。

（6）S 到 D 直接推就行，不用松油不用刹车。

（7）D 到 D（ + 、 - ）不用松油不用刹车，不用按排挡锁。推过去之后直接就是 D 挡对应的挡位。

（8）D（ + 、 - ）到 D 不用松油不用刹车，直接拨。拨回来之后会按照转速、扭矩等，变成 D 挡合适的挡位。也就是说，D（ + 、 - ）的 3 挡 5 000 r/min，可能切到 D 就是 5 挡 2 000 r/min 了。

（9）D（ + 、 - ）加减挡不用按排挡锁，不用松油不用刹车。

（10）只有 P 和 N 可以打火，且在任何挡位都可以熄火（只有 P 挡钥匙才能拔下来）。

任务二　自动变速器的发展

自动变速器的发展，总的可分为 AT—EAT—MAT—CVT 这几个过程。

1. AT（液力自动变速器）

各大公司早期的车型，如宝马、奔驰、丰田等都曾采用过液力自动变速器，如图 1 - 2 所示。

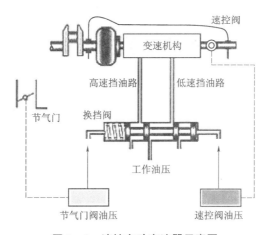

图 1 - 2　液控自动变速器示意图

2. EAT（电控液压自动变速器）

EAT 是在 AT 的基础上加装了一套电控系统。电控自动变速器如图 1 - 3 所示。

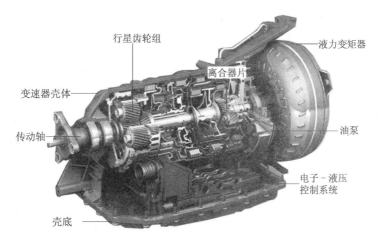

图 1 - 3　电控自动变速器

3. MAT、CVT（手自一体变速器）

新款宝马、奔驰、大众、奥迪都采用了 MAT、CVT 无级变速器；奥迪 A4 汽车上安装了全时四轮驱动 CVT 及托森差速器。手自一体变速器如图 1-4 所示。

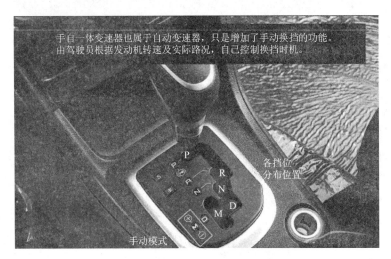

图 1-4　手自一体变速器

任务三　自动变速器的特点

1. 自动变速器的优点

（1）操作简单、省力，提高了运行安全性和乘坐平稳性。

安装了自动变速器的汽车取消了离合器踏板。在变速过程中，通过变速杆（或称选挡杆）选择了换挡范围以后，在一般情况下，就不再需要任何换挡动作。手动换挡：驾驶员根据路况，操纵换挡杆，通过滑移齿轮达到换挡目的。自动换挡：计算机或自动控制系统，接受各种传感器的数值，根据预先设定的程序，当达到换挡条件时，计算机板自动发出控制指令，使自动变速器换挡。由于简化了操作，驾驶员可以把注意力从频繁的换挡操纵中解放出来，集中精力观察道路和交通情况，提高了行车的安全性和舒适性。

（2）提高了汽车的适应性能和动力性能。

自动变速器中的液力变矩器由于它本身既有的性能和它自身能自动根据路况连续地变速，因而提高了汽车的适应性能。由于自动变速器在换挡过程中传动系统传递的动力不中断，而且没有手动换挡过程中减少供油的操作，再加上自动换挡在时机的控制上能保证发动机功率得以充分利用，所以，自动换挡可以得到很好的加速性，而且提高了平均速度。

（3）提高了汽车通过性能。

采用液力自动变速器的汽车，起步容易，且更加平稳，在特别困难路面行驶时，因换挡时没有功率间断，不会出现汽车停车、发动机熄火等现象。

（4）使发动机处于最佳工作状态，有利于控制汽车排放污染。

自动变速器，尤其是电控自动变速器，通过发动机计算机和自动波箱计算机的通信使发动机的输出和自动波箱的换挡匹配，保持在理论最佳状态，有效地降低了污染。

（5）防止系统过载，延长机件寿命。

自动变速器采用的液力变矩器可以吸收和消除传动装置的动载荷。由于自动变速器的自动换挡避免了手动换挡时产生的冲击与动载，因此，一般可使传动零件的使用寿命延长。液力传动汽车的发动机与传动系统由液体工作介质做软性连接，液力传动对震动能起一定的吸收、衰减和缓冲的作用。

2. 自动变速器的缺点

（1）结构比较复杂，制造精度要求较高，重量也稍有增加，因此其成本较高，试制费用较大。通常安装有自动变速器的小轿车，其价格上升10%左右。

（2）传动效率低，这主要是由液力传动所造成的。一般液力传动效率最高可达86%～90%，比机械传动效率要低8%～12%。但由于采取自动换挡，为与发动机更好地匹配，采用变矩器闭锁等措施，可使燃料消耗较手动换挡机械式变速器为少。

（3）自动变速器由于结构复杂，在维护保养、故障分析处理等方面，要求有较高的技术水平。

任务四　自动变速器的使用

自动变速器使用常识包括以下几点。

1. 起动和起步

装有电控自动变速器的汽车在起动发动机时，必须将选挡操纵手柄置于 P 挡位或 N 挡位，并拉紧手制动或踩下制动踏板。车辆起步时应先踩下制动踏板，挂挡后，松开手制动，然后平稳地抬起制动踏板，待汽车缓慢起步后再缓慢踩下加速踏板。车辆起步时还应做到：在发动机起动后、汽车起步前，不要踩加速踏板；在挂挡时，不要松开制动踏板；起步后，加速踏板不要踩得过猛，应缓慢地踩下；在冬季发动机起动后最好不要立即起步，等发动机的转速降下来后再起步。

2. 停车

若停车时间很短，可在 D 挡位下踩住制动踏板停车，这样松开制动踏板可立即起步，但要注意在停车过程中制动踏板不能有松动，否则，汽车将出现蠕动，可能碰上前面的汽车；若停车时间稍长，可在 D 挡位下踩住制动踏板的同时，拉紧手制动；若停车时间较长，最好将选挡操纵手柄置于 N 挡位，并拉紧手制动后松开制动踏板，以免造成自动变速器油的温度过高，也可避免制动时间过长而使制动灯消耗过多的蓄电池电能。不要让发动机在 N 挡位下长时间怠速运转，这样会使自动变速器油因循环不畅而导致油温升高。因为在发动机怠速驱动下的油泵，其泵油量小，使液力变矩器的自动变速器油得不到及时的循环流动而导致温度升高。因此，如果停车时间较长，而又不想让发动机熄火，最好是在这期间踩几次加速踏板，使液力变矩器内过热的油能循环流动，通过冷却器使油温下降。在停车时，选挡操纵手柄在 D、S、L 或 R 挡位的任一情况下，不可踩加速踏板使发动机的转速升高，因为此时液力变矩器的蜗轮不转，而泵轮带动自动变速器油高速旋转，会使油温很快升高，导致自动变速器油过早变质。汽车在停放的位置停下后，应踩住制动踏板，将选挡操纵手柄置于 P 挡位，并拉紧手制动，然后关闭点火开关，使发动机熄火。

3. 行车

（1）坡道行驶：如果是一般的小坡道，可在 D 挡位下，用加速踏板和制动踏板来控制汽车的上、下坡速度；如遇较长的陡坡，应将选挡操纵手柄从 D 挡位移至 S 挡位或 L 挡位（视坡度而定），这样可以避免在 D 挡位上坡时，因高挡位的动力不足而造成自动变速器"循环跳挡"（不断地减挡加挡），加剧自动变速器换挡执行元件的磨损；下坡时，在 S 挡位和 L 挡位下则可以利用发动机的制动作用（下坡时，车速应不超过 30 km/h，这时发动机制动效果最好）。

（2）超车：当需要超车时，迅速将加速踏板踩到底，这时，自动变速器会自动降低一个挡位，可获得强烈的加速效果，放松加速踏板，自动变速器又自动升入高挡。应注意的是待加速达到要求后，应立即松开加速踏板，以避免发动机的转速过高，并对高挡换挡执行元件造成过大的冲击。

（3）雪地或泥泞路面行驶：在雪地或泥泞路面行驶时，应将选挡操纵手柄从 D 挡位移至 S 挡位或 L 挡位；对于有保持开关的自动变速器，还可以将保持开关接通，然后以手动换入适当的挡位行驶。

（4）倒车：需倒车时，应在汽车完全停稳后再将选挡操纵手柄移至 R 挡位；如果是平坦的路面倒车，松开制动踏板和手制动后，以发动机的怠速缓慢倒车即可，无须踩加速踏板；如果倒车中要越过台阶或其他障碍物时，应缓慢踩下加速踏板，并在越过障碍物后及时制动。

（5）滑行：自动变速器车辆，不可使用 N 挡位滑行，这不仅容易使自动变速器油温过高而影响使用，而且还会造成高速旋转的齿轮（由行驶的汽车带动）得不到充分的润滑而烧蚀。

另外，在汽车行驶中，若非紧急超车等情况，尽量不要将加速踏板迅速踩到底，因为这样做自动变速器会进行"强制低挡"控制，即自动变速器立即强制换入低挡，容易使发动机转速过高，造成自动变速器中摩擦片磨损加剧和自动变速器油温过高，因此，这种"强制低挡"操作若非急需，尽量少用。

4. 换挡

在用选挡操纵手柄选挡时，不要踩下加速踏板，挂上挡位后也不要立即猛踩加速踏板，否则，会使自动变速器中的离合器、制动器受损；要挂 R 挡位或 P 挡位时，一定要在汽车停稳以后进行，否则，会损坏自动变速器中的换挡执行元件或停车锁止机构；在车速很高的情况下，从 D 挡位换入 S 挡位或 L 挡位会引起发动机强烈的制动作用，使低挡换挡执行元件受到较剧烈的摩擦而损坏，因此，从高挡位换至低挡位时，应在车速下降以后再换挡。另外，在换入低挡位后，不要猛踩加速踏板，否则容易使发动机的转速过高，并造成自动变速器中的摩擦片磨损加剧和自动变速器油温过高。

✿ 四、知识与技能拓展——手自一体变速器的使用技巧

1. 理解各个挡位的作用

很多人使用 tiptronic 手自一体变速器，只知道一"D"到底，手自一体变速器对他而言

只是一个摆设。那么该如何科学使用手自一体变速器呢？

1）D 挡使用

手自一体的 D 挡位，中规中矩，换挡顺畅，无话可说。

2）S 挡使用

起步时用 S 挡不合适！对速度提升适得其反，原因在于 6 前进挡的车，1、2 挡齿在 1、2 挡停留时间过长，速度是上不去的，而在车身没有大负重的情况下，反而浪费了速度提升。但是一旦到了 3 挡以后，S 挡的威力就瞬间体现出来了，因为转速上升飞快，带来的首先就是速度飞快提升，而且转速达到高扭矩区间后，后劲绵长，驾驶乐趣凸显！要提醒一点，高速不要用 S 挡，因为永远到不了 6 挡，一旦 S 挡过了 90 km，发动机由于转速太高而声响巨大，同时也费油。夏天开空调行驶，最好用 S 挡。高转速产生的高动力，是能更好地提供空调运行的，而且也让车动力损失减少到最小，而且省油（总之是不增加油耗，普通 D 挡开空调后提速不快，加深油门反而更加耗油）。

3）"手动"挡使用

（1）手动挡在进入地下车库的过程中一定要用，就用 1 挡牵引速度，根本不需刹车。

（2）在需要开快车的时候，最好用手动挡。为什么？不是为了让大家在正常前进时更快提速，而是在需要紧急刹车时，同时使用减挡（发动机牵制力介入工作，同时还能增加控制力），能最快地让车慢下来，而后也能最快地让车继续提速。

（3）过弯道的时候，只要学会了用手动挡，刹车基本就可以不用了，过弯道前减挡让发动机牵引力拉住车速，过程中就只需要加点油门。出弯道后，可以迅速拉高速度。如果用 S 挡或者 D 挡去过弯道，除非刹车，否则无法减速。高速行驶过弯道，无论入弯前还是弯道中，使用刹车永远是很危险的，即便是带 ESP 的车（很多好车出事，都是在高速弯道用了刹车后失控侧滑出去的），所以这样的操控行为是有必要学习的。

（4）需要瞬间迸发高扭矩、爆发性的超车用手动挡控制起来很简单，从 D 挡向右推出，快速连续 3 次向下减挡，油门不用深踩，即可超越前车。

（5）滑行。前方 400 m 遇到红灯了，这时候如果切换到手动挡，使用手动挡降挡是滑行最快的，所以需要滑行时，用 S 挡最慢，D 挡可用，用"手动"最能迅速滑行到目的地（切记变速器千万不能 N 挡滑行）。

（6）可以 2 挡起步（同普通自动挡的 2），陷入泥地时候用。如果在雪地或冰面上行驶，一定要用手动挡，而且不要超过 4 挡，这个道理和普通自动挡车是一样的（普通自动挡有 123，其中 3 就是不超过 3 挡的雪地模式）。

2. 熟练使用 D 挡、S 挡、"手动挡"

1）用"手动挡"

（1）限速，有些路段限速 50、60 km/h，这时如果用"D"挡则很容易在 4 挡和 5 挡之间来回变挡。这时应该使用手动模式，锁定 4 挡或者 5 挡。

（2）下比较陡的坡，不少人用"D"挡从坡顶跑到坡底，途中车越溜越快，需要不停踩刹车以减缓车速，而且这样很容易发生追尾事故。这时需要使用手动模式，从"D"挡切换到手动模式时，挡位保持不变，根据坡度情况，挡位轻往后推降挡，利用发动机的牵制力保证车速正常，既不用踩刹车，也不至于车速过快。

（3）爬比较陡的坡，如果用"D"挡爬坡，转速已经很高了，挡位还在2、3挡，明显感觉动力不足，同时会听到发动机的咆哮声。这时应该用手动模式，利用2挡或1挡爬坡。

2）用S挡

堵车状态下跟车，如果用2挡嫌低有点跟不上，上了3挡跟得又太快，需要不时地轻踩刹车，刹车时挡位又回到了2挡。这时候可以用S挡模式，S挡可以延缓换挡时机，不必担心车会在2、3挡之间来回晃荡。

本次任务，我们认识了自动变速器的外形，了解了各个挡位的作用；了解了自动变速器的发展历史；初步学会了如何科学正确地使用自动变速器，理解了自动变速器的优缺点，对手自一体自动变速器的合理使用也有了了解，相信大家对自动变速器已经产生了一定的兴趣。

思考与练习

1. 自动变速器各个挡位的含义如何？
2. 如何正确使用自动变速器？
3. 自动变速器的优缺点都有哪些？

学习任务二
自动挡车辆无法起步故障检修

❋ 一、任务目标

（一）知识目标

（1）了解液力变矩器的工作原理。
（2）了解液力传动的特点及分类。
（3）熟悉液力变矩器的作用和结构组成。

（二）能力目标

（1）能正确认知液力变矩器的各组成零件。
（2）能够检查液力变矩器。

❋ 二、任务描述

在传动装置中以液体（矿物油）为工作介质进行能量传递与控制的装置称为液体传动装置，简称液体传动。凡是主要以工作液体的压力进行能量传递和控制的装置称为液压传动装置，简称液压传动，其工作元件称为液压元件。凡是主要以工作液体的动能进行能量传递与控制的装置称为液力传动或动液传动。汽车上使用的液力传动装置通常有液力耦合器和液力变矩器两种，二者均属于液力传动，即通过液体的循环液动，利用液体动能的变化来传递动力。

液力耦合器是一种液力传动装置，又称液力联轴器。在不考虑机械损失的情况下，输出力矩与输入力矩相等。它的主要功能有两个方面，一是防止发动机过载，二是调节工作机构的转速。其结构主要由壳体、泵轮、蜗轮三个部分组成，如图 1 – 5 所示。由液力耦合器工作原理可知，液体在循环流动过程中，没有受到任何其他附加外力，故发动机作用于泵轮上的转矩与蜗轮所接受并传给从动轴的转矩相等。亦即液力耦合器只起传递转矩的作用，而不起改变转矩大小的作用，故必须有变速机构与其配合使用。此外，由于液力耦合器不能使发动机与变速器彻底分离，故在采用以移动齿轮或接合套方法换挡的普通齿轮变速器时，为了减小齿轮冲击，在液力耦合器与变速器之间还必须装一个离合器，而且由于液力耦合器中存在液流损失，传动系统效率比单用离合器时低。目前，液力耦合器在汽车上的应用日益减少。

液力变矩器与液力耦合器均能起传动作用，所不同的是，液力耦合器只能传递转矩，而不能改变转矩，液力变矩器则不仅能传递转矩，而且还能在输入泵轮的转矩不变的情况下，随着蜗轮的转速不同，即汽车行驶的速度不同而改变输出的转矩。在结构上的主要不同之处是，液力变矩器比液力耦合器多了一个固定不动的导轮机构，也就多了一个变矩的功能。汽车液力变矩器起到了类似手动变速器离合器的作用，对汽车的起步及加速起到了至关重要的作用。液力变矩器安装位置如图 1 - 6 所示。

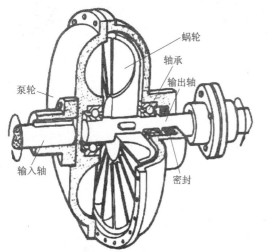

| 图 1 - 5　液力耦合器 | 图 1 - 6　液力变矩器安装位置 |

本部分开始学习自动变速器中液力变矩器故障导致车辆起步加速故障的检修问题。

1. 自动变速器液力变矩器的结构认识

情境导入

故障现象：一辆北京现代索纳塔轿车，装备 KM175 型自动变速器，行驶里程 12 万 km。该车低速行驶时加速无力，车速达到 50 km/h 以上时加速正常。

故障检查与排除：接车后，首先检查发动机没有问题，然后检查自动变速器油，油量充足，油质正常。连接 SCANNER 读取自动变速器故障码，结果也无故障码显示。连接油压表，检测自动变速器油压正常。上述检查说明故障原因不在自动变速器的电控部分，可能是由于自动变速器机械部分故障引起的。于是，拆检自动变速器。经检查，自动变速器的两个换挡执行元件均正常。难道是自动变速器的变矩器出了问题？带着这个疑问，我们首先检查了导轮单向离合器。检查的方法是：用单向离合器夹持器将导轮叶片固定，然后转动单向离合器的内圈，看是否能向一个方向灵活自由地转动，而向另一个方向转动时能可靠地锁止。经过检查，发现导轮的单向离合器在顺时针和逆时针方向都能转动，说明导轮单向离合器不能锁止。更换了一个新的自动变速器变矩器，重新装复后试车，故障现象消除。

故障分析：该故障是由于自动变速器液力变矩器的单向离合器不能锁止造成的。

常见的两级三元件综合式液力变矩器由泵轮总成、蜗轮总成、导轮总成、闭锁离合器总成和后盖组成，导轮通过单向离合器与变速箱壳体固定连接（图 1 - 7）。泵轮与后盖焊接成一个整体，里面充满了传动油，并与发动机连接，起主动作用。蜗轮与变速箱输入轴连接，起动力输出作用。变矩器工作时，泵轮在发动机带动下将传动油冲入蜗轮，从而带动蜗轮转动，实现了动力由发动机向传动系统的传递。导轮总成中，如果单向离合器工作，液力变矩器则起变矩器作用，从而增加扭矩的输出；如果单向离合器不工作（导轮反转），此时变矩器就起到了耦合器的作用。

液力变矩器的作用有以下几点：

（1）液力变矩器能够自动无级地根据负载变化改变蜗轮的转速，提高车辆的通过能力。

（2）液力变矩器通过液体连接泵轮和蜗轮，减少发动机对传动系统的冲击载荷，提高传动系统的寿命。

（3）液力变矩器在起步时，能够提高车辆的起动变矩比，从而提高车辆的动力性能。

（4）起步平稳柔和，提高乘坐舒适性。

2. 自动变速器液力变矩器的工作原理及特性

液力变矩器是液力传动中的又一种型式，是构成液力自动变速器不可缺少的重要组成部分之一。它装置在发动机的飞轮上，其作用是将发动机的动力传递给自动变速器中的齿轮机构，并具有一定的自动变速功能。自动变速器的传动效率主要取决于变矩器的结构和性能。

常用液力变矩器的型式有一般型式的液力变矩器、综合式液力变矩器和锁止式液力变矩器。其中综合式液力变矩器的应用较为广泛。

1）一般型式液力变矩器的结构与工作原理

一般型式的液力变矩器的结构与液力耦合器相似，它有 3 个工作轮，即泵轮、蜗轮和导轮。泵轮和蜗轮的构造与液力耦合器基本相同；导轮则位于泵轮和蜗轮之间，并与泵轮和蜗轮保持一定的轴向间隙，通过导轮固定套固定于变速器壳体上（图 1-8）。

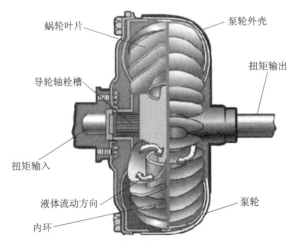

图 1-7　液力变矩器结构图

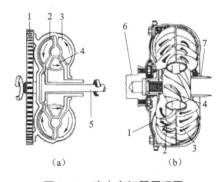

图 1-8　液力变矩器原理图

1—飞轮；2—蜗轮；3—泵轮；4—导轮；
5—变矩器输出轴；6—曲轴；7—导轮固定套

发动机运转时带动液力变矩器的壳体和泵轮与之一同旋转，泵轮内的液压油在离心力的作用下，由泵轮叶片外缘冲向蜗轮，并沿蜗轮叶片流向导轮，再经导轮叶片内缘，形成循环的液流。导轮的作用是改变蜗轮上的输出扭矩。由于从蜗轮叶片下缘流向导轮的液压油仍有相当大的冲击力，只要将泵轮、蜗轮和导轮的叶片设计成一定的形状和角度，就可以利用上述冲击力来提高蜗轮的输出扭矩。为说明这一原理，可以假想地将液力变矩器的3个工作轮叶片从循环流动的液流中心线处剖开并展平，得到图1-9（a）所示的叶片展开示意图，并假设在液力变矩器工作中，发动机转速和负荷都不变，即液力变矩器泵轮的转速 n_p 和扭矩 M_p 为常数。

在汽车起步之前，蜗轮转速为零，发动机通过液力变矩器壳体带动泵轮转动，并对液压油产生一个大小为 M_p 的扭矩，该扭矩即为液力变矩器的输入扭矩。此时蜗轮静止不动，冲向蜗轮的液压油沿叶片流向蜗轮下缘，在蜗轮下缘以一定的速度，沿着与蜗轮下缘出口处叶片相同的方向冲向导轮，对导轮也产生一个冲击力矩，并沿固定不动的导轮叶片流回泵轮。当液压油对蜗轮和导轮产生冲击扭矩时，蜗轮和导轮也对液压油产生一个与冲击扭矩大小相等、方向相反的反作用扭矩 M_t 和 M_s，其中 M_t 的方向与 M_p 的方向相反，而 M_s 的方向与 M_p 的方向相同。根据液压油受力平衡原理，可得：$M_t = M_p + M_s$。由于蜗轮对液压油的反作用，扭矩 M_t 与液压油对蜗轮的冲击扭矩（即变矩器的输出扭矩）大小相等、方向相反，因此可知，液力变矩器的输出扭矩在数值上等于输入扭矩与导轮对液压油的反作用扭矩之和。显然这一扭矩要大于输入扭矩，即液力变矩器具有增大扭矩的作用。液力变矩器输出扭矩增大的部分即为固定不动的导轮对循环流动的液压油的作用力矩，其数值不但取决于由蜗轮冲向导轮的液流速度，也取决于液流方向与导轮叶片之间的夹角。当液流速度不变时，叶片与液流的夹角越大，反作用力矩亦越大，液力变矩器的增扭作用也就越大。一般液力变矩器的最大输出扭矩可达输入扭矩的2.6倍左右。

当汽车在液力变矩器输出扭矩作用下起步后，与驱动轮相连接的蜗轮也开始转动，其转速随着汽车的加速不断增加。这时由泵轮冲向蜗轮的液压油除了沿着蜗轮叶片流动之外，还要随着蜗轮一同转动，使得由蜗轮下缘出口处冲向导轮的液压油的方向发生变化，不再与蜗轮出口处叶片的方向相同，而是顺着蜗轮转动的方向向前偏斜了一个角度，使冲向导轮的液流方向与导轮叶片之间的夹角变小，导轮上所受到的冲击力矩也减小，液力变矩器的增扭作用亦随之减小。车速越高，蜗轮转速越大，冲向导轮的液压油方向与导轮叶片的夹角就越小，液力变矩器的增扭作用亦越小；反之，车速越低，液力变矩器的增扭作用就越小。因此，与液力偶合器相比，液力变矩器在汽车低速行驶时有较大的输出扭矩，在汽车起步上坡或遇到较大行驶阻力时，能使驱动轮获得较大的驱动力矩。当蜗轮转速随车速的提高而增大到某一数值时，冲向导轮的液压油的方向与导轮叶片之间的夹角减小为零，这时导轮将受液压油的冲击作用，液力变矩器失去增扭作用，其输出扭矩等于输入扭矩。若蜗轮转速进一步增大，冲向导轮的液压油方向继续向前斜，使液压油冲击在导轮叶片的背面，如图1-9（c）所示，这时导轮对液压油的反作用扭矩 M_s 的方向与泵轮对液压油扭矩 M_p 的方向相反，故此蜗轮上的输出扭矩为二者之差，即 $M_t = M_p - M_s$，液力变矩器的输出扭矩反而比输入扭矩小，其传动效率也随之减小。当蜗轮转速较低时，液力变矩器的传动效率高于液力耦合器的传动效率；当蜗轮的转速增加到某一数值时，液力变矩器的传动效率等于液力耦合器的传动效率；当蜗轮转速继续增大后，液力变矩器的传动效率将小于液力耦合器的传动效率。

2）综合式液力变矩器的结构与工作原理

目前在装有自动变速器的汽车上使用的变矩器大多是综合式液力变矩器（图1-10），

它和一般型式液力变矩器的不同之处在于它的导轮不是完全固定不动的，而是通过单向超越离合器支承在固定于变速器壳体的导轮固定套上。单向超越离合器使导轮可以朝顺时针方向旋转（从发动机前面看），但不能朝逆时针方向旋转。

当蜗轮转速较低时，从蜗轮流出的液压油从正面冲击导轮叶片，如图1-9（b）所示，对导轮施加一个朝逆时针方向旋转的力矩，但由于单向超越离合器在逆时针方向具有锁止作用，将导轮锁止在导轮固定套上固定不动，因此这时该变矩器的工作特性和液力变矩器相同，蜗轮上的输出扭矩大于泵轮上的输入扭矩，即具有一定的增扭作用。当蜗轮转速增大到某一数值时，液压油对导轮的冲击方向与导轮叶片之间的夹角为零，此时蜗轮上的输出扭矩等于泵轮上的输入扭矩。若蜗轮转速继续增大，液压油将从反面冲击导轮，如图1-9（c）所示，对导轮产生一个顺时针方向的扭矩。由于单向超越离合器在顺时针方向没有锁止作用，可以像轴承一样滑转，所以导轮在液压油的冲击作用下开始朝顺时针方向旋转。由于自由转动的导轮对液压油没有反作用力矩，液压油只受到泵轮和蜗轮的反作用力矩的作用，因此这时该变矩器的不能起增扭作用，其工作特性和液力耦合器相同。这时蜗轮转速较高，该变矩器亦处于高效率的工作范围。

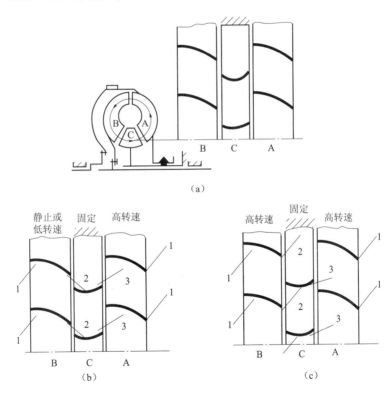

图1-9　液力变矩器工作原理图

（a）叶片展开示意图；（b）起步时；（c）车速较高时

A—泵轮；B—蜗轮；C—导轮

1—由泵轮冲向蜗轮的液压油方向；2—由蜗轮冲向导轮的液压油方向；3—由导轮流回泵轮的液压油方向

导轮开始空转的工作点称为耦合点。由上述分析可知，综合式液力变矩器在蜗轮转速由零至耦合点的工作范围内按液力变矩器的特性工作，在蜗轮转速超过耦合点转速之后按液力耦合器的特性工作。因此，这种变矩器既利用了液力变矩器在蜗轮转速较低时所具有的增扭特性，又利用了液力耦合器蜗轮转速较高时所具有的高传动效率的特性。

3）锁止式液力变矩器的结构与工作原理

变矩器是用液力来传递汽车动力的，而液压油的内部摩擦会造成一定的能量损失，因此传动效率较低。为提高汽车的传动效率，减少燃油消耗，现代很多轿车的自动变速器都采用一种带锁止离合器的综合式液力变矩器。这种变矩器内有一个由液压油操纵的锁止离合器。锁止离合器的主动盘即为变矩器壳体，从动盘是一个可作轴向移动的压盘，它通过花键套与蜗轮连接（图 1－10）。压盘背面（图中右侧）的液压油与变矩器泵轮、蜗轮中的液压油相通，保持一定的油压（该压力称为变矩器压力）；压盘左侧（压盘与变矩器壳体之间）的液压油通过变矩器输出轴中间的控制油道与阀板总成上的锁止控制阀相通。锁止控制阀由自动变速器计算机通过锁止电磁阀来控制。

图 1－10　带锁止离合器的综合式液力变矩器

❋ 三、任务实施——液力变矩器检修

任务一　AT 液力变矩器的检修要求及注意事项

AT 液力变矩器检修要求及注意事项有以下几点：

（1）分解自动变速器时不能用铁锤直接敲打，必须采用木棒或铜棒。

（2）注意各类配件的装配位置，装前要清洁干净、润滑。

（3）注意安全操作，严格按照操作规程进行。

（4）液力变矩器在装车前要加注自动变速器油，以免在发动机刚工作时，因变矩器内缺油而损坏。

（5）拆卸自动变速器时，应将液力变矩器一同拆下，安装自动变速器时，应先将变矩器安装在自动变速器上，并确认已安装到位，然后再将其一起安装到车上，在变速器和发动机完全贴靠前，不允许拧紧变矩器壳和发动机机体间的连接螺栓。

（6）在更换变矩器时，要注意其型号与变速器的匹配关系，新变矩器与旧变矩器的型号、外形尺寸、失速转速和转矩应完全相同。错误的匹配往往出现在同一型号的自动变速器配用在不同厂家的不同车型时或同一型号的自动变速器配用在不同排量的同一车型时。

（7）大多数变速器（90%以上）的油泵都是由变矩器直接驱动的，尽管变矩器驱动毂端有的是两个缺口、有的是两个扁块、有的是两个三角形的，还有的为外花键或六方的，但组装时往往先将变矩器装入变速器上，然后再装变速器，安装时需一边旋转发动机，一边往里推变速器，待变速器壳与发动机缸体后平面间没有间隙时，再紧固连接螺栓。如不旋转发动机，直接紧螺栓，变矩器驱动毂会顶坏油泵主动轮，造成汽车无法行驶的故障。

任务二　AT 液力变矩器的检修方法及步骤

1. 清洗

（1）在液力变矩器最外侧的边缘上，两叶片之间打一个小孔。将孔向下放置 15 min 后，液力变矩器内的油液放完即可。

（2）向液力变矩器中加入干净的变矩器油，以清洗液力变矩器内部，然后将变矩器内的油倒出。

（3）再次向变矩器内倒入清洁的液压油，清洁后倒出。

（4）用清洁剂清洗变矩器内部零件，清洗后只能用压缩空气吹干。

（5）用压缩空气吹干所有的油孔或油道，确保清洁。

（6）清洗后用铆钉将钻孔封死，然后做动平衡实训。

2. 检查液力变矩器

（1）检查变矩器外壳有无损坏和裂纹、轴套有无磨损，驱动轴的轴套缺口有无损伤。

（2）将液力变矩器安装在发动机飞轮上，用千分尺检查变矩器轴套上的圆跳动误差。如一周上千分尺指针摆差大于 0.03 mm，应采用重新安装角度的方法给予校正，并做好记号，以确保安装。如无法校正应更换。

3. 检查单向离合器

（1）用专用工具插入单向离合器内座圈。

（2）用专用工具将单向离合器外座圈固定。

（3）转动驱动杆，检查单行离合器是否正常。逆时针方向上单向离合器应锁止，顺时针方向上应能转动。

❋ 四、知识与技能拓展——特殊液力变矩器的认识

目前在多种技术领域内使用着各种不同结构和性能的液力变矩器，它的分类情况大致如下。

1. 按照在牵引工况泵轮和蜗轮的相对旋转方向，或按工作轮沿液流方向排列的顺序分类

1）正转液力变矩器

正转液力变矩器的主要特点是在牵引工况下，泵轮和蜗轮的旋转方向相同，目前绝大多

数的液力变矩器均属于这一类型。

2）反转型液力变矩器

反转型液力变矩器的特点是在牵引工况下，蜗轮与泵轮的旋转方向相反，其工作轮排列顺序为泵轮→导轮→蜗轮。这种变矩器与行星排构成的外分流液力变矩器很适合在中小功率内燃叉车和装载机上使用。

3）双向正转型液力变矩器

双向正转型液力变矩器与正转变矩器基本相同，但其泵轮可正转或反转，而蜗轮恒与泵轮同向旋转。为了减小泵轮反转时的液力损失，导轮叶片被作成可以转动的。这类液力变矩器多用在动力机（如电动机）和工作机（如刮板运输机）双方都有正反转工况的起重运输机械上。

2. 根据特性调节方式分类

1）不可调式液力变矩器

该种液力变矩器特性的变化全是自动调节的，目前大多数液力变矩器属于此种类型，主要是利用其自动调节性能。

2）可调式（或可控式）液力变矩器

该种液力变矩器特性的变化可以人为地控制或调节，目前已应用的有以下几种：

（1）闸流挡板式。闸流挡板式液力变矩器以控制流量的方法控制性能。目前应用较少。

（2）泵轮叶片可旋转式。泵轮叶片可旋转式液力变矩器是利用改变泵轮出口的液流参数控制变矩器的特性，这类变矩器多用于外载荷为恒力矩但需要调速的调速传动机构。

（3）导轮叶片可旋转式。导轮叶片可旋转式液力变矩器是利用控制导轮出口液流的参数，也就是控制泵轮入口前的液流参数来调节液力变矩器的性能。

（4）双泵轮液力变矩器。双泵轮液力变矩器是把原变矩器的泵轮分割为两个泵轮，并通过一个可控的无级调速装置（通常称作 Ω 离合器或滑差离合器）控制外泵轮和主泵轮的分离与接合程度来控制外泵轮的转速和力矩，从而改变液力变矩器的性能，它是提高工程机械使用性能的一种较优良的液力变矩器。

3. 根据液力变矩器蜗轮叶栅的列数或刚性连接在一起的蜗轮叶栅数分类

（1）单级液力变矩器。该种变矩器只有一列蜗轮叶栅（即一个蜗轮）。这类变矩器的结构简单，应用较广。

（2）两级液力变矩器。该种变矩器具有两个刚性连接的蜗轮（即有两列蜗轮栅叶）。

（3）三级液力变矩器。该种变矩器具有三个刚性连接的蜗轮（即有三列蜗轮栅叶）

4. 根据工作轮可能构成的变矩器工况数分类

根据工作轮可能构成的变矩器工况数，可分为单相、两相、三相以及多相的液力变矩器。

例如：一个三工作轮的液力变矩器，最多可以构成一个含有变矩器工况（导轮固定）和耦合器工况（导轮旋转）的两相液力变矩器，一个双导轮的四工作轮液力变矩器最多可以构成一个四相液力变矩器，目前单相、两相、三相液力变矩器的应用很广。工程机械和起重运输机械要求结构简单而价格便宜，常采用单相或两相的液力变矩器。

5. 根据蜗轮的型式，即液流在蜗轮中的流动状态分类

根据蜗轮的型式，可分为向心蜗轮式、离心蜗轮式和轴流蜗轮式三种。

6. 根据是否带有闭锁离合器(或其他闭锁机构)分类

1) 非闭锁式液力变矩器

目前工程机械大多采用这种液力变矩器，它不带闭锁离合器。

2) 闭锁式液力变矩器

这种变矩器在泵轮和蜗轮之间装有一个闭锁离合器，利用蜗轮输出转速或转速比，可以根据控制要求使它自动离合。

7. 根据有无内环分类

1) 有内环液力变矩器

大多数液力变矩器均有内环。

2) 无内环液力变矩器

这种液力变矩器的特点是在工作腔内没有内环，充液量一般仅为 65% ~ 85%。这种液力变矩器多用在带式输送机和刮板输送机上。

液力变矩器（Fluid Torque Converter，FTC）是由泵轮、蜗轮、导轮组成的液力元件。安装在发动机和变速器之间，以液压油（ATF）为工作介质，起传递转矩、变矩、变速及离合的作用。自动挡的汽车由于发动机和变速箱之间没有离合器，它们之间的连接是靠液力变矩器来实现的，液力变矩器的作用一是传递转速和扭矩，二是使发动机和自动变速箱之间的连接成为非刚性的以方便自动变速箱自动换挡。现代很多轿车的自动变速器采用一种带锁止离合器的综合式液力变矩器。这种变矩器内有一个由液压油操纵的锁止离合器。锁止离合器在结合时传动效率为 100%，还能减少变矩器中的液压油因液体摩擦而产生的热量，有利于降低液压油的温度。有些车型的液力变矩器的锁止离合器盘上还装有减振弹簧，以减小锁止离合器在结合时瞬间产生的冲击力。

思考与练习

1. 液力耦合器的工作特点是什么？
2. 液力变矩器由哪几个工作轮组成？其工作特点是什么？
3. 液力耦合器和液力变矩器各有何优点？
4. 液力变矩器为什么能起变矩作用？试叙述变矩原理。

学习任务二 自动挡车辆无法起步故障检修

学习任务三

自动变速器异响故障检修

❋ 一、任务目标

（一）知识目标

（1）掌握单排行星齿轮的工作原理和单排行星齿轮的基本特征。

（2）掌握辛普森式行星齿轮变速器的结构、组成，理解其传动路线。

（3）掌握拉维娜式行星齿轮变速器的结构、组成，理解其传动路线。

（4）了解其他形式自动变速器的结构、组成及其传动路线。

（二）能力目标

（1）初步掌握辛普森式自动变速器的拆装顺序和拆装方法，不同组件的拆装要求和拆装技巧等。

（2）初步掌握拉维娜式自动变速器的拆装顺序和拆装方法，不同组件的拆装要求和拆装技巧等。

❋ 二、任务描述

自动变速箱异响是指在车辆运转过程中，自动变速箱内始终存在异常响声，或者是车辆在行驶过程中自动变速箱有异响，停车挂空挡后异响消失。

导致变速箱异响故障的原因可大致分为以下四个：

（1）油泵因磨损过甚或自动变速箱油面高度过低、过高而产生异响。

（2）变矩器因锁止离合器、导轮单向超越离合器等损坏而产生异响。

（3）行星齿轮机构异响。

（4）换挡执行元件异响。

其中，若自动变速器只在行驶中才有异响，空挡时无异响，则为行星齿轮机构异响。对此，应分解自动变速器，检查行星排各个零件有无磨损痕迹，齿轮有无断裂，单向超越离合器有无磨损、卡滞，轴承或止推垫片有无损坏。如有异常，应予以更换。要解决此类故障，就需要掌握相应行星齿轮变速机构的结构、组成，理解其传动路线。本任务通过介绍常见车系中使用的典型自动变速器的行星齿轮变速机构，可以使学生通过学习掌握相应的理论知识和实践技能。

✿ 三、任务实施——齿轮变速机构的检修

情境导入

4T65E 型自动变速器故障。据车主讲，此车在高速行驶过程中突然听到前部发出异响，随即像制动一样自行减速。停车后检查车辆外观没有漏油，也没有其他异常，再次起动着车后，便出现了当变速杆位于 D 位时，加速无力，车辆只能慢慢移动，同时发动机转速只能达到 1 500 r/min 左右，类似于做失速试验；N 位时车辆前行；无 R、1、2 位。

由测量结果分析，变速器输入轴在 P/N 位时被制动，可能原因有输入轴被卡死或在 P/N 位时有某挡位结合，这说明变速器内有机械性损坏。解体并拆检变速器，发现有两处异常：一是行星齿轮机构整体卡死，不能分开和转动；二是 4 挡制动器摩擦片烧损。

经过分析认为，当故障发生，车辆在 4 挡行驶时，4 挡制动器工作，固定 4 挡轴（与前排太阳轮相连）。此时，行星齿轮机构发卡，产生异响，随后咬死。整个行星齿轮机构抱死为一体转动，转动比为 1:1，这相当于挂上了 3 挡而此时 4 挡还在结合，变速器不能同时有两个挡位，于是 4 挡制动器打滑，便烧损了 4 挡制动片。行星齿轮机构咬死后，D 位相当于 3 挡，车辆会前行；D 位起步时，相当于同时挂上了 1 挡和 3 挡。从理论上讲，如果各挡位执行元件都不打滑，挂任何挡位，车辆都不能移动。如果有换挡执行元件打滑，车辆会慢慢移动，加速时当然会像做失速试验。更换行星齿轮机构和烧损的 4 挡制动钢片和摩擦片，故障排除。

任务一 辛普森式自动变速器的检修

1. 单排行星齿轮机构认识

1）单排行星齿轮机构组成

最简单的行星机构由太阳轮、齿圈、行星架和行星轮组成。其机构原理图和组成图分别如图 1–11 和图 1–12 所示。

2）单排行星齿轮机构的工作原理

（1）齿圈固定，太阳轮主动，行星架从动，如图 1–13 所示。

此种组合为降速传动，通常传动比一般为 2.5 ~ 5，转向相同。

（2）齿圈固定，行星架主动，太阳轮从动，如图 1–14 所示。

此种组合为升速传动，传动比一般为 0.2 ~ 0.4，转向相同。

（3）太阳轮固定，齿圈主动，行星架从动，如图 1–15 所示。

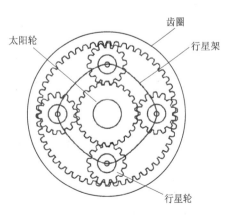

图 1–11 单排行星齿轮机构原理图

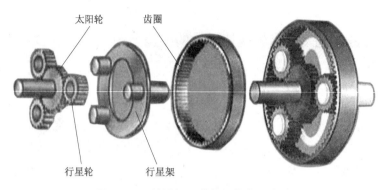

太阳轮　　齿圈

行星轮　　行星架

图 1 – 12　单排行星齿轮机构的组成图

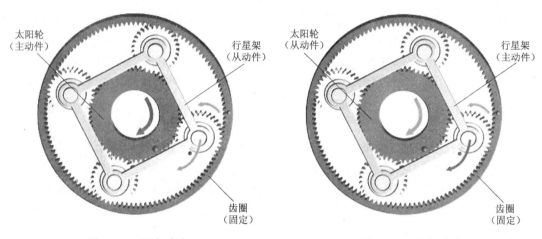

太阳轮（主动件）　行星架（从动件）　齿圈（固定）

太阳轮（从动件）　行星架（主动件）　齿圈（固定）

图 1 – 13　同向减速　　　　　　　　图 1 – 14　同向升速

此种组合为降速传动，传动比一般为 1.25 ~ 1.67，转向相同。

（4）太阳轮固定，行星架主动，齿圈从动，如图 1 – 16 所示。

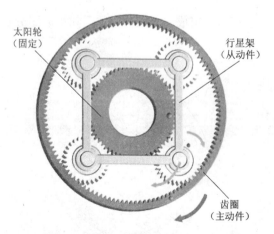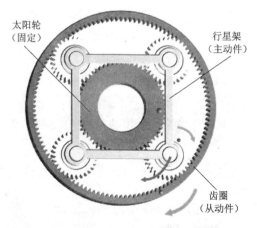

太阳轮（固定）　行星架（从动件）　齿圈（主动件）

太阳轮（固定）　行星架（主动件）　齿圈（从动件）

图 1 – 15　同向减速　　　　　　　　图 1 – 16　同向升速

此种组合为升速传动，传动比一般为 0.6 ~ 0.8，转向相同。

（5）行星架固定，太阳轮主动，齿圈从动，如图 1 – 17 所示。

此种组合为降速传动，传动比一般为1.5～4，转向相反。

（6）行星架固定，齿圈主动，太阳轮从动，如图1－18所示。

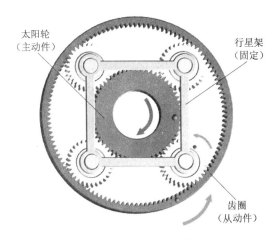

图1－17　反向减速　　　　　　　　　　　图1－18　反向升速

此种组合为升速传动，传动比一般为0.25～0.67，转向相反。

（7）把三元件中任意两元件结合为一体的情况：当把行星架和齿圈结合为一体作为主动件，太阳轮作为从动件或者把太阳轮和行星架结合为一体作为主动件，齿圈作为从动件的运动情况。行星齿轮间没有相对运动，作为一个整体运转，传动比为1，转向相同。汽车上常用此种组合方式组成直接挡。

（8）三元件中任一元件为主动，其余的两元件自由，且其两元件无确定转速输出，即空挡。

2. 辛普森式行星齿轮变速器

1）辛普森式行星齿轮机构的结构（图1－19（a））

辛普森行星齿轮系统是举世闻名的应用于轿车自动变速器的行星齿轮系统，以其设计者霍华德·辛普森的名字而命名。它是三速行星齿轮系统，能提供3个前进挡和1个倒挡。其结构特点是：前后两排行星齿轮共用一个太阳轮。前后行星轮机构有两种连接方式：一种是前行星齿轮机构的齿圈和后行星齿轮机构的行星架相连，称为前齿圈和后行星架组件，输出轴通常与前齿圈和后行星架组件连接；另一种是前行星齿轮机构的行星架和后行星齿轮机构的齿圈相连，称为前行星架和后齿圈组件，输出轴通常与前行星架和后齿圈组件连接。经过上述组合，该机构成为一种具有4个独立元件的行星齿轮机构。根据前进挡的挡数不同，可将辛普森式行星齿轮变速器分为三速和四速两种。

2）辛普森式行星齿轮变速机构的执行元件（图1－19（b））

在辛普森式行星齿轮机构中设置了2个离合器、2个制动器和1个单向离合器，共有5个换挡执行元件，即可成为一个具有3个前进挡和1个倒挡的行星齿轮变速器，各换挡执行元件的功能见表1－1。来自输入轴的动力由前进离合器C_1输入到后齿圈或由高、倒挡离合器C_2传至前后太阳轮组件，不同工况下，各换挡元件起作用，使动力经前齿圈和后行星架输出至输出轴。

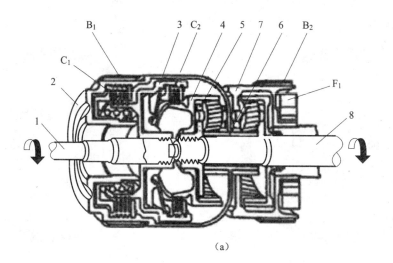

(a)

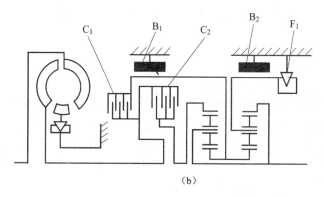

(b)

图 1-19 行星齿轮变速系统结构及元件布置图

（a）结构；（b）换挡执行元件的布置

1—输入轴；2—倒挡及高挡离合器毂；3—前进离合器毂和倒挡及高挡离合器毂；

4—前进离合器毂和前齿圈；5—前行星架；6—前后太阳轮组件；

7—后行星架和低挡及倒挡制动器毂；8—输出轴；

C_1—倒挡及高挡离合器；C_2—前进离合器；B_1—2 挡制动器；

B_2—低挡及倒挡制动器；F_1—低挡单向超越离合器

表 1-1 辛普森式三速行星齿轮变速器换挡执行元件功能表

换挡执行元件	功能
倒挡及高挡离合器 C_1	用来连接输入轴和后齿圈
前进挡离合器 C_2	用来连接输入轴和前后太阳轮组件
2 挡制动器 B_1	用来制动前后太阳轮组件
低挡及倒挡制动器 B_2	用来制动前行星架
低挡单向超越离合器 F_1	防止前行星架逆转

3）辛普森式三速行星齿轮变速器的工作规律

辛普森式三速行星齿轮变速器的工作规律如表1-2所示。

表1-2　辛普森式三速行星齿轮变速器的工作规律表

选挡杆	挡位	离合器		制动器		单向离合器
		C_2	C_1	B_1	B_2	F_1
D	1挡	○				○
	2挡	○		○		
	3挡	○	○			
R	倒挡		○		○	
S L或2 1	1挡	○			○	
	2挡	○		○		
注：○——接合、制动或锁止。						

由表1-2可知：当行星齿轮变速器处于停车挡和空挡之外的任何一个挡位时，5个换挡执行元件中都有2个处于工作状态，即接合、制动或锁止状态，其余3个不工作，即分离、释放或自由状态。处于工作状态的两个换挡执行元件中至少有一个是离合器 C_1 或 C_2，以便使输入轴和行星排连接。当变速器处于任一前进挡时，离合器 C_2 都处于接合状态，此时输入轴与行星齿轮机构的后齿圈接合，使后齿圈成为主动件，因此，离合器 C_2 也称前进离合器。倒挡时，离合器 C_1 接合，C_2 分离，此时输入轴与行星齿轮机构的前后太阳轮组件接合，使前后太阳轮组件成为主动件。另外，离合器 C_1 在3挡时也接合，因此离合器 C_1 也称高挡及倒挡离合器。制动器 B_1 仅在2挡时才工作，称为2挡制动器。制动器 B_2 在1挡和倒挡时都工作，称为低挡及倒挡制动器。由此可知，换挡执行元件的不同组合决定了行星齿轮变速器所处的挡位。

4）辛普森式三速行星齿轮变速器各挡的动力传递路线

（1）1挡。如图1-20所示，此时前进离合器 C_2 接合，使输入轴和前齿圈连接，同时单向超越离合器 F_1 处于自锁状态，后行星架被固定。来自液力变矩器的发动机动力经输入轴、前进离合器 C_2 传给前齿圈，使前齿圈朝顺时针方向旋转。在前行星排中，前行星齿轮在前齿圈的驱动下一方面朝顺时针方向公转，带动前行星架朝顺时针方向转动；另一方面做顺时针方向的自转，并带动前后太阳轮组件朝逆时针方向转动。在后行星排中，后行星轮在后太阳轮的驱动下朝顺时针方向做自转时，对后行星架产生一个逆时针方向的力矩，而低挡单向超越离合器 F_1 对后行星架在逆时针方向具有锁止作用，因此后行星架固定不动，使后齿圈在后行星轮的驱动下朝顺时针方向转动。所以，在前进1挡时，由输入轴传给行星齿轮机构的动力是经过前后行星排同时传给前行星架和后齿圈组件，再传给与之相连接的输出轴，从而完成动力输出的，其传动路线如图1-21所示。

设前、后行星排齿圈和太阳轮的齿数之比分别为 α_1、α_2，前后太阳轮组件、前齿圈和后行星架组件、前行星架的转速分别为 n_1、n_2、n_3，后齿圈的转速为 n_2'。根据单排行星齿轮机构的运动特性方程，可以分别得出前、后行星排的运动特性方程：

前排：$n_1 + \alpha_1 n_2 - (1 + \alpha_1) n_3 = 0$　　（1）

后排：$n_1 + \alpha_2 n_2' - (1 + \alpha_2) n_2 = 0$　　（2）

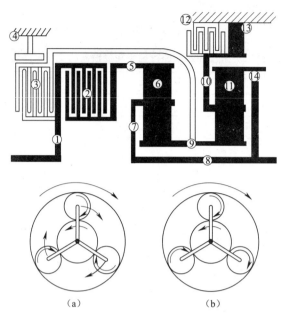

图 1-20   1 挡传动路线及示意图

（a）前行星排；（b）后行星排

1—输入轴；2—前进离合器 C_2；3—倒挡及高挡离合器 C_1；4—2 挡制动器 B_1；5—前齿圈；6—前行星轮；

7—前行星架；8—输出轴；9—前后太阳轮组件；10—后行星架；11—后行星轮；

12—低挡及倒挡制动器 B_2；13—低挡单向超越离合器 F_1；14—后齿圈

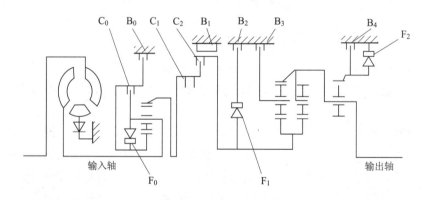

图 1-21   1 挡传动路线简图

由于前行星架的转速 $n_3 = 0$，代入式（1）得：$n_1 + \alpha_1 n_2 = 0$

代入式（2），整理后可以得到 1 挡的传动比为：

$$i_1 = n_2'/n_2 = (1 + \alpha_1 + \alpha_2)/\alpha_2$$

当汽车在 1 挡行驶时，若驾驶员突然松开油门踏板，发动机转速立即降至怠速。此时汽车在惯性的作用下，仍以原来的车速前进，而与驱动轮连接的自动变速器输出轴的转速并未立即下降，反向带动行星齿轮变速器运转。行星齿轮机构的后行星架和前齿圈组件成为主动件，后齿圈则成为从动件。当后行星架朝顺时针转动时，后齿圈朝顺时针转动的速度较低，后行星轮在向顺时针方向公转的同时也朝逆时针方向做自转，从而带动前后太阳轮组件以较高转速向顺时针方向转动，导致前太阳轮和前齿圈同时以较高的转速朝顺时针方向带动前行星轮转动，使前行星轮在自转的同时对前行星架产生一个顺时针方向的力矩。由于单向离合器 F_1 只能防止前行星架的逆转，因此，前行星架顺时针自由转动。在这种情况下，辛普森式行星齿轮机构的 4 个独立元件中有 2 个处于自由状态，使行星齿轮机构失去传递动力的作用，与驱动轮连接的输出轴的反向驱动力无法经过行星齿轮变速器传给变速器输入轴，此时汽车相当于做空挡滑行，这种情况在一般使用条件下有利于提高汽车的乘坐舒适性和燃油经济性，但在汽车下陡坡时却无法利用发动机的怠速运转阻力来实现发动机制动，让汽车减速。为了使装用自动变速器的汽车也能实现发动机制动，必须让它在前进 1 挡有两种不同的选择状态，即有发动机制动和无发动机制动两种，这两种状态的选择通常是改变自动变速器选挡杆的位置来实现的。当选挡杆位于 D 位时，自动变速器的 1 挡处于不能产生发动机制动作用的状态；当选挡杆位于 L 位或 1 位时，自动变速器的 1 挡处于能产生发动机制动作用的状态。

（2）有发动机制动作用的 1 挡。具有发动机制动作用的 1 挡是通过低挡及倒挡制动器 B_3 来实现的。当选挡杆位于 L 位或 1 位时，若行星齿轮变速器处于 1 挡，前进离合器 C_1 和低挡及倒挡制动器 B_3 同时起作用，此时行星齿轮变速器的工作状态和 D 位 1 挡相同，但由于低、倒挡制动器 B_3 处于制动状态，无论是踩下油门踏板加速，还是松开油门踏板滑行，前行星架都是固定不动的，因此行星齿轮变速器的传动比也都是固定不变的。当汽车滑行，发动机处于怠速工况而车速仍较高时，驱动轮在汽车惯性的作用下通过变速器输出轴带动行星齿轮变速器运转，驱动行星齿轮变速器输入轴以原来的转速旋转，导致与行星齿轮变速器输入轴连接的变矩器涡轮转速高于与发动机曲轴连接的变矩器泵轮的转速，来自汽车驱动车轮的反向驱动力通过变矩器作用于发动机曲轴。同样，发动机怠速运转的牵制阻力通过变速器和行星齿轮变速器作用于驱动轮，使驱动轮转速下降，汽车随之减速，实现了发动机制动。

（3）2 挡。图 1-22 所示为 2 挡传动路线及示意图，其中前进离合器 C_2 和 2 挡制动器 B_1 同时工作。此时输入轴仍经前进离合器 C_2 和前齿圈连接，同时前后太阳轮组件被 2 挡制动器 B_1 固定。发动机动力经液力变矩器和行星齿轮变速系统的输入轴传给前齿圈，使其朝顺时针方向转动。由于前太阳轮转速为零，因此前行星轮在前齿圈的驱动下一方面朝顺时针方向做自转，另一方面朝顺时针方向做公转，同时带动前行星架及输出轴朝顺时针方向转动。此时后行星排处于自由状态，后行星轮在后齿圈的驱动下朝顺时针方向一边自转一边公转，带动后行星架朝顺时针方向空转。由此可知，2 挡时发动机的动力全部经前行星排传到输出轴。

① 2 挡的传递路线为：输入轴→前进离合器 C_2→后齿圈→后行星轮→后行星架（B_2 使太阳轮固定不动）→输出轴。

② 后行星排的运动特性方程：

$$n_1 + \alpha_2 n_2' - (1 + \alpha_2) n_2 = 0$$

又 $n_1 = 0$　故 2 挡传动比：

$$i_2 = n_2 / n_2' = (1 + \alpha_2) / \alpha_2$$

在上述 2 挡状态下，汽车滑行时驱动轮的反向驱动力可经过行星齿轮变速器传至发动机，即具有发动机制动作用。

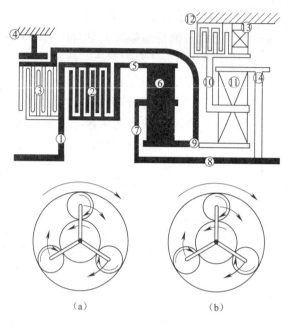

图 1-22 2 挡传动路线及示意图

（a）前行星排　　（b）后行星排

1—输入轴；2—前进离合器 C_2；3—倒挡及高挡离合器 C_1；4—2 挡制动器 B_1；5—前齿圈；6—前行星轮；

7—前行星架；8—输出轴；9—前后太阳轮组件；10—后行星架；11—后行星轮；

12—低挡及倒挡制动器 B_2；13—低挡单向超越离合器 F_1；14—后齿圈

（4）3 挡。图 1-23 所示为 3 挡传动路线及示意图，前进离合器 C_2 和倒挡及高挡离合器 C_1 同时接合，把输入轴与前齿圈及前后太阳轮组件连接成一体。由于这时前行星排中有两个基本元件互相连接，从而使前行星排连成一体旋转，输入轴的动力通过前行星排直接传给输出轴，即直接挡。此时后行星排处于自由状态，后行星轮在后齿圈驱动下朝顺时针方向一边自转一边公转，带动后行星架朝顺时针方向空转。

3 挡的传递路线为：输入轴→前进离合器 C_2 和倒挡及高挡离合器 C_1→前后行星排锁在一起→输出轴。

在 3 挡状态下，汽车滑行时，行星齿轮变速器具有反向传递动力的能力，能实现发动机制动。

（5）倒挡。图 1-24 所示为倒挡传动路线及示意图，倒挡及高挡离合器 C_1 接合，使输入轴与前后太阳轮组件连接，同时低挡及倒挡制动器 B_2 产生制动，将后行星架固定。此时发动机动力经输入轴传给前后太阳轮组件，使前后太阳轮朝顺时针方向转动。由于后行星架固定不动，后行星轮在后太阳轮的驱动下朝逆时针方向转动，并带动后齿圈朝逆时针方向转动，与前行星架和后齿圈组件连接的输出轴也随之朝逆时针方向转动，从而改变了传动方向。此时，前行星排中由于前齿圈可以自由转动，前行星排处于自由状态，前齿圈在前行星轮的带动下朝逆时针方向自由转动。

① 其传动路线是：输入轴→离合器 C_1→前后太阳轮组件→后行星轮（制动器 B_2 起作用，后行星架固定）→后齿圈→输出轴。

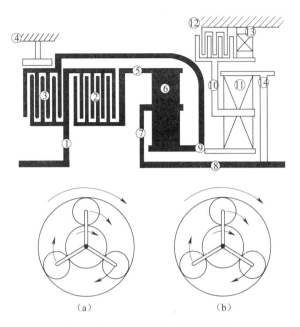

图 1 - 23   3 挡传动路线及示意图

（a）前行星排；（b）后行星排

1—输入轴；2—前进离合器 C_2；3—倒挡及高挡离合器 C_1；4—2 挡制动器 B_1；5—前齿圈；6—前行星轮；

7—前行星架；8—输出轴；9—前后太阳轮组件；10—后行星架；11—后行星轮；

12—低挡及倒挡制动器 B_2；13—低挡单向超越离合器 F_1；14—后齿圈

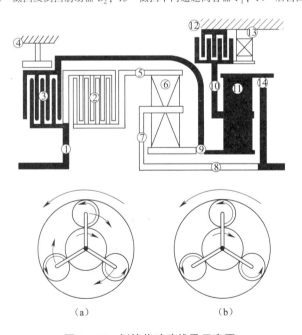

图 1 - 24   倒挡传动路线及示意图

（a）前行星排；（b）后行星排

1—输入轴；2—前进离合器 C_2；3—倒挡及高挡离合器 C_1；4—2 挡制动器 B_1；5—前齿圈；6—前行星轮；

7—前行星架；8—输出轴；9—前后太阳轮组件；10—后行星架；11—后行星轮；

12—低挡及倒挡制动器 B_2；13—低挡单向超越离合器 F_1；14—后齿圈

② 倒挡时的动力是由前行星排传给输出轴的，根据单排行星齿轮机构的运动特性方程，可知：

$$n_1 + \alpha_1 n_2 - (1 + \alpha_1) n_3 = 0$$

由于 $n_3 = 0$，所以倒挡传动比 $i_R = -\alpha_1$。

5）辛普森式行星齿轮机构的检修

（1）变速器拆装。

① 从整车上拆下自动变速器。

② 拆下中体上的接插件支架和限制器开关。

③ 拆下线缆和脉冲发生器。

④ 拆下液力变矩器。

⑤ 拆下前壳体及油泵。

⑥ 拆下主减速器及差速器总成。

⑦ 拆下离合器 C_1。

⑧ 取出输入轴，连同离合器 C_2。

⑨ 拆下制动器 B_1。

⑩ 拆下油底壳，拆下液压控制总成。

⑪ 拆下制动器 B_2，连同单向离合器。

⑫ 取出大小太阳轮，取出行星架。

⑬ 拆下离合器 C_3。

（2）观察变速器零部件，找出各挡传动路线，观察液压总成。

3. 3 行星排 4 挡行星齿轮变速系统的结构与工作原理

丰田 CROWN（皇冠）3.0 轿车所用的 A340E 型电子控制自动变速器就采用了这种行星齿轮变速系统，如图 1 – 25 所示。

图 1 – 25　丰田 CROWN 3.0 轿车自动变速器实物图

1）3 行星排 4 挡行星齿轮变速系统的结构（图 1 – 26）

这种 4 挡行星齿轮变速器是在不改变原辛普森式 3 挡行星齿轮变速系统的主要结构和大部分零部件的情况下，另外再增加一个单排行星齿轮机构和相应的换挡执行元件来产生超速

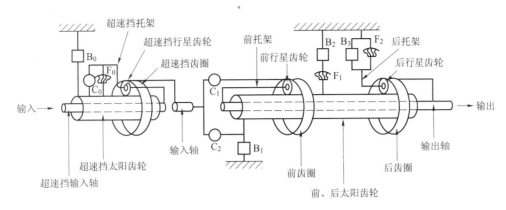

图 1 – 26　A340E 型电子控制自动变速器结构简图

挡而实现的。这个单排行星齿轮机构称为超速行星排，它安装在行星齿轮变速系统的前端，其行星架是主动件，与变速器输入轴连接；齿圈为被动件，与后面的双排行星齿轮机构连接。超速行星排的工作由直接离合器 C_0 和超速制动器 B_0 来控制，直接离合器 C_0 用于将超速行星排的太阳轮和行星架连接，超速制动器 B_0 用于固定超速行星排的太阳轮。

　　为了改善 2～3 挡的换挡平顺性和使变速器在前进低挡位置发动机有制动作用，在原 3 挡行星齿轮变速系统的基础上进行了改进。

　　（1）在前后太阳轮组件和 2 挡制动器 B_1 之间串联了一个单向超越离合器 F_2，称为 2 挡单向超越离合器。单向超越离合器的内环和前后太阳轮组件连接，外环和 2 挡制动器 B_1 连接，在逆时针方向对前后太阳轮组件具有锁止作用。当行星齿轮变速系统处于 2 挡时，前进离合器 C_1 和 2 挡制动器 B_1 仍同时工作。汽车加速时，前后太阳轮组件的受力方向为逆时针方向，由于 2 挡单向超越离合器 F_2 的外环被 2 挡制动器 B_1 固定，因此前后太阳轮朝逆时针方向的旋转趋势被 2 挡制动器 B_1 及 2 挡单向超越离合器锁止，使 2 挡得以实现。当行星齿轮变速器由 2 挡换至 3 挡时，即使倒挡及高挡离合器 C_1 在 2 挡制动器 B_1 释放之前就已接合，但由于倒挡及高挡离合 C_1 接合之后，前后太阳轮组件的受力方向改变为顺时针方向，而在顺时针方向上 2 挡单向超越离合器 F_2 对前后太阳轮组件没有锁止作用，前后太阳轮组件仍可以朝顺时针方向旋转，使换挡能顺利进行。

　　（2）在前后太阳轮组件和变速器壳体之间另外设置了一个制动器 B_3，即 2 挡强制制动器。制动器 B_3 是否工作是由操纵手柄的位置决定的，当操纵手柄位于前进挡位置（D）时，制动器 B_3 不工作；当操纵手柄位于前进挡位置（2、1 或 S、L）而行星齿轮变速器处于 2 挡时，制动器 B_3 工作。这样不论汽车加速或减速，前后太阳轮组件都被该制动器固定，此时的 2 挡在汽车放松加速踏板减速时能产生发动机制动作用。目前大多数轿车自动变速器都采用这种结构。

　　2）3 行星排 4 挡行星齿轮变速系统的工作原理

　　根据行星齿轮变速系统的变速原理，当超速制动器 B_0 放松、直接离合器 C_0 接合时，超速行星排处于直接传动状态，其传动比为 1；当超速制动器 B_0 制动、直接离合器 C_0 放松时，超速行星排处于增速传动状态，传动比小于 1。

　　当行星齿轮变速系统处于 1 挡、2 挡、3 挡或倒挡时，超速行星排中的超速制动器 B_0 放松，直接离合器 C_0 结合，使超速行星排处于传动比为 1 的直接传动状态，而后半部分的双排行星齿轮机构各换挡执行元件的工作和原辛普森式 3 挡行星齿轮变速器在 1 挡、2 挡、3 挡及倒挡时的工作完全相同，见表 1 – 3。

表 1 – 3　丰田 A340E 型电子控制自动变速器各换挡执行元件在各挡位时的工作情况

换挡杆位置	传动挡位	换挡执行元件									
		C_0	C_1	C_2	B_0	B_1	B_2	B_3	F_0	F_1	F_2
P	停车挡	○									
R	倒挡	○		○				○	○		
N	空挡	○									
D	1 挡		○						○		○
	2 挡	○	○				○		○	○	
	3 挡	○	○	○			○		○		
	超速挡		○	○	○						
2	1 挡	○	○						○		○
	2 挡	○	○			○	○		○	○	
L	1 挡	○	○					○	○		

　　来自变矩器的发动机动力经超速行星排直接传给后半部分的双排行星齿轮机构，此时行星齿轮变速系统的传动比完全由后半部分的双排行星齿轮机构及相应的换挡执行元件来控制。当行星齿轮变速系统处于超速挡时，后半部分的双排行星齿轮机构保持在 3 挡位置，而在超速行星排中，由于超速制动器 B_0 产生制动，直接离合器 C_0 放松，超速行星排处于增速传动状态，其传动比小于 1。

　　直接离合器 C_0 在自动变速器处于超速挡以外的任何一个挡位时都处于接合状态，因此当发动机刚刚起动而油泵尚未建立正常的油压时，直接离合器 C_0 已处于半结合状态，这样易使其摩擦片因打滑而加剧磨损。为防止出现这种情况，在直接离合器 C_0 处并列布置了一个直接单向超越离合器 F_0，使超速行星排在逆时针对太阳轮产生锁止作用，防止直接离合器 C_0 的摩擦片在半接合状态下打滑。

任务二　拉维娜式自动变速器的检修

1. 拉维娜式自动变速器的工作原理

1）拉维娜式自动变速器（图 1 – 27）

大众 01M 型自动变速器采用拉维娜式行星轮式变速机构，基本的行星轮机构包括太阳轮、行星轮、行星架和齿圈，其中行星轮是惰轮，不能输入、输出动力。在太阳轮、行星架和齿圈三者中，驱动其中一个，制动另一个，则第三个输出动力，通过不同的组合，达到改变传动比的目的。

2）拉维娜式行星轮式变速机构

拉维娜式行星轮式变速机构示意图如图 1 – 28 所示。

3）拉维娜式行星齿轮机构各执行元件位置（图 1 – 29）及作用

图 1-27 拉维娜式自动变速器

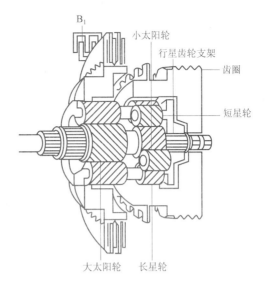

图 1-28 拉维娜式行星轮式变速机构示意图

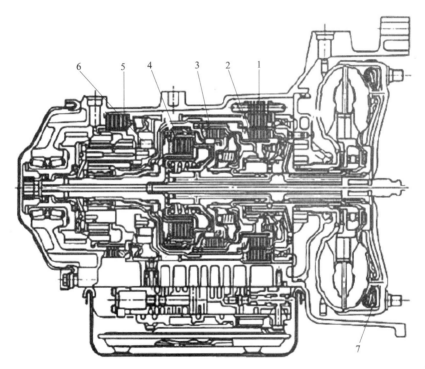

图 1-29 拉维娜式行星齿轮机构各执行器位置示意图

1—制动器 B_2；2—离合器 K_2；3—离合器 K_1；4—离合器 K_3；5—制动器 B_1；
6—单向离合器 F；7—变速器锁止离合器 F_0

在拉维娜式行星齿轮变速机构中有两个太阳轮，它们独立运动，齿圈输出动力，通过对大、小太阳轮及行星架的不同驱动、制动组合，动力由齿圈输出，实现 4 个前进挡及一个倒挡。01M 型自动变速器的行星轮机构见，小太阳轮与短行星轮啮合，短星轮与长行星轮的小端啮合，长行星轮小端与齿圈啮合输出动力，同时长行星轮的大端与大太阳轮啮合。在

01M 型自动变速器中有 3 个离合器、2 个制动器和 1 个单向离合器，离合器和制动器在外形上可能相似但作用不同：离合器啮合时传递力矩，驱动某元件运动；制动器啮合时阻止某元件运动；单向离合器只允许元件向某一个方向运动。就 01M 型变速器而言，各离合器、制动器的作用如下：

离合器 K_1——驱动小太阳轮。

离合器 K_2——驱动大太阳轮。

离合器 K_3——驱动行星架。

制动器 B_1——制动行星架。

制动器 B_2——制动大太阳轮。

4）拉维娜式自动变速器的动力传递路线

（1）不同挡位各部件的状态见表 1-4。

表 1-4　不同挡位行星齿轮机构各部件的状态

挡位	驱动部件	固定部件	输出部件
1	小太阳轮	单向制动行星架	齿圈
2	小太阳轮	大太阳轮	齿圈
3	小太阳轮 + 行星架	无	齿圈
4	行星架	大太阳轮	齿圈
R	大太阳轮	行星架	齿圈

（2）D 位 1 挡。在 D 位 1 挡时，离合器 K_1 接合，驱动后排小太阳轮，单向离合器 F 制动行星架，则齿圈同向减速输出，其动力传动路线为：泵轮→蜗轮→离合器 K_1→小太阳轮→短行星轮→长行星轮→输出齿圈（图 1-30）。D 位 1 挡滑行时，输出齿圈由被动件变为主动件，行星架顺时针空转，单向离合器解锁，小太阳轮不干涉发动机的低速运转，因此发动机对滑行无制动作用。

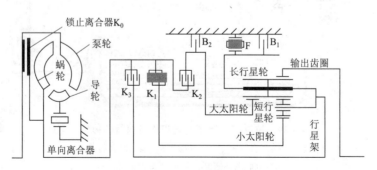

图 1-30　D 位 1 挡动力传动路线

（3）D 位 2 挡。在 D 位 2 挡时，离合器 K_1 接合，驱动后排小太阳轮，制动器 B_2 制动前排大太阳轮，则齿圈同向减速输出，其动力传动路线为：泵轮→蜗轮→离合器 K_1→小太阳轮→短行星轮→长行星轮（此时绕大太阳轮旋转）→输出齿圈（图 1-31）。

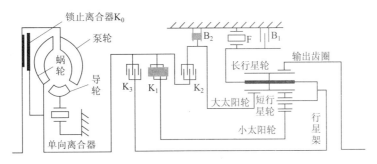

图 1 – 31　D 位 2 挡动力传动路线

D 位 2 挡滑行时，输出齿圈由被动件变为主动件，此时大太阳轮仍制动，长行星轮、短行星轮仍按原来的自转与公转转速旋转，这样小太阳轮被迫带动蜗轮按原来的转速旋转，因此发动机对滑行产生制动作用。

（4）D 位 3 挡。在 D 位 3 挡时，离合器 K_1 接合，驱动后排小太阳轮，离合器 K_3 接合，驱动行星架，因为小太阳轮和行星架同时被驱动，所以行星齿轮机构以一个整体旋转，此时为直接挡其动力传动路线为：泵轮→蜗轮→离合器 K_1 和 K_3→小太阳轮和行星架→长行星轮→输出齿圈（图 1 – 32）。D 位 3 挡滑行时，输出齿圈由被动件变为主动件，因离合器 K_1 和 K 仍接合，所以在输出齿圈的带动下整个行星齿轮机构仍按原来的转速旋转，这样小太阳轮和行星架同时驱动蜗轮按原来的转速旋转，因此发动机对滑行产生制动作用。

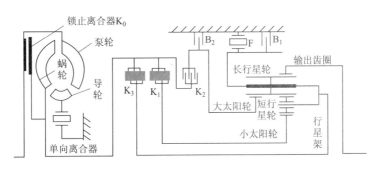

图 1 – 32　D 位 3 挡动力传动路线

（5）D 位 4 挡。在 D 位 4 挡时，离合器 K_3 接合，驱动行星架，制动器 B_2 制动大太阳轮，则齿圈同向增速输出，此时为超速挡，其动力传动路线为：泵轮→蜗轮→离合器 K_3→行星架→长行星轮（此时绕大太阳轮旋转）→输出齿圈（图 1 – 33）。

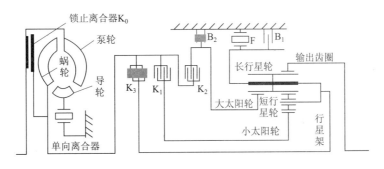

图 1 – 33　D 位 4 挡动力传动路线

D 位 4 挡滑行时，输出齿圈由被动件变为主动件，离合器 K_3 仍接合，制动器 B_2 仍制动前排大太阳轮，此时长行星轮由输出齿圈带动仍按原来的转速自传和公转，并带动行星架和蜗轮按原来的转速旋转，因此发动机对滑行产生制动作用。

（6）2 位 1 挡。2 位 1 挡的动力传动路线与 D 位 1 挡相同。

（7）2 位 2 挡。2 位 2 挡的动力传动路线与 D 位 2 挡相同。

（8）1 位 1 挡。在 1 位 1 挡时，离合器 K_1 接合，驱动后排小太阳轮，制动器 B_1 制动行星架，则齿圈同向减速输出，其动力传动路线与 D 位 1 挡相同。D 位 1 挡滑行时，输出齿圈由被动件变为主动件，此时制动器 B_1 仍制动行星架，长行星轮在齿圈的驱动下仍按原来的转速旋转，短行星轮在长行星轮的驱动下也按原来的转速旋转，并驱动小太阳轮、蜗轮也按原来的转速旋转，因此发动机对滑行产生制动作用，其动力传动路线如图 1 - 34 所示。

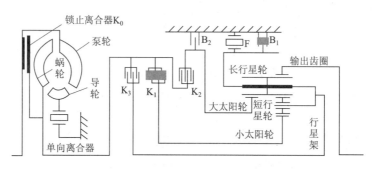

图 1-34　1 挡动力传递路线

（9）R 位（倒挡）。在倒挡时，离合器 K_2 接合，驱动前排大太阳轮，制动器 B_1 制动行星架，则齿圈反向减速输出，其动力传动路线为：泵轮→蜗轮→离合器 K_2→大太阳轮→长行星轮→输出齿圈（图 1 - 35）。

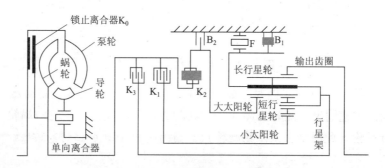

图 1-35　倒挡动力传动路线

2. 拉维娜式自动变速器的拆装

（1）保持台架上自动变速器轴线水平，测量液力变矩器端面到变速器壳体端面的距离，并记录。

（2）拆下变速器壳体上带密封圈的后端盖，此盖是压入变速器后端孔上的，拆下后，要更换新盖。注意另一后端盖为变速器输出轴后端盖，不要拆错。

（3）拆下油底壳，注意此时不能翻转油底壳向上，否则油底壳中的杂质将会进入阀体，导致阀体故障。然后再拆下自动变速器进油滤网，进油滤网拆下后必须更换。观察油底壳内的杂质，分析变速器的磨损情况。

（4）拆下阀体上的传输线，松开线束插接器与壳体上的固定螺钉，使线束与阀体保持连接。

（5）若要将电磁阀线束和油温传感器等与阀体分离，必须使用专用工具，动作用力要适度，否则会造成印刷线束短路。

（6）拆卸阀体固定螺钉，注意使用专用工具。在将阀体从壳体上取下前，必须首先分离手动阀阀芯与多位开关之间连接的挂钩。将手动阀阀芯仍然保留在阀体中，但由于阀芯极易滑落，因此在拆装过程中要非常小心，特别是在安装前要保证阀芯与阀体孔清洁，并加入变速器油润滑。

（7）取出制动器 B_1 导油管。此导油管位于阀体下面，壳体上的油道孔内。

（8）用专用扳手拆下间距不等的 7 个油泵螺栓。

（9）注意观察 7 个螺栓孔中，只有对角的两个孔有螺纹，将专用螺栓（M8）拧入油泵螺纹孔内，拉出油泵。

（10）将带有隔离套管、制动器 B_2 制动片、弹簧和弹簧盖的所有离合器一起拉出，注意推力滚针轴承和垫片的位置，不可错乱。

（11）将多位开关拉至驻车挡位置，固定后齿圈。

（12）将螺丝刀插入大太阳轮的孔内，固定大太阳轮。

（13）从后端盖孔内拆出小传动轴后端的紧固螺栓、调整垫圈和推力滚针轴承。

（14）从变速器壳体内拔出小传动轴。注意滚针轴承、推力滚针轴承等小零件的位置。

拔出大太阳轮和小太阳轮输入轴（大传动轴）。

（15）从变速器壳体上拆下转速传感器。

（16）拆下隔离套管弹性挡圈（卡环）和单向离合器弹性挡圈（卡环）。

（17）取出导流块。

（18）取出行星架内的小太阳轮、垫圈、推力滚针轴承。

（19）用钳子夹在单向离合器的定位楔上，把单向离合器从变速箱壳体上拔出。

（20）取出碟形弹簧。

（21）拆下制动器 B_1 的钢片、摩擦片和压盘。

（22）取出推力轴承和垫圈，挂入驻车挡位置，从后端盖孔处用专用工具拆下内六角紧固螺栓，然后依次取出碟形弹簧、调整垫圈、后圆锥滚子轴承、推力滚针轴承，从变速器壳体中取出齿圈及轴承等。

01M 型自动变速器技术参数和各离合器、制动器的片组间隙见表 1-5 和表 1-6。

表 1-5　01M 型自动变速器技术参数

挡位	传动比	挡位	传动比
1 挡	2.714	4 挡	0.743
2 挡	1.441	R 挡	2.884
3 挡	1.000		

表1-6　各离合器、制动器的片组间隙　　　　　　　　　　　　mm

离合器/制动器	片组间隙	摩擦片片数
离合器 K_1	0.8～1.5	4
离合器 K_2	0.8～1.5	3
离合器 K_3	1.6	5
制动器 B_1	1.12～1.8	4
制动器 B_2	1.12～1.8	4

任务三　交叉轴式自动变速器的检修

美国通用公司动力系统分部1997年生产了适用于前轮驱动小客车的Hydra-matic 4T65-E型自动变速驱动桥。该变速驱动桥为交叉轴式，可提供4个前进挡和1个倒挡，组成如图1-36所示。

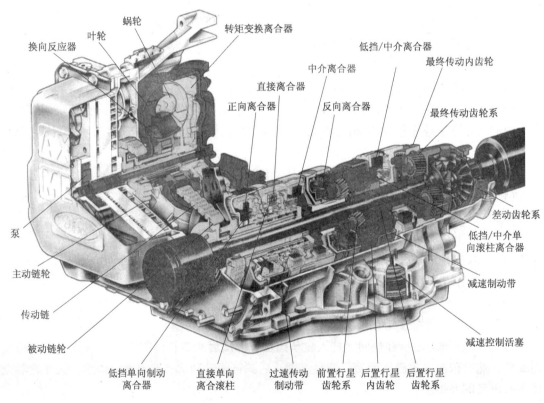

图1-36　交叉轴式自动变速器

1. 交叉轴式自动变速器的工作原理

4T65E齿系机构及运作表见表1-7。

4T65E变速器是通用公司生产的横置式4速自动变速器，采用了典型的串联式行星齿轮机构，变速器的前排行星齿轮架和后排齿圈为一体式结构。该变速器能够提供4个前进挡（包括超速挡）和一个倒挡。

表 1 – 7　4T65E 齿系机构及运作表

挡位	输入元件	锁止元件	输出元件
1	C_3、前太阳齿	B_4、后太阳齿	前圈后架
2	C_1、C_2、后齿圈	B_4、后太阳齿	前圈后架
3	C_1、C_2、前太阳齿及前架	无锁止元件	前圈后架
4	C_1、前架	B_1、前太阳齿	前圈后架
R	C_3、前太阳齿	B_2、前架	前圈后架

2. 交叉轴式自动变速器（4T65E）传动路线分析

1）D_1 挡运作分析

条件：C_3、B_4、F_2、F_3 结合。

动力传输路线：发动机→液力变矩器→C_3、F_2→前太阳齿顺转，前行星齿反转→由于起步时可视前齿圈静止，前架、后圈顺转→后行星齿反转→后太阳齿反转，而 B_4、F_3 运作将后太阳齿轮锁止→强迫前圈后架顺向增矩输出，带动汽车起步。D_1 挡动力传递路线图如图 1 – 37 所示。

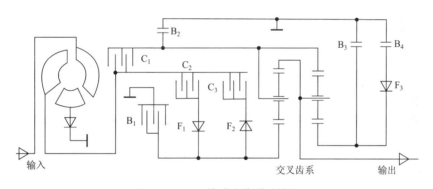

图 1 – 37　D_1 挡动力传递路线图

特点：只有滑行功能，无制动功能。

2）D_2 挡运作分析

条件：C_1、C_2、B_4、F_3。

动力传输路线：发动机→液力变矩器→C_1→后圈……（请学员自行完成）→前圈后架顺向增矩输出；对前排讲，F_2 不能阻止前太阳顺转，故前排无锁止元件，不参与运行。D_2 挡动力传递路线图如图 1 – 38 所示。

特点：只有滑行功能，无制动功能。

3）D_3 挡运作分析

条件：C_1、C_2、F_1。

动力传输路线：发动机→液力变矩器→C_1、C_2、F_1→前……（请学员自行完成）。由于 F_1 对前太阳的超速旋转有锁止作用，故只能与前架顺向同速输出。D_3 挡动力传递路线图如图 1 – 39 所示。

学习任务三　自动变速器异响故障检修

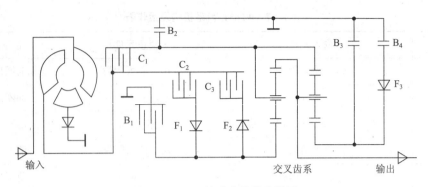

图 1 - 38　D_2 挡动力传递路线图

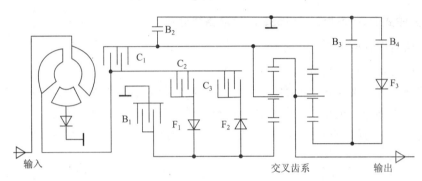

图 1 - 39　D_3 挡动力传递路线图

特点：只有滑行功能，无制动功能。

4）D_4 挡运作分析

条件：C_1、B_1。

动力传输路线：发动机→液力变矩器……（请学员自行完成）→前圈后架顺向超速输出。D_4 挡动力传递路线图如图 1 - 40 所示。

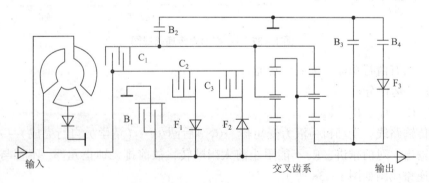

图 1 - 40　D_4 挡动力传递路线图

特点：只有制动功能，无滑行功能。

5）倒挡运作分析

条件：C_3、B_2、F_2。

动力传输路线：发动机→液力变矩器→C_3、F_2……（请学员自行完成）→前圈后架反向减速输出。倒挡动力传递路线图如图 1 - 41 所示。

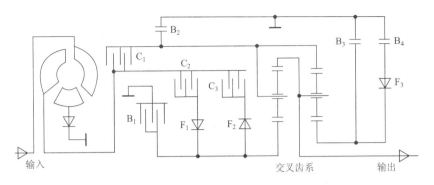

图 1 −41　倒挡动力传递路线图

特点：只有滑行功能，无制动功能。

✿ 四、知识与技能拓展——平行轴式自动变速器

以本田为例，平行轴式自动变速器实物如图 1 −42 所示。

图 1 −42　本田平行轴式自动变速器实物

本田平行轴式自动变速器实物拆开图如图 1 −43 所示。

本田平行轴式自动变速器组成元件图如图 1 −44 所示。

本田平行轴式自动变速器工作原理、各挡位传动路线分析和特点如下：

（1）平行轴式自动变速器工作原理：本田的平行轴式自动变速器是最类似于手动变速器的自动变速器，工作原理是用湿式多片离合器代替手动变速器的接合套来传递各挡位动力。每个离合器相当于一个挡位。不同挡位动力传递路线图如图 1 −45 所示。

（2）各挡位传动路线分析如下：

D_1 挡：输入轴→主轴惰轮→副轴轮惰轮→中间轴惰轮→中间轴→D_1 挡离合→1 挡齿轮→1 挡从动轮（含单向离合器）→1 挡固定离合器→最终输出齿轮。

本田的平行轴变速箱就是在手动变速箱的基础上发展而来的，在原来同步器结合套的位置装上了几组多片离合器，液压换挡机构取代了手动变速箱的换挡拨叉，离合器换成了液力变矩器。不过它也并不是将手动和自动变速箱的优点集于一身，它的缺点是体积大、重量沉。

图 1-43 本田平行轴式自动变速器实物拆开图

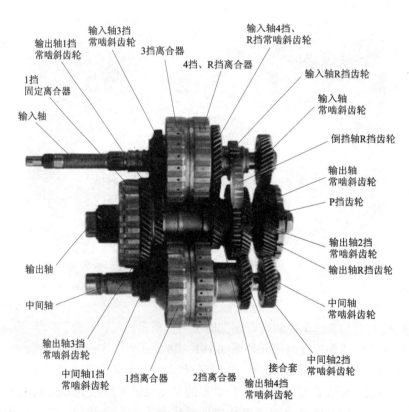

图 1-44 本田平行轴式自动变速器组成元件图

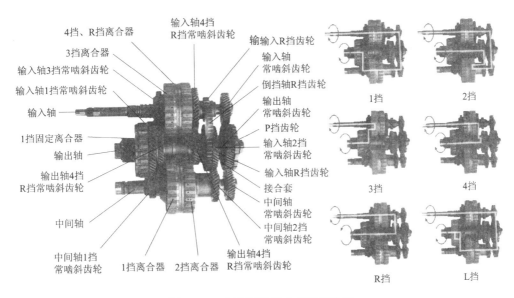

图中标注文字：

4挡、R挡离合器 | 输入轴4挡R挡常啮斜齿轮 | 输输入R挡齿轮
3挡离合器 | 输入轴常啮斜齿轮
输入轴3挡常啮斜齿轮 | 倒挡轴R挡齿轮
输入轴1挡常啮斜齿轮 | 输出轴常啮斜齿轮
输入轴 | P挡齿轮
1挡固定离合器 | 输入轴2挡常啮斜齿轮
输出轴 | 输入轴R挡齿轮
输出轴4挡R挡常啮斜齿轮 | 接合套
中间轴 | 中间轴常啮斜齿轮
中间轴2挡常啮斜齿轮
中间轴1挡常啮斜齿轮 | 1挡离合器 | 2挡离合器 | 输出轴4挡R挡常啮斜齿轮

1挡　2挡　3挡　4挡　R挡　L挡

图1-45　不同挡位动力传递路线图

D_2挡：输入轴→主轴惰轮→副轴轮惰轮→中间轴惰轮→中间轴→D_2挡离合→2挡齿轮→2挡从动轮→副轴→最终输出齿轮。

D_3挡：输入轴→3挡离合→3挡齿轮→3挡从动轮→副轴→最终输出齿轮。

D_4挡：输入轴→4挡离合→4挡齿轮→4挡从动轮→副轴→最终输出齿轮。

R挡：输入轴→4挡离合→R挡齿轮→R挡惰轮→R挡从动轮→副轴→最终输出齿轮。

（3）本田平行轴式自动变速器的特点：本田的平衡轴式自动变速箱，内部采用如同手动变速箱一样的齿轮组，靠离合器片来进行切换。传动比固定，但在换挡时冲击感可能会比行星齿轮要强一些。其次噪声要比行星齿轮大一些，随着时间的推移，会产生异响问题，而且离合片组由于在驱动中直接受力，是靠摩擦力驱动的，而且力臂要小，所以相比行星齿轮摩擦受力要大，容易磨损。但爱信行星齿轮变速箱由于结构相对复杂，对于变速箱计算机程序及阀体等部件要求高，时间长了容易导致阀体损坏。

小结

平行轴AT的特点，以多片离合器代替拨叉套筒的方式，在原始阶段就将结合方式变得柔和一些。因为在MT变速器中，挡位是通过挡杆控制拨叉来选择套筒及套筒位置，与相应挡位的常啮合齿轮结合，从而生成某个挡位，每个挡位下，都有一个相应的套筒（拨叉）位置。这样的话，动力的衔接是突然一下没有缓冲（套筒上的齿一下就结合，缓冲全凭离合器半联动，更极端的例子便是赛车上序列变速器以及摩托车变速器上的"狗牙"，快速即可完成换挡）。而本田平行轴AT上虽然常啮合齿轮与MT一样，但多片离合器的控制方式，显然要比套筒（拨叉）控制迅速，而且也更加平顺。更重要的是，前端液力变矩器的加入，让本田平行轴AT的换挡节奏更加平顺，与常规AT几乎没有差异。

学习任务三　自动变速器异响故障检修

思考与练习

1. 简述单排行星齿轮机构的结构及其变速原理。
2. 请画出单排行星齿轮机构简图。
3. 请画出辛普森式行星齿轮机构简图。
4. 请画出拉维娜式行星齿轮机构简图。

情境导入

一辆奥迪 100 型轿车，配置自动变速器，行驶里程为 150 000 km，该车在行驶过程中，加速迟缓，且发现从自动变速器加油口处向外喷油。根据故障现象，可以判定产生该故障的原因有：

(1) 自动变速器油的型号不对或加注量过多。

(2) 自动变速器油泵磨损过度，使供给液力变矩器的油量不足，即变矩器里的油不能得到正常的循环和冷却，油的温度随发动机转速的提高而升高，变速器内油体积增大并大量汽化，便从变矩器中排到变速器油底壳内。由此造成自动变速器油底壳内油量及压力急增，从而使油从加油口喷出来。

(3) 自动变速器离合器片磨损严重而打滑，使该车的车速提不起来。

首先将车停在平坦的路面上，待自动变速器油的温度降至 80 ℃ 左右时，在发动机怠速运转时将自动变速器油尺拔出来，将其上面的油擦净后再插入自动变速器加油口内，稍停一会儿拔出来观察，发现油面稍低一点，但问题不大。经询问驾驶员得知加注油的牌号也正确。

解体自动变速器进行检查，发现离合器片和制动器摩擦片都完好。对自动变速器油泵进行检测，发现油泵（外啮合齿轮泵）的齿轮磨损严重，而且油泵齿轮轴与轴承孔间隙过大，已超过 0.5 mm，泄油严重。由此可以断定，故障原因是油泵磨损严重，建立不起油压，致使变矩器缺油而不能正常传递扭矩，造成上述故障。更换自动变速器油泵后试车，故障消失。

❋ 一、任务目标

（一）知识目标

(1) 理解电控自动变速器液压控制系统主要元件的功用、构造与原理。

(2) 了解自动变速器油泵的工作原理、类型、结构。

（二）能力目标

(1) 能够正确拆装、检测自动变速器油泵。

（2）能够正确拆装自动变速器换挡执行元件。

（3）会正确拆装自动变速器阀体。

✳ 二、任务描述

由于引起加速无力的原因较多，因此，在诊断故障的过程中，必须循序渐进，对自动变速器的各个部分做认真的检查。一定要在全面检测的基础上，有针对性地进行分解修理，切不可盲目地拆修。总体而言，若是由于调整不当所造成的，只要稍作调整即可排除；若是自动变速器内部控制阀、减震器或换挡执行元件有故障，应分解自动变速器，予以修理；若是电子控制系统有故障，应对电子控制系统进行检测，找出具体原因，加以排除。

主要原因有以下几点：

（1）自动变速器油面太低。

（2）自动变速器油面太高，运转中被行星齿轮机构剧烈搅动后产生大量气泡。

（3）离合器或制动器摩擦片、制动带磨损过甚或烧焦。

（4）油泵磨损过甚或主油路泄漏，造成油路油压过低。

（5）单向超越离合器打滑。

（6）离合器或制动器活塞密封圈损坏，导致漏油。

本部分主要学习自动变速器液压控制系统导致的加速无力故障。

✳ 三、任务实施——液压控制系统检修

理论引入

自动变速器的自动控制是靠液压控制系统来完成的，液压控制系统由动力源、执行机构和控制机构三个部分组成。

（1）动力源是由液力变矩器泵轮驱动的油泵，它除了向控制机构、执行机构供给压力油以实现换挡外，还给液力变矩器提供冷却补偿油，向行星齿轮变速器供给润滑油。

（2）执行机构包括各离合器、制动器和液压缸。

（3）控制机构大体包括主油路系统、换挡信号系统、换挡阀系统和缓冲安全系统。根据其换挡信号系统和换挡阀系统采用的是全液压元件还是电子控制元件可将控制机构分为液控式和电控式两种。

任务一 AT 油泵拆装检修

油泵是自动变速器最重要的总成之一。油泵的作用是为液力变矩器和液压操纵系统提供一定压力和流量的液压油，并保证行星齿轮机构等各摩擦副的润滑需要。油泵安装在液力变矩器的后方，由液力变矩器后端的轴套驱动，在自动变速器的供油系统中，常用的油泵有内啮合齿轮油泵、转子式油泵和叶片式油泵。

1. 内啮合齿轮泵

内啮合齿轮泵是自动变速器中应用最多的一种油泵，各种丰田汽车自动变速器都采用这

种泵。它具有结构紧凑、尺寸小、重量轻、自吸能力强、流量波动小、噪声低等特点。其实物如图 1 – 46 所示。

图 1 – 46　内啮合齿轮泵实物

1）内啮合齿轮泵结构组成

内啮合齿轮泵由小齿轮（主动齿轮）、内齿轮（从动齿轮）、月牙形隔板、泵壳、泵盖等组成。其结构图如图 1 – 47 所示。

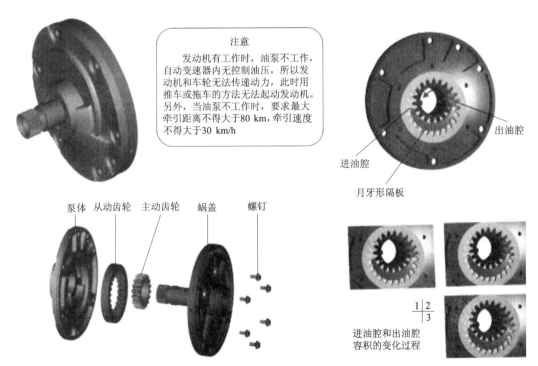

图 1 – 47　内啮合齿轮泵结构图

2）内啮合齿轮泵工作原理

图 1 – 48 所示为内啮合齿轮泵工作原理图，其中小齿轮由变矩器壳体后端轴套驱动，为主动齿轮，内齿轮为从动齿轮，月牙形隔板的作用是将工作腔分隔为吸油腔和压油腔，泵壳上有进油口和排油口。发动机运转时，小齿轮带动内齿轮朝顺时针方向旋转。在吸油腔，因齿轮不断退出啮合，容积增大，形成真空吸油；在压油腔，因齿轮不断进入啮合，容积减小，将液压油压出。

2. 摆线转子泵

摆线转子泵是一种特殊齿形的内啮合轮泵，它具有结构简单、尺寸紧凑、噪声小、运转平稳、高速性能良好等优点；其缺点是流量脉冲大、加工精度要求高。

1）摆线转子泵结构组成

摆线转子泵由一对内啮合的转子及泵壳、泵盖等组成，如图1-49所示。

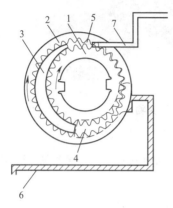

图1-48　内啮合齿轮泵工作原理图

1—小齿轮；2—内齿轮；3—月牙形隔板；

4—吸油腔；5—压油腔；6—进油道；7—出油道

图1-49　摆线转子泵结构图

2）摆线转子泵工作原理

图1-50所示为摆线转子泵工作原理图，其中内转子为外齿轮，其齿廓曲线是外摆线，外转子为内齿轮，齿廓曲线是圆弧曲线。内外转子的旋转中心不同，两者之间有偏心距 e，一般内转子的齿数可以为4、6、8、10等，而外转子比内转子多一个齿。内转子的齿数越多，出油脉动就越小，通常在自动变速器上使用的内转子都是10个齿。

发动机运转时，带动油泵内外转子朝相同的方向旋转。内转子为主动齿，外转子的转速比内转子每圈慢一个齿。随转子的转动，工作腔的容积不断变化，当转子朝顺时针方向旋转时，内、外转子中心线右侧工作腔的容积由小变大，形成局部真空，将液压油从吸油口吸入，内、外转子中心线左侧工作腔的容积由大变小，将液压油从出油口排出。

3. 叶片泵

叶片泵具有运转平稳、噪声小、泵油流量均匀、容积效率高等优点，但结构复杂，对液压油的污染比较敏感。

1）叶片泵结构组成

叶片泵由定子、转子、叶片及壳体、泵盖等组成，如图1-51所示。

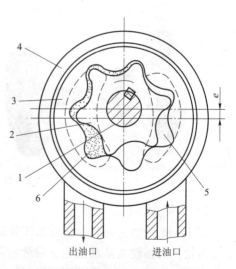

图1-50　摆线转子泵工作原理图

1—驱动轴；2—内转子；3—外转子；4—泵壳

5—进油腔；6—出油腔；e—偏心距

2) 叶片泵工作原理

图 1-52 所示为叶片泵工作原理,其中转子由变矩器壳体后端的轴套带动,绕其中心旋转,定子是固定不动的,二者不同心,有一定的偏心距。当转子旋转时,叶片在离心力及叶片底部的油压作用下向外张开,紧靠在定子内表面上,并随着转子旋转,在转子叶片槽内做往复运动。这样相邻叶片之间便形成密封的工作腔。如果转子朝顺时针方向旋转,在转子与定子中心连线的右半部的工作腔容积逐渐增大,产生真空吸油,中心线左半部的工作腔容积逐渐减小,将油压出。

图 1-51　叶片泵结构组成示意图

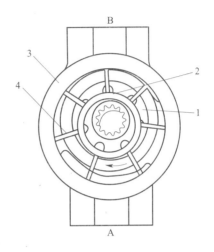

图 1-52　叶片泵工作原理
1—转子; 2—定位环; 3—定子; 4—叶片;
A—进油口; B—出油口

任务二　AT 换挡执行元件检修

行星齿轮变速器的换挡执行机构和传统的手动齿轮变速器不同,行星齿轮变速器中的所有齿轮都处于常啮合状态,它的挡位变换不是通过移动齿轮使之进入啮合或脱离啮合进行的,而是通过以不同的方式对行星齿轮机构的基本元件进行约束来实现的。通过适当地选择被约束的基本元件和约束方式,就可以使该机构具有不同的传动比,从而组成不同的挡位。

行星齿轮变速器的换挡执行元件主要有离合器、制动器和单向离合器三种,基本作用是连接、固定和锁止。所谓连接是指将行星齿轮变速器的输入轴与行星排中的某个基本元件连接,以传递动力,或将前一行星排的某一个基本元件与后一个行星排的某一个基本元件连接,以约束这两个基本元件的运动;所谓固定是指将行星排的某一个基本元件与自动变速器的壳体连接,使之被固定而不能旋转;所谓锁止是指把某个行星排的三个基本元件中的两个连接在一起,从而将该行星排锁止,使其三个基本元件以相同的转速一同旋转,产生直接传动。换挡执行元件通过一定的规律对行星齿轮机构的某些元件进行连接、固定或锁止,让行星齿轮机构获得不同的传动比,从而实现各挡位的变换。

1. 离合器

1) 离合器的功用

(1) 连接作用,即将行星齿轮变速器的输入轴和行星排的某个基本元件连接,使该元

件成为主动元件。

（2）连锁作用，即将行星排的某两个基本元件连接在一起，使之成为一个整体，实现同速直接传动。

2）离合器的结构

多片式离合器通常由离合器鼓、离合器活塞、回位弹簧、弹簧座、钢片、摩擦片、调整垫片、离合器毂及几个密封圈组成，其分解图和示意图如图1-53和图1-54所示。

图1-53　多片式离合器实物分解图

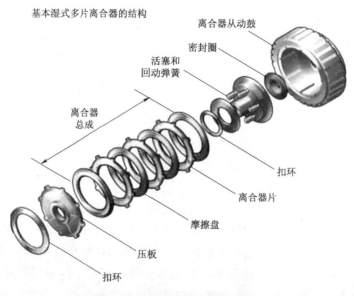

图1-54　多片式离合器示意图

在自动变速器的换挡执行元件中，多采用多片式离合器。这是由于其表面积较大，所传递的扭矩也较大，并且离合器片表面单位面积压力分布均匀，摩擦材料磨损均匀，还能通过增减片数和改变施加压力的大小，即可按要求容量调节工作转矩，便于系列化和通用化。离合器鼓和离合器毂分别以一定的方式和变速器输入轴或行星排的某个基本元件连接，一般离合器鼓为主动件，离合器毂为从动件。离合器活塞安装在离合器鼓内，它是一种环状活塞，由活塞内外圈的密封圈保证密封，从而和离合器鼓一起形成一个密封的环状液压缸，并通过离合器鼓内圆轴颈上的进油孔和控制油道相通。钢片和摩擦片交错排列，两者统称为离合器片。钢片的外花键齿安装在离合器鼓的内花键齿圈上，可沿齿圈键槽做轴向移动；摩擦片由其内花键齿与离合器毂的外花键齿连接，也可沿键槽做轴向移动。摩擦片两面均为摩擦系数较大的铜基粉末冶金层或合成纤维层，受压力和温度变化影响很小。并且在摩擦衬面表面上都带有油槽，其作用：一是破坏油膜，提高滑动摩擦时的摩擦系数；二是保证液流通过，以冷却摩擦表面。

3）离合器的工作情况

当液压油流入活塞缸内，活塞在缸体内移动，使主动片和从动片互相压紧，因为有较高的摩擦力，便以相同速度旋转，离合器处于接合状态；当撤除油压时，回位弹簧使活塞复位至原始位置，使离合器片相互脱开，离合器处于分离状态。

4）离合器的拆检

（1）检查离合器的活塞行程，若不符合要求，检查每一部件。

（2）检查离合器摩擦片，其摩擦层剥落、变色或印在摩擦片上面的数字磨至不清，都应更换摩擦片，检查钢片，不应翘曲变形，也不能磨损过甚。

（3）检查离合器活塞皮碗是否已经老化，此件一经拆卸必须更换，即使不经常使用，每隔一年半亦应更换。

（4）活塞止回阀要用压缩空气吹净，不能被脏物堵住，球阀在孔中应活动自如，用煤油检查，应能密封。

（5）检查离合器毂外圆表面是否被制动带拉毛，必要时可在外圆磨床上磨修。

（6）检查回位弹簧是否因不正常使用而变形，如中心线弯曲，则与活塞发生干涉，必要时更换新弹簧。

（7）检查离合器毂内圆表面进油口两侧与密封环接触处是否被严重拉毛。

（8）检查压板两侧外圆导向面是否被拉毛，如有，均应适当修整，或更换新件。

（9）装配时，从动片必须在自动变速器油（ATF 油）中浸泡 30 min 以上。

2. 制动器

制动器分为片式制动器和带式制动器两种。

1）制动器的功用

制动器的功用是固定行星齿轮机构中的元件，防止其转动。片式制动器与离合器的结构和工作原理相同，不同之处是离合器是起连接作用而传递动力，而片式制动器是通过连接而起制动作用。

2）制动器的结构

片式制动器的结构与离合器结构几乎一样。带式制动器主要组成部件包括制动带、液压缸和推杆等。制动鼓通常就是离合器的外壳。

3）带式制动器的工作原理

当压力油从活塞右端进入时，作用在活塞上的油压克服弹簧力及活塞左端残余油压，活塞被推向左端，通过推杆使制动带抱紧离合器的外壳，起制动作用；当需要解除制动时，压力油从活塞左端进入，而活塞的右端卸压，活塞在油压和弹簧力作用下迅速右移，制动带释放。

4）制动器的拆检

（1）检查离合器和制动器的摩擦片、制动带、如有烧焦、严重磨损或变形，应更换。

（2）检查钢片和挡圈，如有严重磨损或变形，应更换。

（3）检查离合器和制动器的油缸与活塞的工作表面，如有损伤、毛刺，应更换。

（4）检查离合器和制动器的活塞上单向阀的密封是否良好，如有漏气需更换。

（5）离合器自由间隙一般为 0.5～2.0 mm。

3. 单向离合器

1）单向离合器的功用

单向离合器作为一种换挡执行元件被广泛用于电控液力自动变速器中，以确保平顺地无冲击换挡。单向离合器可以起到离合器与制动器的作用，所不同的是以单向锁止原理来实现固定或连接作用。由于保证了各挡位转换中间（挡隙）的动力不间断传递，从而简化了液压控制阀的结构，减轻了变速器换挡时的换挡冲击。与此同时，单向离合器还协助或替代了个别离合器和制动器的工作，延长了变速器的维修周期。它是液力自动变速器中一个至关重要的元件，起到了四两拨千斤的功效。

2）楔块式单向离合器的结构

楔块式单向离合器实物如图 1-55 所示。

单向离合器按其结构型式有棘轮型、滚柱型和楔块型三种，目前广泛使用的是楔块型。楔块式单向离合器由内环、外环、楔块、保持架和片状弹簧等组成，其结构如图 1-56 所示。

图 1-55 楔块式单向离合器实物　　　图 1-56 楔块式单向离合器的结构

3）楔块式单向离合器的工作原理

图 1-57 所示为楔块式单向离合器的工作原理图，其中内环和外环分别与自动变速器的某一个旋转件或固定件相连接，保持架借助于片状弹簧将楔块均匀等份地布置在圆形的内环与外环之间。由于楔块具有特殊的形状，使得长轴方向 a 的尺寸略大于内、外环之间的距离，即内外环半径差为 b；而在短轴方向 c 的尺寸略小于内、外圈之间的距离 b。

（1）锁止状态。当外环相对内环顺时针方向转动时，楔块在摩擦力的作用下立起，由于 $a>b$，因此楔块被卡死在内环与外环之间，此时单向离合器处于锁止状态，从而阻止了内环与外环所连接件的相对转动。

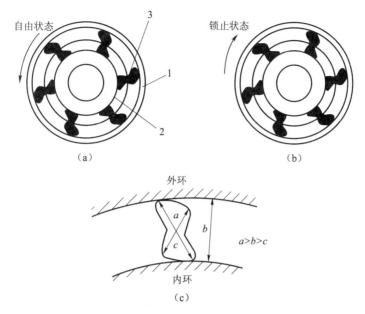

图 1 –57 楔块式单向离合器的工作原理图

1—外环；2—内环；3—楔块

（2）自由状态。当外环相对内环逆时针方向转动时，楔块在摩擦力的作用下倾斜伏倒，由于 $b>c$，因此内环与外环可以相对转动，此时单向离合器处于打滑的自由状态，从而使内环与外环所连接件的相对转动，两者无动力的传递和连接。

4）滚柱式单向离合器的结构及工作原理

（1）滚柱式单向离合器的结构。滚柱式单向离合器由外圈、滚柱、弹簧和内圈组成，滚柱数目通常为 6 ~ 8 个，其实物如图 1 – 58 所示。

（2）滚柱式单向离合器的工作原理。导轮逆时针旋转时，滚柱向外座圈和内座圈形成的楔形槽的宽槽处滚动，滚柱与外座圈（包括导轮）一起绕内座圈滚动。导轮顺时针旋转时，滚柱向楔形槽窄槽处滚动，从而阻止外座圈（包括导轮）的滚动。滚柱式单向离合器原理图如图 1 – 59 所示。

图 1 – 58 滚柱式单向离合器实物

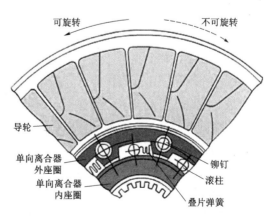

图 1 – 59 滚柱式单向离合器原理图

学习任务四 自动变速器故障引起的加速无力故障检修

5）单向离合器的拆检

（1）检查单向离合器的旋转方向是否正确。

（2）目测检查有无高温变质、受伤变形、拉伤等情况。

（3）单向离合器沿旋转方向旋转时，其旋转力矩必须小于 2.5 N·m。

任务三　AT 阀体检修

1. 自动变速器阀体的功用

自动变速器的阀体起到调节系统油压、改变油路流向的作用。自动变速器阀体总成如图 1-60 所示。

图 1-60　自动变速器阀体总成

2. 自动变速器阀体的组成

自动变速器的阀体包括调压阀、换挡阀、控制阀等，如图 1-61 所示。

3. 自动变速器阀体的工作原理

1）主油路调压阀

油压电磁阀的占空比决定了反馈的油压。节气门开度越大，占空比越大，电磁阀开度也越大，作用在主油路调压阀的反馈油压越大，从而使主油路油压随着节气门开度的增大而升高。主油路调压阀控制油路如图 1-62 所示。

2）换挡阀

换挡阀完全由换挡电磁阀控制。其控制方式有两种：一种是施压控制，即通过开启或关闭换挡阀控制油路的进油孔来控制换挡阀的动作；另一种是泄压控制，即通过开启或关闭换挡阀控制油路的泄油孔来控制换挡阀的动作。

换挡阀的左端通过油路和换挡电磁阀相通。

当电磁阀关闭时，无油压作用在换挡阀左端，换挡阀在右端弹簧的作用下移向左端［图 1-63（a）］。

当电磁阀开启时，主油路压力油经电磁阀作用在换挡阀左端，使换挡阀克服弹簧作用力移向右端［图 1-63（b）］。在换挡阀动作时，油路产生变化，实现换挡。

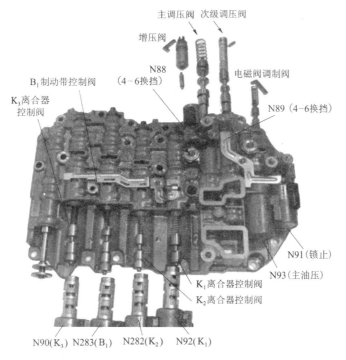

图 1-61　自动变速器阀体

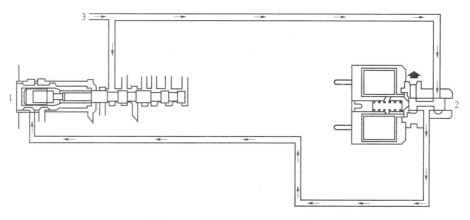

图 1-62　主油路调压阀控制油路

1—主油路调压阀；2—油压电磁阀；3—主油路压力油

3）锁止离合器控制阀

目前许多新型电子控制自动变速器采用脉冲线性式电磁阀来控制锁止离合器工作。当作用在锁止电磁阀上的脉冲电信号的占空比为零时，电磁阀关闭，没有油压作用在锁止离合器控制阀右端，锁止离合器压盘左、右两侧的油压相同，锁止离合器处于分离状态；当作用在锁止电磁阀上的脉冲电信号的占空比较小时，电磁阀的开度和作用在锁止离合器控制阀右端的油压以及锁止控制阀左移打开泄油孔开度均较小，锁止离合器压盘左、右的压差较小，因此锁止离合器接合力也较小，使之处于半接合状态。脉冲电信号的占空比越大，锁止离合器压盘左、右的压差及锁止离合器的接合力越大。当脉冲电信号达到一定数值时，锁止离合器即可完全接合。计算机在控制锁止离合器接合时，能使接合过程更加柔和，以减少冲击。

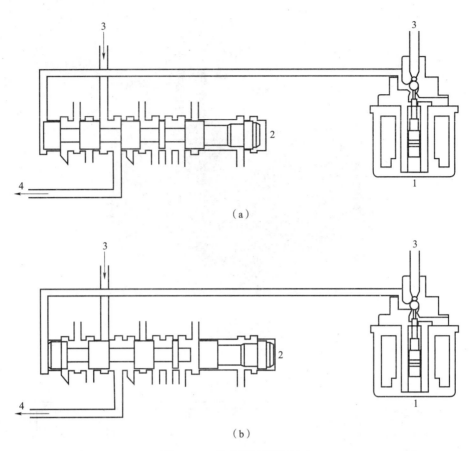

（a）

（b）

图 1 – 63　换挡阀控制原理图

1—换挡电磁阀；2—换挡阀；3—主油路压力油；4—至换挡执行元件

　　液力变矩器与控制阀体之间的两条油路：一条是驱动轮毂与固定套管之间的油道，简称为 A；另一条是变速器输入轴中心油道，简称为 B。

　　液力变矩器锁止离合器控制油路如图 1 – 64 ~ 图 1 – 66 所示。

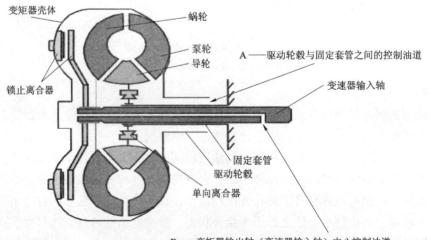

图 1 – 64　液力变矩器锁止离合器没有锁止时控制油路

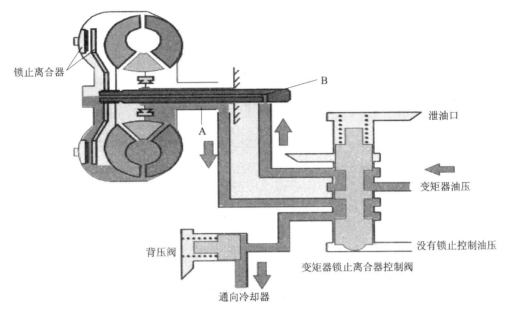

锁止离合器 B 泄油口 变矩器油压 没有锁止控制油压 背压阀 变矩器锁止离合器控制阀 通向冷却器

图1-65 液力变矩器锁止离合器分离时控制油路

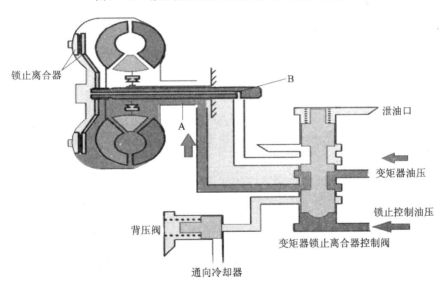

锁止离合器 B 泄油口 变矩器油压 锁止控制油压 背压阀 变矩器锁止离合器控制阀 通向冷却器

图1-66 液力变矩器锁止离合器锁止时控制油路

4. 自动变速器阀体的拆检

（1）将阀体从变速箱底部拆卸前，应先拆卸外部电磁阀扁平导线，拆卸时要格外小心。由于扁平线一侧的电磁阀接头为塑料制品，长期浸没在 ATF 油中，高温下很脆，应用自制的专用工具，完全插入电磁阀插头下边，并按这个方向拔下插头及线束，妥善安置好，取下外表易掉件，记住原来位置，将阀体放入煤油中浸泡多时，然后取出控净。

（2）将阀体放置于干净的工作台上，拆掉上下阀体间的连接螺丝，将阀体上部和中间的隔板一同握紧拿稳，同时一起翻过来使中间隔板向上（此举可使单向钢球不会跌落），然后拿起隔板进行下一步作业。拆下隔板后，在控制阀体的柱塞拆卸前，应利用油路隔板上的残油，用一张稍厚的白纸板复印下油路隔板图，并将油路隔板中所有零件逐一地在图上标明，以便装复时备查参考。

（3）将阀体放入干净的煤油中，用化油器清洗剂清洗，可用小毛刷清理沉积在油道中的油污，必要时用尼龙布擦拭，目测阀体上不应有裂纹和变形，各柱塞用小起子拨动应运转灵活，活塞表面应无裂纹，将控干的阀体平放在桌上，往各油孔和油道内注入少许的自动变速器油，同时从隔板上取下各小零件，取一件清洗一件，擦干后装入阀体中，同时检查各部件，应完整良好。

（4）检查柱塞是否卡滞，在控制阀体中除手控阀柱塞没有限位装置可直接拿出外，其余所有柱塞的外端都有限位装置，限位装置有圆柱、卡片和卡口销三种。圆柱形限位装置只需向内轻推柱塞，限位销便可脱落，卡片或开口销则需用工具进行拆卸，在拆卸过程中需用手指或旋具抵住柱塞，以防限位装置拆出的瞬间，柱塞在里面弹簧的作用下弹出。

（5）若柱塞在阀孔中有卡滞不能自由落出，可采取用木槌或橡皮锤轻轻敲击阀体将其取出。卡滞的柱塞可用 1 200#砂纸蘸上 ATF 油沿圆弧方向打磨，只能打磨柱塞，也可用牙膏研磨，不能打磨阀孔，打磨到立着的阀体上。柱塞在干净的前提下，仅依靠自身重量便可缓慢滑到另一侧位置。拆卸柱塞过程中，最好是检修完一组，重新装配后再拆另一组，以免彼此间装错位置。

（6）检查弹簧的自由长度和直径，逐一对照维修手册上的资料，检查阀体内所有弹簧的自由长度和直径是否符合标准。新换弹簧也需要做这方面的检查，漏装单向球阀会造成相关挡位出现严重换挡冲击，同时节气门阀减振块装错位置也会造成换挡冲击（阀体中部位置，样子像卡片）。一定要注意所有部件的前、后、左、右相邻位置，任何一点小小的失误都将会导致阀体无法正常工作。

（7）更换控制阀体上的密封圈，施力装置的工作油路是否密封主要取决于以下几方面：

① 施力装置工作活塞上的密封圈。

② 蓄压器上的活塞密封圈。

③ 控制阀上的密封圈。

④ 离合器支承进油口两侧密封环的密封状况。

大修时这 4 个方面的密封圈都必须彻底更换，蓄压器活塞是否有裂纹、活塞环是否磨损一定要认真检查，否则大修后自动变速器极易烧摩擦片，通常行驶 3 000 km 左右施力装置又会重新烧蚀，这与以上 4 个方面均有直接关系。

❀ 四、知识与技能拓展——深入解析 01M/01N 型自动变速器阀体

诊断和维修大众车系的 01M/01N 型自动变速器阀体比较困难。虽然很多表面的故障现象都可以从油路的压力值表现出来，但是压力的变化因素错综复杂，其压力系统如图 1 - 67 所示。其控制油压的几个关键阀——主调压阀、增压调节阀和电磁阀调节阀互相联系，如果不深入了解阀体内部而仅从故障表象和原来的经验入手，就很容易迷失方向。本书将从故障现象入手，深入阀体内部来试图分析故障的根源。

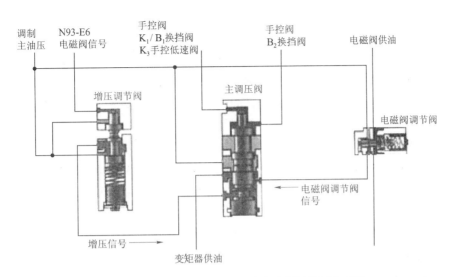

图 1 - 67   大众 01M/01N 型自动变速器阀体压力系统

1. 故障一：主油压无规律变化且 1 ~ 2 或 2 ~ 3 换挡不正常

由于阀体的磨损，主油压有时候会出现无规律的跳跃式变化。在正常情况下，主油压应该在压力系统的连续调节下稳定在一定的变化范围内。主油压的平衡位置决定了基线的主油压，而增压调节阀通过将增压信号作用在主调压阀上来起到调节主调压阀平衡位置的作用，从而指导主调压阀在基线主油压值的基础上对主油压进行调节。而增压信号是由增压调节阀来控制的，它将一端的 EPC 电磁阀信号转化并输出为增压信号。如果增压阀和主调压阀不能对微小的 EPC 电磁阀信号做出快速的反应，EPC 电磁阀就不能正常控制和调节主油压的变化，从而出现异常变化的主油压，因而包括 EPC 电磁阀、增压调节阀孔的两端、主调压阀孔的两端在内的各个环节都会影响到主油压的控制。

再深入到主调压阀孔的内部来看一下主调压阀是如何控制基线主油压的。主调压阀基本是由一端的弹簧和增压信号压力以及另一端的平衡油压来决定其平衡位置的。01M/01N 型自动变速器阀体的特殊之处在于主调压阀的平衡油压并非直接来自主油压，而是来自手控阀、K_1/B_1 换挡阀、K_3 阀以及 B_2 换挡阀等各个油路。它们来源于主油压，其压力大小就由主调压阀的位置来决定。如果平衡端的压力变小了，主调压阀就会在弹簧力和增压信号力的作用下被推向一边（图 1 - 67 中往上的方向）。这时变矩器供油和泄油孔被主调压阀堵上，油泵的转动迅速将主油压往上提升，直到作用于主调压阀平衡端的各个油路压力能够将主调压阀重新推回到与另一端的弹簧力和增压信号力相平衡的位置上。如果主油压过大，主调压阀就会朝弹簧方向运动，变矩器供油回路和泄油孔被同时打开，多余的来自油泵的油会进入变矩器供油通道以及通过泄油孔漏回到油泵的吸入端，从而起到降低主油压的作用。随着主油压的降低，作用于主调压阀平衡端的各分支油压也随之降低，主调压阀又被往上推，回到其平衡位置，这样就完成了主调压阀的正常调压功能。同样，增压调节阀也有类似的工作原理。它的一端是弹簧力，另一端是 EPC 电磁阀信号和一个来自主油压的增压力来共同决定增压阀的平衡位置。它的平衡位置则决定了输出的增压信号的大小。如果图 1 - 67 中所示的增压调节阀的位置太偏上，则增压信号过大，主调压阀被推向上方，导致主油压增压过高；

学习任务四　自动变速器故障引起的加速无力故障检修

相反，如果增压阀的位置太偏下，则增压信号过小，主油压增压就会不足。由此可见，主调压阀和增压调节阀都始终处于高频率的 EPC 电磁阀信号的作用下，它们高频率地往复振荡在设计上能通过调制 EPC 信号的脉冲宽度来精确控制压力的变化，但同时也使这些阀孔更加容易受到磨损。由于这些关键的阀表面都电镀上了耐磨的氧化铝，所以往往是与之相应的阀孔先被磨坏。磨损处过大的间隙导致内部漏油或卡阀，导致油压不能被正常调节。正常情况下，EPC 电磁阀始终应处于打开状态以调节增压阀。但如果 EPC 电磁阀因出现故障而被关闭，主油压就会被增大到最大程度。同样，如果图 1 - 67 中主调压阀孔的上端发生磨损，此处的漏油会导致主调压阀往上移动，和弹簧力增大所起的效果相似，因而往往会导致主油压过高。与此相反，主调压阀孔的下端出现漏油，导致增压信号渗漏，使主油压过低或根本没有增压信号。此外，由于阀孔磨损的位置不同而可能导致不同的卡阀位置，也会产生过高或过低的主油压。基本规律是：如果增压阀和主调压阀被卡在靠近阀体内侧的位置（图 1 - 67 中上方的位置），主油压会偏高；如果被卡在靠外侧的位置（图 1 - 67 下方），主油压会偏低。图 1 - 67 中的电磁阀调节阀也很重要，它有两个作用：一是它控制所有电磁阀的供油，如果该阀孔发生严重磨损而漏油，电磁阀的供油压力就会降低，还会影响到其他一些控制换挡时间的阀，从而产生一系列的换挡问题；二是保持主油压的平衡，这也是 01M/01N 型自动变速器阀体在设计上的特色之一。在图 1 - 67 中可以看到它控制的电磁阀调节信号直接作用在主调压阀上，它会在主调压阀上产生一个向下的、朝弹簧作用的压力，并且和作用在主调压阀平衡端的平衡油压一起，来抵消作用在主调压阀上的向上作用的弹簧力和增压信号压力。之所以不把这个电磁阀调节信号直接设计在主调压阀的顶端，是因为大众公司在设计这个阀体时充分考虑到了平衡的因素。由于手控阀的位置变化，在主调压阀顶部连接到手控阀的那两个油路中的平衡压会被打开或关闭。如果没有作用在主调压阀底部的这个电磁阀调节信号，那主调压阀随着手控阀位置的变化会出现没有向下的平衡作用力的情况。此时增压信号压和弹簧力一起将主调压阀向上推，可能会产生主油压调节失控的情况。因此，这个向下作用的电磁阀调节信号压起到了一个备用的平衡压力的作用，不论手控阀处于什么位置，主调压阀上总有作用方向相反的力存在，以此来避免主油压的调制失控。另外，如果主调压阀孔在油路通道处出现漏油，增压信号和主油压会从这里泄漏，引起基线平衡油压的降低，甚至没有主油压增压。由图 1 - 67 可知，在主调压阀平衡端的磨损还会影响到 K_1 离合器油路，这会导致 1 ~ 2 或 2 ~ 3 换挡冲击。因此油压的控制至关重要。值得一提的是有些维修人员喜欢调节增压阀后的棘齿端塞来调整压力，这样做有时能消除一些眼前的故障现象，但改变了这个端塞的位置或更换了这个弹簧，往往就改变了 OEM 原厂的压力规范。虽然能临时调整油压，但由于没有找到故障根源（比如阀体内部的磨损和漏油），往往会产生其他一些新的故障现象，导致变速器的返修。

2. 故障二：倒挡压力过大和倒挡冲击

大众的这款阀体没有单独的倒挡增压阀，这也是它在设计上的一个特点。一般的变速器中，倒挡信号需要通过推动倒挡增压阀来增大信号压力，从而推动主调压阀以增大倒挡时的主油压。而在 01M/01N 型自动变速器阀体中，EPC 信号是唯一推动增压阀的通道，而且它推动增压阀是用来降低倒挡增压信号的。由图 1 - 67 可知，如果没有 EPC 电磁阀信号的作用，增压阀在弹簧力的作用下会处于最上方的位置，而这个位置正是产生最大增压信号的位置。在倒挡时，EPC信号不是起增压作用，而是相反，将增压阀往下推，起到了降低和调节倒挡信号压的作用。所以，如果增压阀孔的顶部出现磨损漏油，EPC对增压阀往下的推力会被降低，从而导致倒挡压力过高和倒挡冲击的产生。

3. 故障三：啮合延迟

有时在发动机起动后，车辆并不能马上开动，在继续加大油门一段时间后，车辆才突然开动。发动机刚起动时，主调压阀还没开始压缩弹簧，处于图1-67中的最上方位置。随着发动机带动油泵转动，主油压开始上升，在正常情况下，作用在主调压阀平衡端上的主油压应该很快能克服弹簧力，推动主调压阀到其平衡位置。但是如果油泵太弱，或油路内部渗漏，这样主油压便不能及时上升到一定的强度来推动主调压阀，处于非平衡位置的主调压阀同时堵住了变矩器的供油通道，由于变矩器内没有足够的油压使其运行，因而此时车辆无法开动。在一段时间的延迟后，尤其是增大油门后，油泵加速转动，主油压终于达到了能够推动主调压阀到其平衡位置的强度，这时变矩器供油通道才打开，变矩器才开始达到足够的工作油压，使车辆得以开动。然而，如果啮合延迟仅仅造成一点起动时间上的延迟，只要驾驶者耐心一些就行了。更严重的问题在于在延迟的这段时间内，由于变速器内的润滑油也是来自变矩器，主调压阀滞留在非平衡位置的同时也切断了润滑油路。这时离合器摩擦片、钢片和齿轮都在润滑不足的情况下运转，时间长了，就造成了离合器和齿轮的过早失效，因而也缩短了变速器的使用寿命。

4. 故障四：怠速时发动机熄火

怠速时，发动机转速最慢，油泵的力量也最弱。如果主调压阀孔存在漏油，损失了必需的油泵容量，主油压便不足以推动主调压阀到其正常的平衡位置。于是变矩器的供油通道受到部分阻碍，虽然此时变矩器内已充满油，但没有足够的锁止释放油压将锁止离合器从其锁止位置完全释放，因此锁止离合器拖住了发动机的转动。有时虽然锁止离合器没有完全锁住变矩器前罩壳，但对发动机产生了足够大的阻力，使发动机熄火。从以上的分析可以看到，01M/01N型自动变速器阀体内故障现象和问题根源并非经常是一一对应的关系，不同阀孔位置的磨损有时会产生看上去相同的表象，使修复这款变速器更具挑战性。看来，深入理解阀体内部是提高变速器维修质量、降低维修成本的必行之路。也为那些能真正善于学习、从技术上胜出的高手提供了一个别人难以复制的竞争优势。

小结

自动变速器液压控制系统中有调节主油路液压的液压调节装置和控制换挡执行元件及变矩器锁止离合器工作的液压控制装置。液压调节装置和液压控制装置由不同的液压阀和电磁阀及油路构成，各种控制阀都安装在阀体内，组成阀体总成。

思考与练习

1. 自动变速器液压控制自动换挡系统主要由哪些部分组成，各起什么作用？
2. 自动变速器为什么不能牵引？

学习任务五
自动变速器故障灯常亮故障检修

✿ 一、任务目标

（一）知识目标

（1）了解自动变速器各传感器的外形、安装位置。
（2）理解各控制开关及传感器的作用原理。
（3）掌握各电磁阀的结构及工作原理。

（二）能力目标

（1）能够找到并认识自动变速器各传感器。
（2）能够进行各控制开关及传感器的初步检测。
（3）掌握故障诊断仪检测自动变速器电控系统的方法。

✿ 二、任务描述

20 世纪 70 年代末，电子控制技术开始应用于自动变速器，并随着电子技术发展而普及，现在几乎所有的轿车自动变速器都采用了电子控制系统。

电子控制系统能按汽车行驶的需要选择相应的挡位，实现更复杂、更合理的控制，获得更理想的经济性和动力性，并可简化液压控制系统。提高控制精度和反应速度，容易实现整车电子控制。

✿ 三、任务实施——电子控制系统检修

情境导入

一辆大众帕萨特 B4 轿车，搭载 01N 型自动变速箱，行驶里程为 37.5 万 km，在大修发动机后出现变速箱不换挡和入挡冲击大等故障现象。

接车后路试，故障确如车主所说。据车主反映，在大修发动机前汽车没有这种现象，因此暂不考虑变速箱内部元件有故障，先用故障诊断仪调取变速箱故障码，显示为节气门位置

传感器故障，且不能清除故障码。用万用表测量节气门位置传感器的电阻，正常；再测量其线路，也未发现有断路和短路故障。是什么原因造成节气门位置传感器故障呢？当检查节气门位置传感器的线束接头时，发现插头内的防水胶圈因汽油浸泡后膨胀变形，致使接头插不到位，从而引发上述故障。重新更换一个线束接头的防水胶圈后，装车路试故障排除（节气门信号及负载信号是换挡油压调节的重要信号参数）。

任务一　AT 电子控制系统的组成

自动变速器电子控制装置由传感器、控制开关、执行器及电子控制单元（ECU）等组成。

电子控制单元根据传感器检测所得到的节气门开度、车速、油温等运转参数，以及各种控制开关来的当前状态信号，经运算比较和分析后按设定的程序，向各个执行器发出指令，以操纵阀板总成中各种控制阀的工作，从而最终实现对自动变速器的控制，如图 1-68 所示。

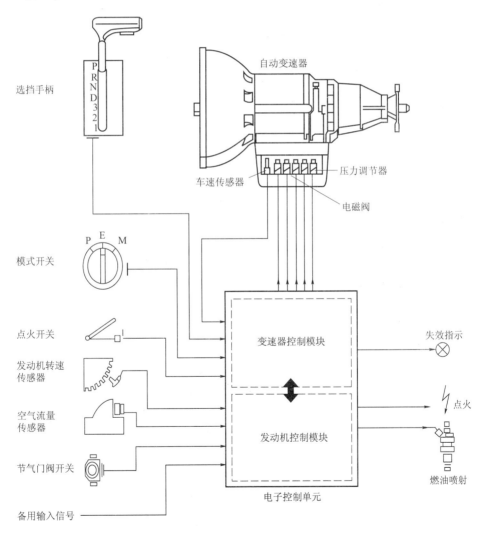

图 1-68　自动变速器电子控制装置组成

任务二　传感器和开关的结构和工作原理

1. 节气门位置传感器

节气门位置传感器用以检测发动机节气门开度的大小，是自动变速器挡位控制的一个重要依据。通常分为开关式、线性式和霍尔式多种。自动变速器通常采用线性节气门位置传感器，它由一个线性电位计和一个怠速开关组成。节气门轴带动线性电位计和怠速开关的滑动开关的滑动触点。节气门关闭时，怠速开关接通；节气门开启时，怠速开关断开。当节气门开度不同时。电位计电阻不同，这样节气门开度的变化被转变为电阻或电压信号输入电子控制单元，电子控制单元就可获得节气门变化的信号和变化的速率，以此作为其控制不同行驶条件下的挡位变换的重要依据。节气门位置传感器原理图如图 1 - 69 所示。

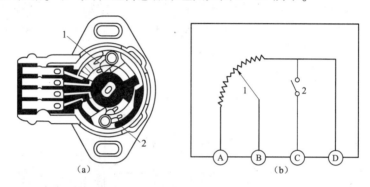

图 1 - 69　节气门位置传感器原理图

（a）结构；（b）电路

1—怠速开关滑动触点；2—线性电位计滑动触点；
A—基准电压；B—节气门开度信号；C—怠速信号；D—接地

2. 车速传感器

车速传感器用以检测自动变速器输出轴的转速，并换算成汽车行驶的速度，它也是自动变速器换挡控制的一个重要依据。图 1 - 70 所示为一种电磁感应式的车速传感器，它固定于自动变速器输出轴附近的壳体上，靠近安装在输出轴上的停车锁止齿轮或感应转子。

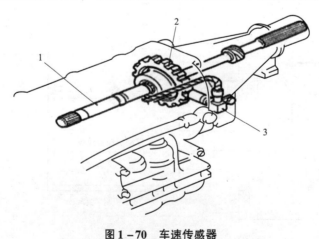

图 1 - 70　车速传感器

1—输出轴；2—停车锁止齿轮；3—车速传感器

当输出轴转动时，停车锁止齿轮或感应转子的凸齿不断靠近或离开车速传感器，感应线圈内的磁通量发生变化，从而产生交流感应电压。电子控制单元根据感应电压脉冲频率的大小计算出车速。图 1-71 所示为车速传感器信号示意图。

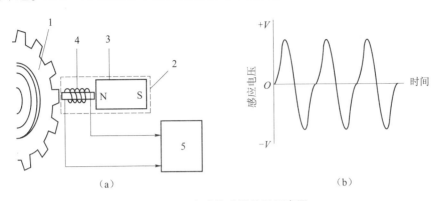

图 1-71　车速传感器信号示意图

（a）结构；（b）感应电压曲线图

1—停车锁止齿轮；2—车速传感器；3—永久磁铁；4—感应线圈；5—电子控制单元

3. 输入轴转速传感器

输入轴转速传感器用以监测自动变速器输入轴转速信号，该信号使电子控制单元对换挡过程的控制更为精确，同时该信号与发动机转速信号比较可计算出液力变矩器的传动比，优化油路压力控制过程和锁止离合器的控制过程，改善换挡质量，提高汽车的行驶性能。其结构、工作原理与车速传感器相同。输入轴转速传感器如图 1-72 所示。

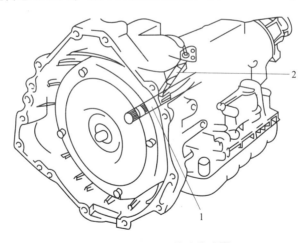

图 1-72　输入轴转速传感器

1—行星齿轮变速器输入轴；2—输入轴转速传感器

4. 油温传感器

油温传感器用以检测液压油的温度，作为电子控制单元进行换挡控制、油压控制和锁止离合器控制的依据。它位于油底壳内阀板上，内部结构为一热敏电阻，其阻值随温度发生变化，通常温度越高，阻值越小，电子控制单元根据其阻值的变化计算出油温。油温传感器如图 1-73 所示。

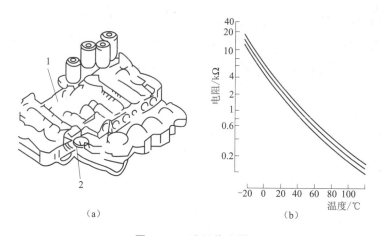

图 1 – 73 油温传感器

（a）安装位置；（b）电阻变化曲线图

1—阀板；2—油温传感器

除上述传感器的信号之外，自动变速器控制系统还将发动机转速信号、发动机水温信号、大气压力信号、进气纬度信号等作为控制的参考信号。

5. 控制开关

电子控制装置的控制开关有超速挡开关、模式开关和挡位开关等。

1）超速挡开关（图 1 – 74）

超速挡开关通常位于操纵手柄的上方，用于控制自动变速器的超速挡。当开关打开时，超速挡电磁阀通电，将作用于 3、4 挡换挡阀高挡端的液力传动油泄空，车速足够高时可换入 4 挡；当开关关闭时，电磁阀不通电，压力油使 3、4 挡换挡阀锁止在 3 挡位置，车速再高也无法升入 4 挡。在驾驶室仪表盘上，有 "O/D OFF" 指示灯显示超速挡开关的工作状态。开关打开，则 "O/D OFF" 灯灭；开关关闭，则 "O/D OFF" 指示灯亮。

2）模式开关（图 1 – 75）

模式开关用以选择自动变速器的换挡控制模式，不同的模式，换挡规律不同，常用的模式有动力模式（power）、经济模式（economy）、普通模式（normal）。动力模式以获得动力性为目标设计换挡规律，升挡延迟；经济模式以获得最佳燃油经济为目标设计换挡规律，升挡提前；普通模式则介于两者之间。

图 1 – 74 超速挡开关

图 1 – 75 模式开关

3）挡位开关（图1-76）

挡位开关位于手动摇臂轴上或操纵手柄下方，用以检测操纵手柄的位置，它由几个触点组成。当操纵手柄位于不同的位置时，相应的触点被接通。电子控制单元依据接通的触点，测得操纵手柄的位置，从而按照不同的程序控制自动变速器的工作。

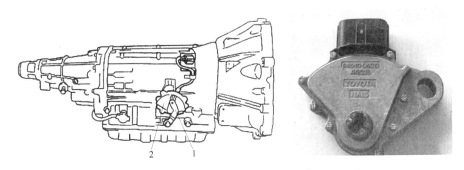

图1-76 挡位开关位置及实物

1—手动阀摇臂；2—挡位开关

任务三 执行器的结构、工作原理

电子控制装置的执行器是各种电磁阀。常见的电磁阀有开关式和脉冲线性式两种。

1. 开关式电磁阀

1）开关式电磁阀的作用

开关式电磁阀的作用是开启或关闭自动变速器油路，可用于换挡及液力变矩器的锁止离合器的控制。

2）开关式电磁阀的组成

开关式电磁阀由电磁线圈、衔铁、阀芯和回位弹簧等组成，如图1-77所示。

3）开关式电磁阀的工作原理

开关式电磁阀有两种工作状态：全开或全关。当线圈不通电时，阀芯被油压推开，打开泄油孔，该油路压力泄为零；当线圈通电时，电磁力将阀芯左移，关闭泄油孔、油压上升。

2. 脉冲线性式电磁阀

1）脉冲线性式电磁阀的作用

脉冲线性式电磁阀用来控制油路中的油压。

2）脉冲线性式电磁阀的组成

脉冲线性式电磁阀的结构与开关式电磁阀相似，也是由电磁线圈、衔铁、阀芯或滑阀等组成，如图1-78所示。

3）脉冲线性式电磁阀的工作原理

通电，电磁阀使阀芯或滑阀开启泄油孔，压力下降；不通电，在弹簧力作用下阀芯或滑阀关闭泄油孔，压力上升。其控制电信号为一个频率固定的脉冲电信号，脉冲电信号使电磁阀不断反复地开启或关闭泄油孔，电子控制单元通过改变每个脉冲周期内电流接通和断开的时间比例即所谓的占空比来控制油路压力。占空比与油路压力成反比关系，如图1-79所示。

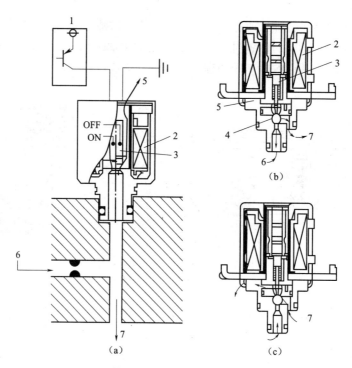

图1-77 开关式电磁阀

1—电子控制单元（ECU）；2—电磁线圈；3—衔铁和阀芯；4—阀球；5—泄油孔；6—主油道；7—控制油通

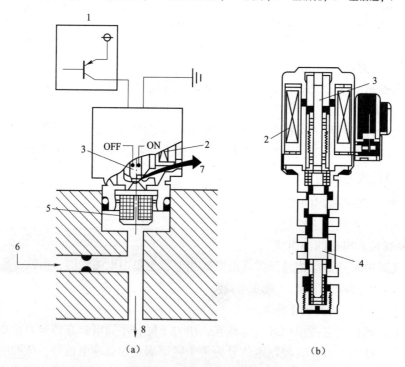

图1-78 脉冲线性式电磁阀

（a）普通的脉冲线性式电磁阀；（b）带滑阀的脉冲线性式电磁阀

1—电子控制单元；2—电磁线圈；3—衔铁和阀芯；4—滑阀；5—滤网；6—主油道；7—泄油孔；8—控制油道

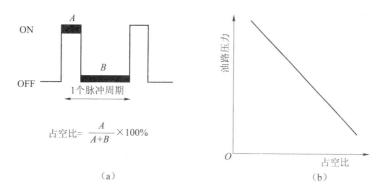

$$占空比 = \frac{A}{A+B} \times 100\%$$

（a）   （b）

图 1 - 79　脉冲线性式电磁阀控制信号

（a）占空比的定义示意图；（b）油路压力曲线图

任务四　电子控制单元及其控制内容

自动变速器电子控制单元是电子控制系统的控制核心，它根据各传感器及控制开关的信号和设定控制程序，通过运算分析，向各个执行器输出控制信号，从而实现对自动变速器的控制，其基本结构与汽车其他系统电子控制单元相似，它的控制内容主要有如下几个方面：

1. 换挡控制

自动换挡控制是自动变速器电子控制单元的最基本的控制内容。自动换挡控制就是在汽车的行驶过程中，选择最佳时刻换挡，即选择最佳的换挡车速，以使汽车的动力性和经济性最佳。

最佳的换挡车速与节气门开度、操纵手柄的位置、模式开关的位置有关，其与节气门开度的关系可用自动换挡控制图来表示，如图 1 - 80 所示。

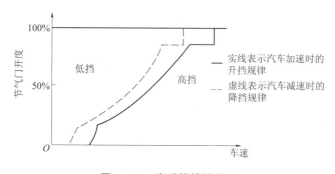

图 1 - 80　自动换挡控制图

由图 1 - 80 中可知，节气门开度越大，升挡和降挡车速越高；节气门开度越小，升挡和降挡车速越低，这种规律十分符合汽车的实际使用要求，操纵手柄的位置和模式开关的位置不同，对汽车的使用要求也有所不同，因此其换挡规律应做相应的调整。电子控制单元自动换挡的控制是由 2 个或 3 个开关式换挡电磁阀来完成的。

2. 主油路油压控制

主油路油压由主油路调压阀调节，早期的电子控制系统中由节气门阀输出油压和倒挡油路油压对其进行反馈控制。新型电子控制自动变速器由电子控制单元根据节气门的开度、挡位、油温及换挡等信号，计算得到相应的主油压力值，并通过输出相应的占空比脉冲信号来控制油压电磁阀的开、关比率，实现对主油路的控制。

节气门开度越大，主油路油压越高；节气门开度越小，主油路油压越低；倒挡时主油路油压较前进挡高，其油压控制示意图如图 1 – 81 所示。

换挡时，为减小冲击，应减小换挡执行元件中液力传动油油压。如图 1 – 82 所示，在液力传动油温度低于正常工作温度时（60 ℃）时，因黏度较大而产生换挡冲击，就应适当降低主油路油压。

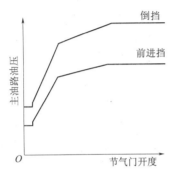

图 1 – 81　主油路油压控制示意图

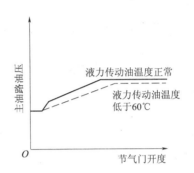

图 1 – 82　低温时主油路油压

而液力传动油温度过低（低于 – 30 ℃）时，其黏度过大，流动性差，容易造成液压换挡执行元件动作迟缓，影响换挡质量，电子控制单元使主油路升到最大值，如图 1 – 83 所示。

在海拔较高时，空气密度较小，发动机充气效率下降而使输出功率降低，电子控制单元将主油路油压控制为低于正常值，以防止换挡时产生冲击，如图 1 – 84 所示。

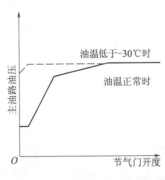

图 1 – 83　油温过低时油压图

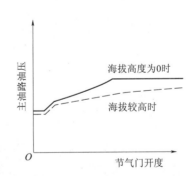

图 1 – 84　海拔影响的油压图

3. 自动模式控制

新型自动变速器取消了手动选择的模式开关，采用了电子控制单元自动模式变换控制，电子控制单元根据各个传感器的信号测得汽车的行驶状况，根据操纵手柄的位置和加速踏板踩下来判断驾驶员的操作方式，经运算分析，自动选择采用经济模式、普通模式、动力模式来进行换挡控制，以满足不同的操作要求。

（1）S、L（或 2、1）位时，电子控制单元只选动力模式。

（2）D 位时，电子控制单元根据加速踏板踩下的速率来确定换挡模式，但在不同的车速和节气门开度下，换挡模式转换的加速踏板踩下的速率是不同的，为此，将车速和节气门开度划分成若干小区，如图 1-85 所示。

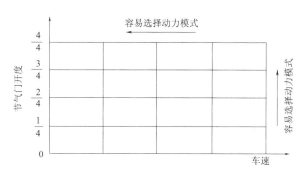

图 1-85　自动模式控制图

每个区域都有不同的加速踏板踩下的程序值，当驾驶员踩下加速踏板的速率大于对应区域的程序值时，电子控制单元选择动力模式；反之，当踩下加速踏板的速率小于对应区域的程序值时，电子控制单元选择经济模式。这些区域中节气门开启速率程序值的分布规律是：车速越低或节气门开度越大，其程序值越小，即越容易选择动力模式。

（3）D 位，电子控制单元选择模式后，一旦节气门开度低于 1/8，电子控制单元将转为选择经济模式。

4. 锁止离合器控制

最理想的锁止离合器控制既能保证汽车的行驶要求，又能最大限度地提高变矩器的传动效率，以降低油耗。电子控制单元中储存有不同工作条件下的最佳锁止离合器控制程序。工作中，电子控制单元根据挡位、模式等工作条件从存储器内选择相应的最佳控制程序，并与车速、节气门开度等进行比较，当车速及其他因素满足锁止条件时，电子控制单元向锁止离合器的锁止电磁阀输出控制信号，使锁止离合器接合，如图 1-86 所示。

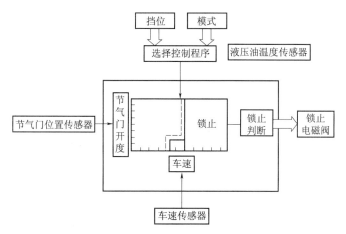

图 1-86　锁止离合器控制图

为了保证汽车的行驶性能，在液压油温度低于 60 ℃、车速低于 60 km/h、怠速开关接通、制动灯亮时电子控制单元将禁止锁止离合器接合。

5. 发动机制动控制

目前一些新型电子控制自动变速器的强制离合器或强制制动器的工作是由电子控制单元通过电磁阀来控制的。电子控制单元按照设定的发动机制动控制程序，在操纵手柄位置、车速、节气门开度等因素满足一定条件（操纵手柄位于前进低挡位置，且车速大于 10 km/h、节气门开度小于 1/8）时，向强制离合器电磁阀或强制制动器电磁阀发出电信号，打开强制离合器或强制制动器的控制油路，使之接合工作，使自动变速器具有反向传递动力的能力，从而在汽车滑行时实现发动机制动。

6. 改善换挡质量的控制

电子控制单元采用多种方法来控制变速器的换挡过程，以改善换挡质量，提高汽车的乘坐舒适性。目前常见的改善换挡质量的特殊控制功能有以下几种：

1）换挡油压控制

在挡位更换的瞬间，电子控制单元通过油压电磁阀适当降低主油路油压，以减小换挡冲击，改善换挡质量。也有的是在换挡时通过电磁阀减小减震器活塞的背压，以减缓离合器或制动器液压缸内油压的增长速度，达到减小换挡冲击的目的。

2）减扭矩控制

在换挡瞬间，通过延迟发动机的点火时刻或减小喷油量，暂时减小发动机的输出扭矩，以减小换挡冲击和输出轴的扭矩波动。其控制过程是：自动变速器电子控制单元在换挡的瞬间，向发动机电子控制单元发出减扭矩控制信号，发动机电子控制单元接收到这一信号后，立即延迟发动机的点火时刻或减小喷油量，执行减扭矩控制。

3）N-D换挡控制

N-D换挡控制是在操纵手柄由 P 位换至 D 位或 R 位时，通过调整发动机的喷油量，将发动机的转速波动减至最低程度，以改善换挡质量。若无这种控制，则在操纵手柄由 P 位与 D 位或 R 位之间相互变化时，会因负荷的变化导致发动机转速出现大的波动。

7. 输入轴转速传感器的控制

目前一些新型电子控制自动变速器设有输入轴转速传感器，电子控制单元通过这一传感器可以检测出自动变速器输入轴的转速，并由此计算出变矩器的传动比以及发动机曲轴和自动变速器输入轴的转速差，从而使电子控制单元更精确地控制自动变速器的工作。特别是在电子控制单元进行换挡油路压力控制、锁止离合器控制时，利用这一参数进行计算，可使这些控制的持续时间更加准确，从而获得最佳的换挡质量和乘坐舒适性。

8. 故障自诊和失效保护

电子控制装置能不停地监测所有传感器和部分执行器的工作，一旦发现某个传感器或执行器有故障，工作不正常，它将立即采取以下几种保护措施：

（1）在汽车行驶时，仪表盘上的自动变速器故障警告灯亮起，以提醒驾驶员立即将汽车送至修理厂检修。

（2）将检测到的故障内容以故障代码的形式储存在电子控制单元的存储器中。

（3）电子控制单元按设定的失效保护程序控制自动变速器的工作，以保证汽车的基本行驶能力。

四、知识与技能拓展——自动变速器电控系统案例分析

皇冠 3.0 L 轿车自动变速器升挡太迟故障检修

（1）故障现象：皇冠 3.0 L 轿车自动变速器升挡太迟，正常行驶很难升到高挡，跑起来特别费劲。正常行驶时很难升挡，必须采用加速后快松油门提前升挡的操作方法才能使自动变速器升挡。在举升机上空载状态下能升挡，但升挡时仍感偏迟。

（2）故障分析：因此车配装 A341E 电液控制自动变速器，带节气门拉线，且各个挡均存在升挡过迟现象，换挡阀卡滞可暂不考虑，故初步分析可能原因有：自动变速器节气门阀拉线调整不当；节气门位置传感器调整不当或不良；自动变速器计算机不良。

（3）故障诊断过程：检查 "O/D OFF" 灯不亮，无故障码存储。检查节气门阀拉线调整情况，未发现异常。但注意到发动机怠速有轻微抖动现象，不过用户没有感觉到发动机工作不良。用万用表测量节气门位置传感器信号电压，结果发现怠速时 VT_A 端子与搭铁之间的电压为 2.15 V 左右，且随着节气门开度增大而增大，显然信号电压过高，ECU 误认为发动机处于大负荷工况工作，这应是导致升挡过迟的根本原因。拔下节气门位置传感器插头，检测节气门位置传感器。点火开关 "ON"，测量 V_C 端子与 E_2 端子之间的参考电压为 5.0 V，IDL 端子与搭铁之间的电压为 12 V，正常；但 V_C 端子与蓄电池负极或搭铁之间的电压却为 6.5 V 左右，E_2 端子与蓄电池负极或搭铁之间的电压也相应地为 1.5 V 左右。再拔下进气歧管绝对压力传感器接头，测量 V_C 与搭铁之间的电压也为 6.5 V 左右，而 V_C 与 E_2 之间为 5.0 V 左右。因 E_2 端子是传感器共用的到计算机内部搭铁的搭铁线，而 V_C 端子是计算机输出的供传感器共用的 5 V 参考电源线，V_C 与 E_2 之间电压正常而 V_C 与搭铁之间电压过高，说明计算机内部本身应无故障而是计算机搭铁不良。于是测量诊断座中的 E_1 端子与搭铁之间的电压，为 1.5 V 左右，因 E_1 端子是计算机搭铁线，故计算机搭铁不良确定无疑。

（4）故障排除方法：为迅速排除故障，在诊断座后方找出 E_1 线，并接一搭铁线于诊断座旁的进气歧管上。此时，VTA 端子与搭铁之间的电压，即节气门位置传感器信号电压在怠速时变为 0.6 V 左右，怠速触点在怠速时接通，稍开节气门即断开，发动机运转也变得十分平稳。路试，自动变速器升挡正常，动力充沛，故障完全排除。

 小结

自动变速器电子控制系统由传感器、执行元件和变速器电子控制单元组成。传感器主要包括车速传感器、节气门位置传感器、转速传感器、发动机水温传感器、变速器油温传感器等，用来检测车速、节气门开度、冷却水温及其他一些状态，并以电信号形式输入到电子控制单元。电子控制单元有的是采用专用控制计算机（即 AT ECU），有的是与发动机共用一个控制计算机。电控单元根据各传感器输入的信号确定控制时刻和控制参数，发出电信号到执行元件。电子控制装置的执行器是各种电磁阀。常见的电磁阀有开关式和脉冲线性式两种。

思考与练习

1. 自动变速器电控系统的传感器有哪些？各有何作用？
2. 自动变速器电控系统的执行器有哪些？各有何作用？
3. 自动变速器电控系统的控制功能有哪些？

学习任务六
自动变速器综合性能检测

✿ 一、任务目标

（一）知识目标

（1）理解自动变速器的各种性能试验方法。
（2）理解自动变速器的常规检测的依据。
（3）了解自动变速器的常见故障的发生机理。

（二）能力目标

（1）能够对初步自动变速器进行各种试验。
（2）能够对自动变速器进行初步检查。
（3）能够初步对自动变速器的故障进行诊断。

✿ 二、任务描述

电控自动变速器在使用一定的里程后，其内部的各个摩擦件势必会有一定的磨损，同时，当发动机动力不足或电子控制单元出现故障时，也同样会使自动变速器的使用性能下降，自动变速器使用时故障便会应运而生。正确及时地对自动变速器进行必要的有目的试验，有助于及早发现故障特征，以便有的放矢地检查调整和排除故障。它基本上能对电子控制自动变速器各个方面的性能进行综合的评判。

✿ 三、任务实施——自动变速器综合性能检修

任务一　自动变速器的基本检查

自动变速器的油位不当、油质不佳、联动机构调节不当以及发动机怠速不正常，是引起自动变速器产生故障的最常见原因。通常把对这些部件的检查与重新调整，叫作自动变速器的基本检查。无论具体故障是什么，这种基本检查总是要进行，而且也是首先要进行的。基本检查和调整项目包括：油面检查、油质检查、液压控制系统漏油检查与液压油的更换、节

气门拉索的检查和调整、操纵手柄位置的检查和调整、挡位开关的检查和调整以及怠速检查。

1. 油面检查

在对变速器进行检查前或故障诊断前，首先要对变速器油面高度进行检查，一般在车辆行驶 10 000 km 后检查油液面。变速器与差速器有一公用的油池，其间是相通的。在拉出油尺之前，应将护罩及手柄上的脏东西都擦干净。把选挡手柄放在 P 位或 N 位（空挡），将发动机在怠速时至少运转 1 min，汽车必须停放在水平路面上，这样才能确保在差速器和变速器之间的油面高度正常、稳定。检查应在油液正常工作温度 50 ℃~90 ℃时进行。

液压油油面高度的标准是：如果自动变速器处于冷态（即冷车刚刚起动，液压油的温度较低，为室温或低于 25 ℃时），液压油油面高度应在油尺刻线的下限附近；如果自动变速器处于热态（如低速行驶 5 min 以上，液压油温度已达 70 ℃~80 ℃），油面高度应在油尺刻线的上限附近（图 1-87）。这是因为低温时液压油的黏度大，运转时有较多的液压油附着在行星齿轮等零件上，所以油面高度较低；高温时液压油黏度小，容易流回油底壳。因此油面较高。

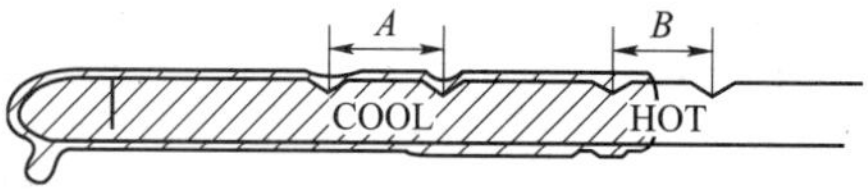

图 1-87　自动变速器油面高度的检查

若油面高度过低，应从加油管处添加合适的液压油，直至油面高度符合标准为止。

继续运转发动机，检查自动变速器油底壳，油管接头等处有无漏油。如有漏油，应立即予以修复。

在自动变速器调整、加注液压油，并经试车之后，应重新检查自动变速器液压油的油面高度是否正常，油底壳、油管接头等处有无漏油。

2. 油质检查

变速器在正常工作温度下一般能行驶约 4 万 km 或 24 个月，影响油液和变速器使用寿命的最重要因素之一是油液的温度，而影响油液温度的主要因素是液力变矩器有故障、离合器、制动器滑转或分离不彻底，单向离合器滑转和油冷却器堵塞等，所以油液温度过高或急剧上升是十分重要和危险的信号，说明自动变速器内部有故障或油量不够。若发现温度过高，应当立即停止检查。延长自动变速器使用寿命的关键就在于经常检查油面、检查油液的温度和状态。

油液温度过高，将会使油液黏性下降、性能变坏（产生油膏沉淀和积炭）、堵塞细小量孔、卡滞控制阀门、降低润滑效果、破坏橡胶密封部件，从而导致变速器损坏。

检查变速器油的气味和状态，也是十分重要的。油液的气味和状态可以表明自动变速器的工作状态。检查油液时，从油尺上嗅一嗅油液的气味，在手指上点少许油液，用手指互相摩擦看是否有渣粒，或将油尺上的液压油滴在干净的白纸上，检查液压油的颜色及气味。正常液压油的颜色一般为粉红色，且无气味。如液压油呈棕色或有焦味，说明已变质（变质原因详见表 1-8 的分析），应立即换油。

换油时应优先采用车辆随车手册上推荐使用的变速器油，也可使用 8 号自动传动油，无推荐用油时，可用国内的 22 号透平油，液力变矩器 I 号、II 号油。某些轿车自动变速器使用 DEXRON-II 或 M-III 型液压油。这两种液压油稳定性好，使用寿命长。注意切不可用齿轮油或机油代替液压油，否则会造成自动变速器的严重损坏。

表1-8 油质与故障原因

油液状态	变质原因
油液变为深褐色或深红色	(1) 没有及时更换油液; (2) 长期重载荷运转,某些部件打滑或损坏引起变速器过热
油液中有金属屑	离合器盘、制动器盘或单向离合器严重磨损
油尺上黏附胶质油膏	变速器油温过高
油液有烧焦气味	(1) 油温过高、油面过低; (2) 油冷却器或管路堵塞
油液从加油管溢出	油面过高或通气孔堵塞

3. 液压控制系统漏油检查与液压油的更换

1) 液压控制系统漏油检查

液压控制系统的各连接部位上都有油封和密封垫,这些部件是常发生漏油的地方。液压系统漏油会引起油路压力下降,油位下降是换挡打滑和延迟的常见原因。图1-88所示为自动变速器易发生漏油部位,应逐一进行检查。

2) 液压油的更换

自动变速器换油的具体方法可参照如下:

(1) 车辆运行至自动变速器达到正常工作油温70 ℃~80 ℃后停车熄火。

(2) 拆下自动变速器油底壳上的放油螺塞,将油底壳内的液压油放净。有些车型的自动变速器油底壳上没有放油螺塞,应拆下整个油底壳,然后放油。拆油底壳时应先将后半部油底壳螺钉拆下,拧松前半部油底壳螺钉,再将后半部油底壳撬离变速器壳体,放出部分液压油,最后再将整个油底壳拆下。

(3) 拆下油底壳,将油底壳清洗干净。有些自动变速器的油底壳上的放油螺塞为磁性螺塞,也有些自动变速器在油底壳内专门放置一块磁铁,以吸附铁屑。清洗时必须注意将螺塞或磁铁上的铁屑清洗干净后放回。

(4) 拆下自动变速器液压油散热器油管接头,用压缩空气将散热器的残余液压油吹出,再装好油管接头。

(5) 装好油底壳和放油螺塞。

(6) 从自动变速器加油管中加入规定牌号的液压油。一般自动变速器油底壳内的储油量为4 L左右。

(7) 起动发动机,检查自动变速器油面高度。要注意由于新加入的油液温度较低,油面高度应在油尺刻线的下限附近。如油面高度太低,应继续加油至规定油面高度。

(8) 让汽车行驶至发动机和自动变速器达到正常工作温度,再次检查油面高度是否在油尺线的上限附近。如过低,应继续加油,直至满足规定要求为止。

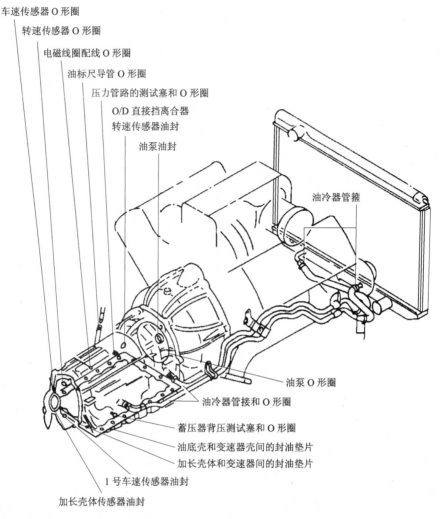

车速传感器 O 形圈
转速传感器 O 形圈
电磁线圈配线 O 形圈
油标尺导管 O 形圈
压力管路的测试塞和 O 形圈
O/D 直接挡离合器
转速传感器油封
油泵油封
油冷器管箍
油泵 O 形圈
油冷器管接和 O 形圈
蓄压器背压测试塞和 O 形圈
油底壳和变速器壳间的封油垫片
加长壳体和变速器间的封油垫片
1 号车速传感器油封
加长壳体传感器油封

图 1-88　变速器各油封位置图

(9) 如果不慎加入过多液压油, 使油面高于规定的高度, 切不可凑合使用。因为当油面过高时, 行驶中油液被行星排剧烈地搅动, 产生大量的泡沫。这些带有泡沫的液压油进入油泵和控制系统后, 对自动变速器的工作极为不利。其后果和油面高度不足一样, 会造成油压过低, 导致自动变速器内的摩擦元件打滑磨损。因此油面过高时, 应把油放掉一些。有放油螺塞的自动变速器只要把螺塞打开即可放油; 没有放油螺塞的自动变速器在少量放油时, 可从加油管处往外吸。

一般自动变速器的总油量为 10 L 左右, 按上述方法换油时, 变矩器内的液压油是无法放出的。若液压油严重变质, 必须全部更换时, 可先按上述方法换油, 然后让汽车行驶约 5 min 后再次换油。

4. 节气门拉索的检查和调整

1) 节气门拉索的检查

节气门的开度将影响自动变速器的换挡时间, 发动机熄火后, 节气门应全闭, 当油门踩死时, 节气门应全开。节气门拉索的索芯不应松弛, 索套端和索芯上限位之间的距离应在

0～1 mm（图1-89）。若节气门拉索调整不当，对于液力控制自动变速器来说，会导致换挡时刻不正常，造成过早或过迟换挡，使汽车加速性能变差或产生换挡冲击；对于电子控制自动变速器来说，会导致主油路压力异常，造成油压过低或过高，使换挡执行元件打滑或产生换挡冲击。

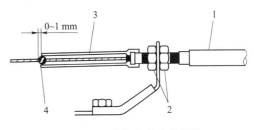

图1-89　节气门拉索的调整

2）节气门拉索的调整

节气门拉索的调整步骤如下：

（1）推动油门踏板连杆，检查油门是否全开，如油门不全开，则应调油门踏板连杆。

（2）把油门踏板踩到底。

（3）把调整螺母拧松。

（4）调整油门拉线。

（5）拧动调整螺母，使橡皮套与拉线止动器间的距离为0～1 mm。

（6）拧紧调整螺母。

（7）重新检查调整情况。

5. 操纵手柄位置的检查和调整

操纵手柄调整不当，会使操纵手柄的位置与自动变速器阀板中手动阀的实际位置不符，造成挂不进停车挡或前进挡，或操纵手柄的位置与仪表盘上挡位指示灯的显示不符，甚至造成在空挡或停车挡时无法起动发动机。

操纵手柄的调整方法如下：

（1）拆下操纵手柄与自动变速器手动阀摇臂之间的连接杆。

（2）将操纵手柄拨至空挡位置。

（3）将手动阀摇臂向后拨至极限位置（停车挡位置），然后再退回2格，使手动阀摇臂处于空挡位置。

（4）稍稍用力将操纵手柄靠向R位方向，然后连接并固定操纵手柄与手动阀摇臂之间的连杆。

6. 挡位开关的检查和调整

将操纵手柄拨至各个挡位，检查挡位指示灯与操纵手柄位置是否一致，P位和N位时发动机能否起动，R位时倒挡灯是否亮起。发动机应只能在空挡（N挡）和驻车挡（P挡）起动，其他挡位不能起动，若有异常，应调节空挡起动开关螺栓和开关电路。

（1）松开挡位开关的固定螺钉，将操纵手柄放到N挡位。

（2）将槽口对准空挡基准线。有些自动变速器的挡位开关外壳上刻有一条基准线，调整时应将基准线和手动阀摇臂轴上的槽口对齐，如图1-90（a）所示；也有一些自动变速器的挡位开关上有一个定位孔，调整时应使摇臂上的定位孔和挡位开关上的定位孔对准，如图1-90（b）所示。

（3）挡位开关的位置调好后进行固定。

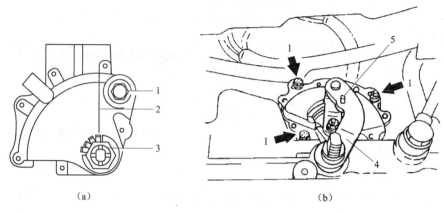

图 1 - 90　挡位开关的调整

1—固定螺钉；2—基准线；3—槽口；4—摇臂；5—调整用定位销

7. 怠速检查

发动机怠速不正常，特别是怠速过高，会使自动变速器工作不正常，出现换挡冲击等故障。因此在对自动变速器做进一步的检查之前应先检查发动机的怠速是否正常。检查怠速时应将自动变速器操纵手柄置于停车挡（P）或空挡（N）位置。通常装有自动变速器的汽车发动机怠速为 750 r/min。若发动机怠速过低或过高，则应予以调整。

任务二　自动变速器试验

1. 失速试验

1）失速试验的目的

检查发动机功率大小、液力变矩器性能好坏及自动变速器中有关换挡执行元件的工作是否正常的一种常用方法。用来诊断可能的机械故障部位，如离合器、制动器的磨损情况等。

2）失速试验的方法

失速试验的步骤如下：

（1）用三角木抵紧车轮，同时采取可靠的驻车制动。

（2）在发动机上安装转速表。

（3）起动发动机，将操纵手柄置于前进挡（D 挡）。

（4）将制动踏板和加速踏板踩到底（时间控制在 5 s 以内），并迅速记下发动机的转速，该转速即为失速转速。

（5）放松加速踏板和制动踏板，将操纵手柄置于 N 挡或 P 挡位。使发动机怠速运转1 min。

（6）在 R 挡，重复上述试验，并记下其失速转速。

3）试验结果分析

所有挡位失速转速均低：发动机功率不足；所有挡位失速转速均高：如果油压正常，则说明液力变矩器损坏；某一挡位失速转速偏高：如果油压正常，则说明该挡液压执行元件打滑。

2. 油压试验

1）油压试验的目的

油压试验是在自动变速器工作时，通过测量液压控制系统各回路的压力来判断各元件的功能是否正常，目的是检查液压控制系统各管路及元件是否漏油及各元件（如液力变矩器、蓄压器等）是否工作正常，是判别故障在液压控制系统还是在机械系统的主要依据。

2）主油路油压测试方法

测试主油路油压时，应分别测出前进挡和倒挡的主油路油压。

（1）前进挡主油路油压测试方法。

① 拆下自动变速器壳体上的主油路测压孔或前进挡油路测压孔螺塞，接上油压表。

② 起动发动机，将换挡操纵手柄拨至前进挡（D）位置。

③ 读出发动机怠速运转时的油压，该油压即为怠速工况下的前进挡主油路油压。

④ 用左脚踩紧制动踏板，同时用右脚将加速踏板完全踩下，在失速工况下读取油压，该油压即为失速工况下的前进挡主油路油压。

⑤ 将换挡操纵手柄拨至空挡（N）或停车挡（P）位置，让发动机怠速运转 1 min 以上。

⑥ 将换挡操纵手柄拨至各个前进低挡（S、L 或 2、1）位置，重复上述③～⑤的步骤，读出各个前进低挡在怠速工况和失速工况下的主油路油压。

（2）倒挡主油路油压测试方法。

① 拆下自动变速器壳体上的主油路测压孔或倒挡油路测压孔螺塞，接上油压表。

② 起动发动机，将换挡操纵手柄拨至倒挡（R）位置。

③ 在发动机怠速运转工况下读取油压，该油压即为怠速工况下的倒挡主油路油压。

④ 用左脚踩住制动踏板，同时用右脚将加速踏板完全踩下，在发动机失速工况下读取油压，该油压即为失速工况下的倒挡主油路油压。

⑤ 将换挡操纵手柄拨至空挡（N）位置，让发动机怠速运转 1 min。

3）试验结果分析

所有挡位油压均高：主油路调压阀故障；所有挡位油压均低：油泵或主油路调压阀故障；某一挡位油压偏低：该挡油路堵塞或泄漏。

3. 时滞试验

1）时滞试验的目的

在发动机怠速运转时将换挡操纵手柄从空挡（N）位置拨至前进挡（D）或倒挡（R）位置后，需要有一段短暂时间的迟滞或延时才能使自动变速器完成挡位的结合（此时汽车会产生一个轻微的振动），这一短暂的时间称为自动变速器换挡的迟滞时间。

时滞试验就是测出自动变速器的迟滞时间，根据迟滞时间的长短来判断主油路油压及换挡执行元件的工作是否正常。迟滞时间的大小取决于自动变速器油路油压、油路密封情况以及离合器和制动器的磨损情况。

2）时滞试验的方法

（1）让汽车行驶，使发动机和自动变速器达到正常工作温度。

（2）将汽车停放在水平地面上，拉紧手制动。

（3）检查发动机怠速。如不正常，应按标准予以调整。

（4）将自动变速器换挡操纵手柄从空挡（N）位置拨至前进挡（D）位置，用秒表测量从拨动换挡操纵手柄开始到感觉到汽车振动为止所需的时间，称为 N→D 迟滞时间。

（5）将换挡操纵手柄拨至空挡（N）位置，让发动机怠速运转 1 min 之后，再重复做一次同样的试验。

（6）做 3 次试验，取其平均值。

（7）按照上述方法，将换挡操纵手柄由空挡（N）位置拨至倒挡（R）位置，以测量 N→R 迟滞时间。

3）试验结果分析

（1）大部分自动变速器 N→D 迟滞时间小于 1.0 ~ 1.2 s，N→R 迟滞时间小于 1.2 ~ 1.5 s。

（2）若 N→D 迟滞时间过长，则说明主油路油压过低、前进挡离合器摩擦片磨损过甚或前进挡单向超越离合器工作不良。

（3）若 N→R 迟滞时间过长，则说明倒挡主油路油压过低，倒挡离合器或倒挡制动器磨损过甚或工作不良。

4．道路试验

1）道路试验的目的

道路试验是诊断、分析自动变速器故障的最有效的手段之一。此外，自动变速器在修复之后，也应进行道路试验，以检查其工作性能，检验修理质量。自动变速器的道路试验内容主要有：检查换挡车速、换挡质量以及检查换挡执行元件有无打滑等。

2）试验准备

（1）路试前，要检查发动机和自动变速器的油面高度及油质，应符合要求。

（2）轮胎尺寸和轮胎气压应符合规定。

（3）行驶模式选择开关置于普通模式或经济模式位置。

3）试验方法

（1）D 挡位试验。

① 在平坦的路面上，将变速杆挂入 D 挡位置，如有超速挡，则打开 O 或 D 开关，踩下加速踏板，使汽车起步加速行驶，直至节气门全开。检查车辆在降速过程中是否有有 3 挡、2 挡和超速挡的升挡的变化，同时记录各挡位的升挡点所对应的车速值。

② 当车辆达到规定的最高车速时，放松加速踏板，利用发动机制动降低车速。检查车辆在降速过程中是否有 3 挡、2 挡和 1 挡的降挡变化，同时记录各挡位的降挡点所对应的车速值。

③ 在平坦的道路上等速行驶，突然松开加速踏板，然后再加速行驶，注意观察变速器的换挡性能。

④ D 挡位检查内容：

a．检查升挡点与升挡品质。将升挡点车速与换挡图比较，观察升挡点车速是否与其自动换挡规律相吻合。

b．检查降挡点与降低品质。将降挡点车速与换挡图比较，观察降挡点车速是否与其自动换挡规律相吻合。

c. 检查最高挡和次高挡的工作品质。车辆在高挡或次高挡行驶时，检查自动变速器是否有不正常的噪声或振动。

d. 检查 O 或 D 开关。关闭 O 或 D 开关，检查车辆是否还能升至超速挡。

e. 检查锁止系统。车辆在 D 挡位与最高挡在一定车速下行驶时，逐渐踩下加速踏板，如车速变化不大，而发动机转速表的转速急增，则说明变矩器锁止离合器没有锁止结合。

（2）2 挡位试验。将选挡手柄置于 2 挡位位置，行驶时节气门保持全开。

① 检查是否有升挡变化，比较升挡和换挡点是否吻合。

② 2 挡行驶，放松加速踏板，检查发动机是否有制动作用。

③ 检查加减速时是否有异常噪声，升降挡时是否有振动或冲击。

（3）L 挡位试验。将选挡手柄置于 L 挡位位置，行驶时节气门保持全开。

① 将选挡手柄置于 L 挡位位置时，车辆只能在 1 挡行驶，不应有升挡现象。

② 行驶时，放松加速踏板，检查发动机是否有制动作用。

③ 检查加减速是否有异常噪声。R 挡位试验将选挡手柄置于 R 挡位，在节气门全开位置起步，检查自动变速器是否有打滑现象。P 挡位试验将车辆停放在坡度不小于 9° 的路面上，选挡手柄置于 P 挡位置，放松行车制动器，车辆应能稳定停放。

（4）试验结果分析。

① 升挡点滞后，加速能力差，摩擦元件打滑，换挡阀卡滞。

② 无升挡或升挡点滞后，节气门阀操纵机构故障。

③ 无升挡或升挡点位置与节气门开度不匹配，速控阀故障。

④ 所有挡位换挡均迟滞或打滑，自动变速器油泵故障。

⑤ 低速挡加速能力差，变矩器单向离合器故障。

⑥ 无发动机制动作用，相应挡位工作的离合器和制动器故障。

注意：在道路试验之前，应先让汽车以中低速行驶 5～10 min，让发动机和自动变速器都达到正常工作温度。在试验中，如特殊需要，通常应将超速挡开关置于 ON 位置（即超速指示灯熄灭），并将模式开关置于普通模式或经济模式的位置。

四、知识与技能拓展——自动变速器综合故障案例分析

故障现象：一辆 2003 款捷达，搭载 01M 型自动变速器，因高速跑不上去，变速器油有烧煳味。在某修理厂解体大修后，出现以下新的故障：

（1）挂 D 或 R 挡后，有时发动机发抖，有时发动机会熄火，有时挂挡后踩住制动踏板，在车辆静止的情况下会感觉车辆向前窜动。

（2）车辆 2、3 挡时发动机转速升高，变速器内部打滑，然后再有一下冲击的感觉。

（3）故障诊断：对于第一种故障，可能是因为 TCC 滑阀卡滞造成，更换 TCC 滑阀修理包即可解决问题，这是 01M 型自动变速器的一个多发故障；对于第二个故障，可以通过动力传递路线加以分析判断，01M 型自动变速器的动力传递路线如图 1-91 所示，其各挡位工作元件表见表 1-9。

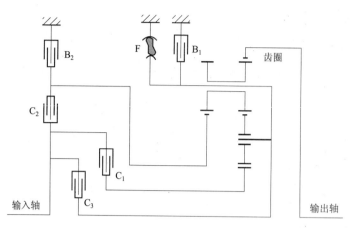

图1-91　动力传递路线

表1-9　各挡位工作元件表

挡位	倒挡制动器 B_1	第2和第4挡制动器 B_2	第1~3挡离合器 K_1	倒挡，离合器 K_2	第3~4挡离合器 K_3	自由轮离合器 F	装在变矩器LC内的锁止离合器
R	×			×			
1H			×			×	
1M			×				×
2H		×	×				
2M		×	×				×
3H			×		×		
3M			×		×		×
4H		×			×		
4M		×			×		×

由表1-9可知，在2挡时工作元件是 $K_1 + B_2$；3挡时的工作元件是 $K_1 + K_3$，2挡良好，说明离合器 K_1 良好，2~3挡打滑有可能是离合器 K_3 有问题，并且修理经验告诉我们，离合器 K_3 是多发故障部件。询问该修理厂，说第一次修理时，解体变速器后发现离合器 K_3 已烧损，但只是更换了一组 K_3 离合器片，没有分解离合器 K_1 和 K_3，装车后就出现了以上新故障。根据分析和我们的修理经验，建议该修理厂：更换 TCC 滑阀修理包；解体变速器，着重检查离合器 K_3 是否再次烧蚀，如果再次烧蚀，要更换 K_3 活塞，还要压出输入轴，检查输入轴与离合器 K_3 壳体结合处的油道孔是否有裂纹，视情况更换输入轴（K_3 壳体）。

该修理厂再次解体变速器，发现离合器 K_3 再次烧损，更换了输入轴和 TCC 滑阀修理包，试车时，以前的两个故障虽然没有了，但又出现了新的故障：挂 D、3、2、1 挡且车辆静止时，变速器内部发出"嚓嚓"响声；当车辆起步后，响声不明显。在 P、N 挡或挂 R 挡时，变速器内部没有异响。该修理厂已没有修理信心，将变速器拆下送到我处修理。按常理分析，在变速器挂任何挡位且车辆静止时，变速器内部的输入轴不转，只有变矩器里面的泵轮和蜗轮在滑转，如果产生异响应在变矩器。但此车挂 D、3、2、1 挡且车辆静止时，变速器内部发出"嚓嚓"响声，而挂 R 挡时，变速器内部没有异响，这又说明变矩器是正常的。加之此车在前一次修复后并没有这样的异响，再次拆装修理变速器后出现了新的故障，估计变矩器故障的可能性不大，有可能是变速器内部装配有问题，需再次解体检修。01M 型自动变速器在挂 D1 挡且车辆静止时，变速器内部的实际啮合挡位是 1 挡，其工作元件是 $K_1 + F$；在 1 位 1 挡时，工作元件是 $K_1 + B_1$；在 R 挡时的工作元件是 $K_2 + B_1$，现在挂 R 挡时，变速器内部没有异响，说明制动器 B_1 良好，解体变速器后应重点检查 K_1。再次解体变速器，分解离合器 K_2、K_1 和 K_3，发现离合器 K_1 的最后一片没有装配到位，导致变速器 K_1 不能压紧，内片支架和最后一片之间发生摩擦，在挂 D、3、2、1 挡且车辆静止时，离合器 K_1 因不能压紧出现打滑（正常情况应静止不转，是变矩器内部的泵轮和蜗轮间滑转），内片支架和最后一片之间摩擦发出"嚓嚓"响声。挂 R 挡时，因离合器 K_1 不工作，故会产生异响。更换损坏部件，再次装配后试车，所有故障消失。

小结

自动变速器的油位不当、油质不佳、联动机构调节不当以及发动机怠速不正常，是引起自动变速器产生故障的最常见原因。通常把对这些部件的检查与重新调整，叫作自动变速器的基本检查。基本检查和调整项目包括：油面检查、油质检查、液压控制系统漏油检查与液压油的更换、节气门拉索的检查和调整、操纵手柄位置的检查和调整、挡位开关的检查和调整以及怠速检查。自动变速器的试验包括手动换挡试验、失速试验、时滞试验、油压试验、道路试验，这些对诊断分析自动变速器故障十分有效。

思考与练习

1. 自动变速器的试验项目有哪些？各有何作用？
2. 自动变速器的基本检查有哪些？如何操作？

学习任务六　自动变速器综合性能检测

学习情境二
汽车新型电控变速器结构与检修

学习任务一

电控双离合器自动变速器的结构与检修

✦ 一、任务目标

(一) 知识目标

(1) 了解双离合器自动变速器的发展及应用。

(2) 了解双离合器自动变速器的特点及分类。

(3) 掌握双离合器自动变速器的总体构成及简单工作原理。

(二) 能力目标

(1) 能够正确使用双离合器自动变速器换挡杆。

(2) 能够识别双离合器自动变速器的型号。

(3) 能够将双离合器自动变速器总成从车上拆下及重新安装。

✦ 二、任务描述

双离合器变速器有别于一般的自动变速器系统，它基于手动变速器而又不是自动变速器，除了拥有手动变速器的灵活性及自动变速器的舒适性外，还能提供无间断的动力输出。而传统的手动变速器使用一台离合器，当换挡时，驾驶员须踩下离合器踏板，使不同挡的齿轮做出啮合动作，而动力就在换挡期间出现间断，令输出表现有所断续。

✦ 三、任务实施——电控双离合器自动变速器的维护与检修

任务一　电控双离合器自动变速器认识（图2-1）

DCT 是英文 Dual Clutch Transmission 的简写，中文直译为"双离合器变速器"（与 DSG "直接换挡变速器"相同，但 DSG 只是大众公司的叫法），因其是通过两套离合器工作，所以目前一般被称为双离合器变速器。离合器位于发动机与变速器之间，是发动机与变速器动力传递的"开关"，它是一种既能传递动力，又能切断动力的传动机构。

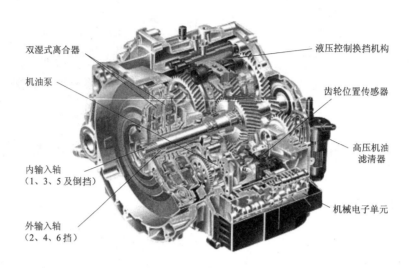

双湿式离合器
机油泵
内输入轴
（1、3、5及倒挡）
外输入轴
（2、4、6挡）
液压控制换挡机构
齿轮位置传感器
高压机油
滤清器
机械电子单元

图 2 - 1　双离合器自动变速器整体结构图

任务二　电控双离合器自动变速器使用

双离合器自动变速器的原理和工艺决定了其性能优于自动挡，方便性优于手动挡，但维修要求高，不够成熟。不太拥堵路段选择手动或双离合，拥堵路段选择双离合或自动挡或手动，经常严重拥堵路段选择双离合、自动。选双离合一定要有好的驾驶习惯，停车空挡，行车挂挡，平稳起步。

上坡拥堵路况多的应慎重选择双离合。拥堵上坡离合器负荷大，此时拥堵，离合器频繁工作，容易发热，磨损也大。双离合自动变速器寿命缩短，维修成本高。

如果驾驶技术好，坡起平顺，离合器磨损不大，还是可以考虑双离合的，此时驾车可以左脚刹车，右脚油门使坡起平顺，所以拥堵上坡多的选双离合要慎重。

任务三　电控双离合器自动变速器的优缺点

1. 双离合器自动变速器的缺点

（1）成本问题。双离合器变速器的结构复杂，制造工艺要求也比较高，所以成本也是比较高的，所以配备双离合器变速器的都是一些中高档的车型。

（2）扭矩问题。虽然在可以承受的扭矩上，双离合器变速器已经绝对能满足一般的车辆的要求，但是对于频繁的使用还是不够。如果是干式的离合，则会产生太多的热量，而湿式的离合，摩擦力又不够。

2. 双离合器自动变速器的优点

（1）换挡快。双离合器变速器的换挡时间非常短，比手动变速箱的速度还要快，不到 0.2 s。

（2）省油。双离合器变速器因为消除了扭矩的中断，也就是让发动机的动力一直在利用，而且始终在最佳的工作状态，所以能够大量节省燃油。

（3）舒适性。因为换挡速度快，所以 DCT 的每次换挡都非常平顺，顿挫感相当小。

任务四 电控双离合器自动变速器的结构与原理

双离合器自动变速器外形图如图2－2所示。

图2－2 双离合器自动变速器外形图

1. 大众DSG六速双离合器自动变速器结构

1）多片湿式双离合器

DSG的多片湿式双离合器结构如图2－3所示，多片湿式双离合器内部主要由两个离合

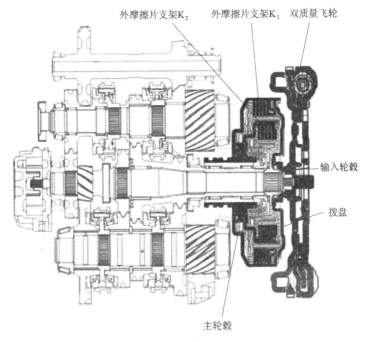

图2－3 多片湿式双离合器结构

器组成：离合器 K_1 和离合器 K_2。纵观 DSG 的工作原理，多片湿式双离合器的作用等同于普通手动变速器中机械式离合器的作用，针对有级的液力机械式自动变速器来讲，其作用相当于液力变矩器的作用，多片湿式双离合器即为一个自动离合器。

（1）离合器 K_1。离合器 K_1 如图 2-4 所示，主要由离合器内鼓、离合器外鼓、驱动活塞、驱动活塞密封圈、活塞缸、碟形弹簧等元件组成。

离合器 K_1 内鼓和变速器输入轴 1 花键配合连接在一起，其外鼓是双离合器外壳，而外壳则是和与发动机曲轴相连接的双质量飞轮通过螺栓连接为一体的。由此我们将得知离合器 K_1 的主要作用是：其工作以后，可以让曲轴与变速器输入轴 1 实现连接或分离。

（2）离合器 K_2。离合器 K_2 如图 2-5 所示，其结构与离合器 K_1 基本相似，同样由离合器内鼓、离合器外鼓、驱动活塞、驱动活塞密封圈、活塞缸、碟形弹簧等元件组成。

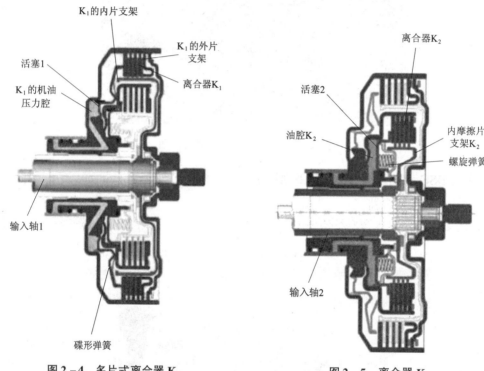

图 2-4　多片式离合器 K_1　　　　　图 2-5　离合器 K_2

离合器 K_2 与离合器 K_1 结构不同的是：离合器 K_2 内鼓和变速器输入轴 2 通过花键配合连接在一起。离合器 K_2 的主要作用是：其工作以后，可以让曲轴与变速器输入轴 2 实现连接或分离。

离合器 K_1 和离合器 K_2 的实质作用：离合器 K_1 主要负责 1 挡、3 挡、5 挡和倒挡，在汽车行驶中一旦用到上述挡位中任何一挡，离合器 K_1 是接合的；离合器 K_2 主要负责 2 挡、4 挡和 6 挡，当使用 2、4、6 挡中的任一挡时，离合器 K_2 接合。DSG 的多片湿式双离合器的结构和液压式自动变速器中的离合器相似，但是尺寸要大很多。利用液压缸内的油压和活塞压紧离合器，油压的建立由变速器控制单元 ECT 接收与汽车行驶工况有关传感器的信号，按照设定好的换挡程序指令电磁阀来控制的，两个离合器的工作状态是相反的，不会发生两个离合器同时接合的情形。

2）平行轴式齿轮箱

平行轴式齿轮箱实质就是整个变速器的齿轮变速机构，通过分析变速器的结构得知，该变速器的齿轮变速机构为普通斜齿轮式的。整个齿轮箱有两根同轴心的输入轴，两根输出轴，一根中间轴也称倒挡惰轮轴，在每根轴上都适当安装有齿轮，相应的在齿轮和齿轮之间还适当地安装有换挡执行机构——同步器。具体结构介绍如下：

（1）输入轴。输入轴共有两根，如图2-6所示。输入轴1和输入轴2可分别通过双离合器中的离合器 K_1 和 K_2 得到发动机输出的转矩。

输入轴1在空心的输入轴2的内部，通过花键与离合器 K_1 相连，输入轴1上有1挡/倒挡主动齿轮、3挡主动齿轮及5挡主动齿轮；在1挡/倒挡和3挡主动齿轮之间还有输入轴1的转速传感器G501的脉冲轮，如图2-7所示。

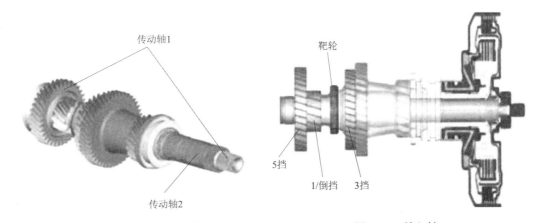

图2-6 输入轴1和输入轴2   图2-7 输入轴1

输入轴2为空心，套在输入轴1的外部，通过花键和离合器 K_2 相连，输入轴2上安装有2挡、4挡/6挡齿轮，在2挡齿轮附近还有输入轴2转速传感器G502的脉冲轮，如图2-8所示。

（2）输出轴。输出轴有两根：输出轴1和输出轴2。输出轴1如图2-9所示。

输出轴1上有如下元件：1挡和3挡同步器（三件式）、2挡和4挡同步器（单件式）、1、2、3、4挡从动换挡齿轮、与差速器相连的输出齿轮。位于输出轴1上1、2、3、4挡从动齿轮分别与位于输入轴上的1、2、3、4挡主动齿轮常啮合，形成若干对常啮合的齿轮副。

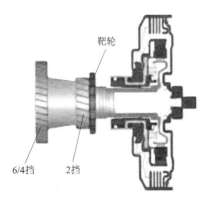

图2-8 输入轴2

当同步器处于中立位置时，输出轴1上的所有从动换挡齿轮处于空转状态，不对外输出动力。

输出轴2如图2-10所示，其上有如下元件：变速器输出轴输出转速传感器脉冲轮、6挡和倒挡的同步器、5挡从动换挡齿轮、6挡从动换挡齿轮、倒挡从动换挡齿轮和与差速器相连的输出齿轮。位于输出轴2上5、6挡从动齿轮分别与位于输入轴上的5、6挡主动齿轮常啮合，倒挡从动齿轮则是与位于后述的中间轴上的倒挡惰轮常啮合。当5挡、6挡和倒挡

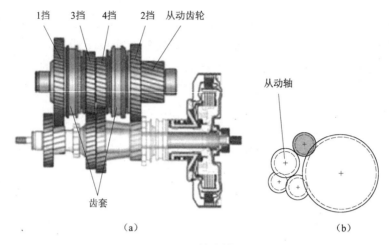

图2-9 输出轴1

(a) 展开图；(b) 在变速器中的安装位置

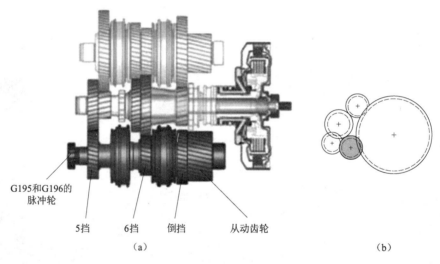

图2-10 输出轴2

(a) 展开图；(b) 在变速器中的安装位置

的同步器处于中立位置时，输出轴2上的所有从动换挡齿轮均处于空转状态，不对外输出动力。

（3）中间轴/倒挡轴。中间轴和倒挡轴如图2-11所示。倒挡轴上安装有倒挡惰轮1和倒挡惰轮2。倒挡惰轮1和倒挡惰轮2随倒挡轴旋转而旋转，倒挡惰轮1和倒挡惰轮2分别与位于输入轴1上的1/倒挡主动齿轮、输出轴2上的倒挡从动齿轮常啮合。

3）驱动桥

驱动桥如图2-12所示，主要由主减速器和差速器组组成。主减速器的从动齿轮既与输出轴1上的输出齿轮常啮合，又与输出轴2上的输出齿轮常啮合，即两个输出轴都与主减速器的从动齿轮相啮合。差速器上还安装有P挡驻车齿轮，以便于汽车实现驻车制动，防止汽车滑溜。

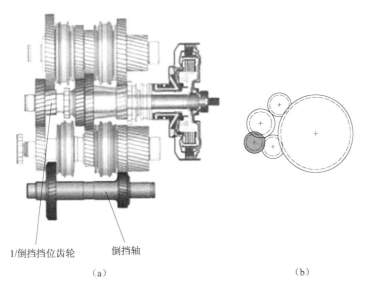

1/倒挡挡位齿轮　　倒挡轴

（a）　　　　　　　　　　（b）

图 2 – 11　中间轴和倒挡轴

（a）展开图；（b）在变速器中的安装位置

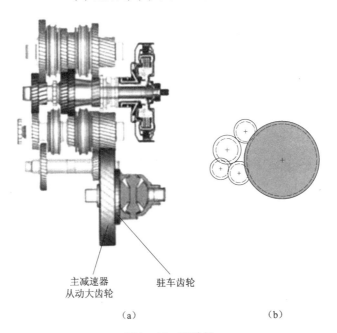

主减速器　　　　驻车齿轮
从动大齿轮

（a）　　　　　　　　　　（b）

图 2 – 12　驱动桥

（a）展开图；（b）在变速器中的安装位置

变速器内部几根平行轴的实物安装位置如图 2 – 13 所示。

4）换挡执行机构

如图 2 – 14 所示，DSG 的挡位转换是由换挡执行机构/挡位选择器来操作的，挡位选择器实际上是个液压马达，推动拨叉就可以进入相应的挡位，由液压控制系统来控制它们的工作。在液压控制系统中有 6 个油压调节电磁阀，用来调节 2 个离合器和 4 个挡位选择器中的油压压力，还有 5 个开关电磁阀，分别控制挡位选择器和离合器的工作。

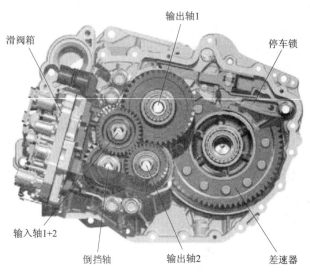

图 2 - 13 平行轴安装位置

该油必须达到以下要求：
- 保证离合器控制和液压控制安全可靠。
- 在整个温度范围内，黏度不变。
- 能够承受高机械负荷。
- 无泡沫。

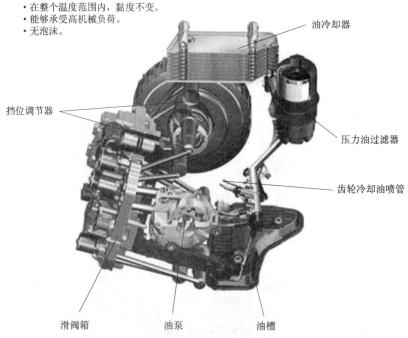

图 2 - 14 换挡执行机构

（1）换挡执行机构简介。

在 DSG 中，换挡执行机构主要由液压马达/液压伺服机构、换挡拨叉、同步器等元件组成。其中液压马达/液压伺服机构 8 个，换挡拨叉 4 个，同步器 4 个。

每个同步器的接合套由一个拨叉控制，每个拨叉由两个液压马达/液压伺服机构控制。同步器约 4 个，其中 1、3 挡共用一个，2、4 挡共用一个，6、倒挡共用一个，5、7 挡共用一个。控制机构如图 2 - 15 所示。

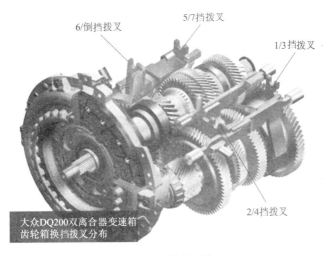

6/倒挡拨叉　　　5/7挡拨叉　　　　　　　1/3挡拨叉

2/4挡拨叉

大众DQ200双离合器变速箱
齿轮箱换挡拨叉分布

图 2－15　控制机构

（2）同步器（图 2－16）

为挂某一挡位，必须将锁环推到选挡齿轮选挡齿上，同步器的任务是消除啮合齿轮与锁环之间的转速差。DSG 内的同步器有两种形式：三件式和单件式。装备有三件式/三环同步器，与单件式/单锥面系统相比，所提供的摩擦面要大得多，由于传热面积大，因此可大大提高同步效率。其中 1、2、3 挡传动比大，因此采用三件式同步器；4、5、6 挡传动比相对小，因此采用单件式同步器（注：带有钼涂层的黄铜同步器是转速同步的基础）。

换挡拨叉

固定连接（焊接）

2挡换挡齿轮　　外环
　　　　　　（中间环）

同步环　　　同步环　　　　同步器毂
（内部）　　（外部）

锁块

啮合套

啮合套

啮合齿

同步环
（外部）

中间环

4挡换挡齿轮

同步环
（内部）

R挡换挡齿轮

同步环　　锁块　　同步器毂

图 2－16　同步器

2. 双离合器自动变速器 DSG 的工作原理

双离合器自动变速器结构图如图 2-17 所示。

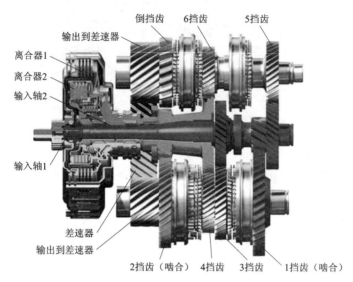

图 2-17　双离合器自动变速器结构图

利用电控液动方式，使双离合器和同步器的液压缸自动交替充油、泄油而离合，将动力输入相关挡位的同步器和齿轮组，即前一挡位泄油、后一挡位充油，反复交替，依次地升挡或降挡，这一过程在 1 s 内完成，动力衰减的时间极短，保证了行驶的平稳性。

双离合器自动变速器传动路线示意图如图 2-18 所示。

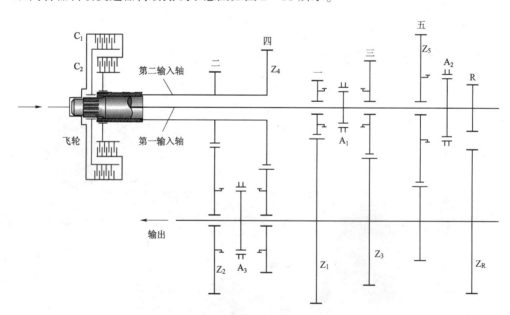

图 2-18　双离合器自动变速器传动路线示意图

（1）1 挡——C_1 充油接合，同步器 A_1 向前接合，动力从 Z_1 齿轮组输出，其他齿轮空转。

（2）2 挡——C_2 充油接合，同步器 A_3 向前接合，动力从 Z_2 齿轮组输出，其他齿轮空转。

（3）3 挡——C_1 充油接合，同步器 A_1 向后接合，动力从 Z_3 齿轮组输出，其他齿轮空转。

（4）4 挡——C_2 充油接合，同步器 A_3 向后接合，动力从 Z_4 齿轮组输出，其他齿轮空转。

（5）5 挡——C_1 充油接合，同步器 A_2 向前接合，动力从 Z_5 齿轮组输出，其他齿轮空转。

（6）R 挡——C_1 充油接合，R 挡齿轮与主、从齿轮啮合，动力从 Z_R 齿轮组输出，其他齿轮空转。

3. 双离合器自动变速器 DSG 的拆装

1）拆卸双离合器

（1）拆下变速箱。

（2）用适当的塞子密封两个排气孔箭头，防止漏油。

（3）调整发动机和变速箱支架 VAS 6095，使双离合器方向朝上。

（4）拆下齿毂的卡环箭头。

（5）用卡钩 3438 和螺丝刀将齿毂取出。

（6）拆下离合器的卡环箭头。

（7）将起拔器 T10373 的螺杆沿逆时针方向拧到最紧位置，并将起拔器 T10373 放到双离合器中，顺时针旋转，使其安装到双离合器上。

（8）顺时针旋转起拔器 T10373 的螺杆，拔出双离合器。

（9）将离合器连同起拔器 T10373 一同取出。

2）维修离合器的分离装置

（1）小接合杆、导向套及导向套支架的拆卸

① 旋出螺栓箭头。

② 将小接合杆、导向套和支架一起拉出。

（2）小接合杆、导向套及导向套支架的分离

① 将导向套的凸耳箭头相对于小接合杆旋转 90°。

②将导向套和导向套支架一起从小接合杆中拉出。

（3）大接合杆和"K_1"接合轴承的分解和组装。

（4）分解。沿箭头 A 方向向上拉"K_1"接合轴承，并同时沿箭头 B 方向将"K_1"接合轴承从大接合杆的定位槽中拉出。

（5）组装。

（6）沿箭头方向向下压"K_1"接合轴承，直到听到"K_1"接合轴承的固定卡进入大接合杆固定槽的声音。

（7）调整"K_1"和"K_2"接合轴承的位置。

四、知识与技能拓展——电控双离合器自动变速器的故障检修案例分析

一辆 2010 款一汽大众迈腾轿车，搭载 1.8T 发动机，同时匹配 02E（厂家命名 DQ250）型双离合器直接换挡变速器（DSG）。

故障现象：据用户描述，该车在正常使用中经常无规律性地没有倒挡，当故障现象出现时仪表中挡位故障灯会点亮。当重新关闭发动机再次起动后故障现象消失。以前这种情况并

不是经常出现，最近频率越来越高且发生故障时变速器内还有响声，不过前进挡都是正常的。

故障诊断：车辆进厂后首先连接大众专用诊断仪进行电控系统检测，结果在变速器故障存储器中读出图 2-19 所示的故障码，记录下故障码及故障解释内容后删除故障码。考虑到用户报修故障是解决没有倒挡的问题，所以不停地试验倒挡功能。但无论怎么试故障现象就是没有出现。后来在整个跑车运行当中也没有出现故障灯点亮或其他不良情况，可是再次回到厂里反复驱动换挡杆由 N—D—N—R—N—D—N 过程中突然发现变速器有顿挫感及响声，此时仪表故障灯随之点亮，这时再去挂倒挡却发现车辆不能倒车，同时再次检测同样的故障码又再次出现。再次删除故障码且重新确定故障现象出现规律，结果发现删除故障码后倒挡立即恢复正常，同时在反复驱动换挡杆时发现 N—R—N—R—N 一点问题都没有，而在 N—D—N—D—N 之间操作时，车辆出现顿挫感，变速器内部出现异响，仪表故障指示灯点亮，同时 P2711 故障码重现，此时倒挡也随之失效。

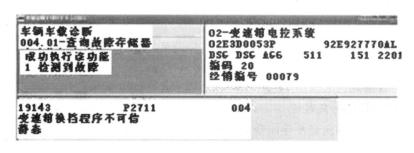

图 2-19　读取故障码

故障现象已经明确了，似乎跟挂倒挡没有直接关系，而是跟挂 D 挡及 N 挡有关。这样通过实际故障现象结合故障码进行故障可能原因分析：单一从故障现象来看似乎与前进挡离合器在 D 位置接合时油压不稳定有关，而退至 N 挡位置时似乎又像是离合器油压释放过程中存在问题；那么从 19143（P2711）故障码定义解释（变速器换挡程序不可信）来看，似乎像是变速器控制单元出现了问题。为了确保故障判断的准确性，我们又通过 4S 店人员了解他们在系统中遇到此故障的解决方案，再次验证了我们初步分析得到的推断，那就是绝大部分车型都装有 02E 型变速器，如有此故障码存在，那么更换 J743 机电模块总成（图 2-20）即可解决。

这样我们通过车辆信息及变速器本身信息订购了一块全新的 J743 单元总成。装车后利用大众专用诊断仪进行了引导匹配设定，经试车一切正常后交给用户。可是交给用户仅仅使用了不到一个月，变速器故障灯又再次点亮，同时倒挡功能失效。再次返厂后连接故障诊断仪发现变速器电控系统故障存储器中仍然记录 19143（P2711）号故障码，而故障现象也与首次进厂时是一样的。删除故障码重新试车，结果故障现象还是在原地反复挂挡时出现，跟行驶过程无关。难道原来的 J743 本来就是好的？还是 J743 又坏了呢？再次向 4S 店和其他专修厂人员讨教，他们都给出了同样的解决方案，那就是如果更换 J743 机电模块总成都不能解决的话，也只能更换双离合器模块总成了。在这种情况下又重新订购了 1 个双离合器模块总成。

图 2-20 更换的 J743 机电模块总成

订购回来的双离合器模块总成（图 2-21）中还带有 10 个不同厚度的离合器驱动轴卡簧，更换双离合器，重新调整双离合器总成轴向间隙并选择好合适的卡簧。装车重新做引导匹配设定试车，故障现象中的顿挫感确实小多了，但故障码时不时还会出现（比原来频率低多了），19143（P2711）一旦出现，倒挡功能即会失效。变速器的两大关键部件 J743 和双离合器总成都已换过，那么问题怎么还会存在呢？剩下的就是变速器机械部分和外围网络控制部分了，此时维修陷入僵局。在这种情况下笔者才真正参与到该车的故障诊断中。

图 2-21 大众 02E 型变速器双离合器模块总成

首先大家对故障定义的概念可能还很模糊，因为单纯从故障码定义解释的字面意义来看，似乎就是跟电控信息有关。但其实不是这样，正是因为对故障码定义及设定条件的理解还远远不够，所以在维修中必然要走很多弯路。该故障码 19143（P2711）真正的意思是：顺序换挡信息不可信。也就是说，该变速器自始至终都有两个挡位，原地挂挡时两个预选挡，而行驶中一个工作挡及一个预选挡，当控制单元在规定时间没有得到其中一个预选挡位的信息时，该故障码便被设置出来。很显然主要跟换挡拨叉位置信息关系最大，其次就是两个离合器（K_1 和 K_2）的换挡顺序信息存在问题。整体来讲，主要跟系统压力有关，所以说只要某一处存在泄压并影响到系统主油压、换挡拨叉工作油压、离合器工作油压等信息时，故障码连同故障现象均暴露出来了。简单了解故障码设定机理后，再结合实际故障现象来分析就容易了，通过该变速器自身电控策略，当变速器换挡杆在 P 或 N 位置时起动发动机,两个预选挡位就生成了:倒挡和 2 挡 (6/R 挡同步器要切换在 R 挡侧,2/4 挡同步器则切换在 2 挡侧,由控制单元中的位置传感器来实施监控),当挂倒挡时 6/R 挡同步器和 2/4 挡同步器都不需要移动,K_1 离合器做好准备工作就可以了;但挂前进 D 挡时就不同了,由于此前没有起步 1 挡的预选准备且又由于倒挡和前进 1 挡均由 K_1 离合器来管理,因此换挡杆由 N—D 时首先 6/R 挡同步器要切换到中间空挡位,同时 1/3 挡同步器由原来的中间位置立即切换到 1 挡侧做好起步挡的准备,而 2/4 挡同步器则保持不变的位置。此时大家就明白了为什么 N—R 没有任何响声也没有顿挫感,而 N—D—N 就会出现响声(正常)及顿挫感了。

最后把实际故障现象结合故障码解释以及变速器电子控制原理和控制策略做总结分析。既然两个关键部件更换后问题仍然得不到解决,就说明问题的根本原因还没有找到。所以结合以上分析,要么同步器上的磁铁吸附铁屑太多影响同步器位置的准确信息,要么就是液压系统还存在泄漏等。不管怎样,其实都可以通过动态数据流来做具体分析。既然问题是出现在原地挂 D 挡和 N 挡时,所以连接大众专用诊断仪选择变速器中的第 6 组数据块和第 16 组数据块,就可以看出是液压系统存在问题还是换挡拨叉位置信息问题。将变速器在正常表现时的正常数据及挂倒挡时数据和即将及出现故障时数据进行对比,结果发现在故障码出现前有故障现象(顿挫感和响声)时第 6 组数据块中的主油压电磁阀 N217 的驱动工作电流变化幅度特别大(图 2 – 22),而正常时变化相对比较平稳。通过这一点就说明液压系统存在泄压,正因为存在泄压,控制单元才会通过改变 N217 的驱动电流以提升系统油压来弥补丢失部分。问题是出现在挂挡时,应该考虑是否驱动换挡拨叉的液压油路存在泄漏情况,要知道变速器 4 个同步器的每一个位置的改变都需要一个能够驱动并改变位置的油压来实现,所以即便 J743 机电模块输出的液压足以改变每一个同步器位置,但如果阀体至终端同步器间油路存在泄漏,那么 19143 (P2711) 故障码就会出现。

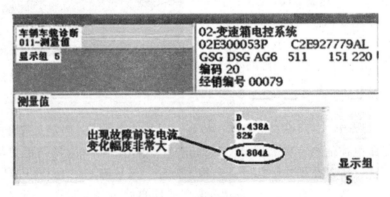

图 2 – 22 采集的数据

故障排除:考虑到在驱动同步器拨叉动作油路中有密封活塞,而该活塞又属于橡胶件,因此长时间工作在高温条件下且又不停地移动,极有可能因老化或磨损而密封性能变差,导致泄漏,从而影响到换挡拨叉的正常动作并被控制单元所监控,最终形成该故障问题。解体变速器且更换变速器所有密封件(图 2 – 23),其中最为关键的就是那 8 个橡胶活塞(图 2 –24),反复试车故障彻底排除。

图 2 - 23　变速器修理包

图 2 - 24　变速器换挡拨叉驱动活塞

故障总结：该故障案例其实并不复杂，只不过在前期维修中由于对 DSG 变速器的控制原理及控制策略了解得不够，同时对故障码的深层次了解包括设定机理及设定条件还欠缺，因此导致更换一些关键部件问题也得不到解决。所以通过该案例也说明一个问题，那就是维修技术人员在这方面的培训力度还远远不够，应通过系统化的学习和培训减少实际维修中的误判，以少走弯路。

小结

双离合器自动变速器是基于手动变速器发展而来的，其工作原理是通过将变速器挡位按奇、偶数位分开布置，分别与两个离合器连接，通过离合器的交替切换完成变挡过程，以实现动力换挡。它综合了 AMT 的优势和 AT 动力换挡的优点，具有很好的换挡品质和车辆动力性、经济型，比较适合我国目前手动变速器占主导地位的情况。

DSG 主要由多片湿式双离合器、三轴式齿轮变速器、自动换挡机构、电子液压换挡控制系统组成。

思考与练习

1. 简述双离合器自动变速器的组成。
2. 双离合器自动变速器的工作原理是什么？
3. 双离合器自动变速器的优缺点是什么？

学习任务二

电控无级自动变速器的结构与检修

一、任务目标

(一)知识目标

(1)了解无级自动变速器的发展及应用。
(2)了解无级自动变速器的特点及分类。
(3)掌握无级自动变速器的总体构成及简单工作原理。

(二)能力目标

(1)能够正确使用无级自动变速器换挡杆。
(2)能够识别无级自动变速器的型号。
(3)能够将无级自动变速器总成从车上拆下及重新安装。

二、任务描述

1987 年，日本 Subaru 把装备无级自动变速器（CVT）的汽车投放市场，获得成功。欧洲的 Ford 和 FIAT 也将 VDT – CVT 装备于排量为 1.1 ~ 1.6 L 的轿车上。随着技术的发展，能源危机引发全球性的节约能源和环境保护意识的提高，在总结第一代的 CVT 的经验基础上，开发出了性能更佳、转矩容量更大的 CVT。当前，全世界各大汽车厂商为了提高产品的竞争力，都大力进行 CVT 的研发工作。现在 NISSAN、TOYOTA、Ford、GM、AUDI 等著名汽车品牌中，都有配备 CVT 的轿车销售，中国的奇瑞集团也研发出了拥有完全自主知识产权的国产 CVT。目前全世界 CVT 轿车的年产量已达到 50 万辆。有一点值得注意的是，装备有 CVT 的汽车市场，由最初的日本、欧洲，已经渗透到北美，因此 CVT 汽车是当今汽车发展的主要趋势之一。

三、任务实施——电控无级自动变速器的维护与检修

情境导入

故障现象：一辆 2004 年国产奥迪 A6 2.8 轿车，搭载 01J 型无级变速器，行驶里程

15 万 km。用户反映该车在减速时，发动机转速有时出现大幅波动现象，并伴随闯车现象，严重时甚至掉挡。

故障分析：维修人员试车，根据实际故障现象的表现程度初步确定发动机工作正常，故障应出自变速器的前进挡离合器部分（很明显是底盘传动系统引起）。根据这一判断，用故障诊断仪，进入变速器控制单元故障存储器中读取故障码，但未发现故障码。接下来进行数据流的读取，以便从中发现问题。数据流中 07 组 1 区为发动机转速，2 区为变速器输入轴转速，3 区为变速器输出轴转速，4 区为变速器输入轴与发动机曲轴的同步情况（该数据反映的其实就是离合器的打滑情况）。路试观察数据流，当发动机转速波动时，发现 2 区数据也开始随之变化，4 区数据在同步与异步之间来回变换（说明离合器在反复分离和结合），这更加确定故障是由于前进挡离合器工作不正常造成的。分析认为，当变速器处于异步状态时，变速器输入轴转速与发动机转速不同步，变速器控制判断前进挡离合器出现打滑。此时变速器控制单元控制前进挡离合器的油缸增压，以便抑制离合器的打滑，这时发动机转速会下降。当变速器恢复同步状态后，变速器控制单元恢复前进挡离合器的正常压力。于是前进挡离合器打滑的现象再度发生，这样的过程循环往复，便产生了发动机转速的波动现象。

根据故障现象只出现在车辆的减速阶段可以首先排除前进挡离合器本身故障的可能性。因为当车辆正常加速时，变速器从未出现过故障现象，而加速阶段前进挡离合器的负荷应高于减速阶段的负荷，前进挡离合器没有理由在大负荷时不打滑而在小负荷时打滑，因此维修人员判断问题应该是出在变速器的控制部分。

分析变速器的控制系统，其控制过程离不开对转速信号的依赖。该车变速器输入轴转速信号是通过装在主动链轮上的信号发生环和变速器壳体上的转速传感器 G182 共同产生的。这两个零件都装在变速器的后部。拆下变速器后盖，取下阀体，检查输入轴转速传感器，未发现问题。检查信号发生环时，发现固定主动链轮的卡环不见了。看来这是引起故障的关键。

故障排除：更换损坏的主动链轮卡环，试车，故障排除。

任务一　电控无级自动变速器认识

1. 挡位认识

无级自动变速器挡位如图 2 – 25 所示。

与一般自动变速器相似，无级自动变速器包含 P、R、N、D 几个挡位。

2. 外形认识

斯巴鲁无级自动变速器外形图如图 2 – 26 所示。

3. 内部结构认识

金属带式无级自动变速器主要包括主动轮组、从动轮组、金属带和液压泵等基本部件，其结构图如图 2 – 27 所示。

图2-25　无级自动变速器挡位

图2-26　斯巴鲁无级自动变速器外形图

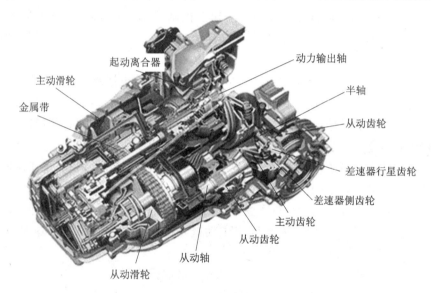

图2-27　金属带式无级自动变速器结构图

任务二　电控无级自动变速器的使用

由于CVT结构简单，摒弃了自动变速器诸多弊端，所以在正常使用下可以做到与整车同寿命。同时，正确使用CVT还应注意以下几点：

（1）行驶时，不要将变速杆拉到N挡、P挡或R挡，虽然变速箱有自我保护功能，有专业技术人员做过这样的破坏性试验也没什么事，但是从前进挡变后退挡，从后退挡变前进挡时，最好要完全停住车，在踩住制动踏板的同时再去操作变速杆，否则有可能使变速箱损坏。

（2）下坡时，应使用S挡或手动模式的低挡，利用发动机制动作用，避免长时间制动时使制动蹄片产生热衰退性，使制动性能变差。

（3）由于CVT的结构和工作原理，所有的控制都是靠内部油压来完成的。所以应按照生产厂家指定的期限检查CVT的油质、油量。重点是油量，车主应该学会看油尺。油多了阻力会变大，甚至产生箱体内外正压力，油少了压力会变弱，甚至会出现钢带打滑的现象。

（4）为了最大限度地提高其燃油经济性，行驶中最好使用 CVT 的自动模式。这样可以使发动机和变速器全程保持达到最佳匹配的状态，最大限度利用发动机的扭矩和功率输出，达到经济的车速，从而提高燃油经济性。

（5）由于 CVT 的结构，假如对其相关的零部件或电路进行检修或断电之后，那么要对内部进行一种特殊的设定程序才能使 CVT 发挥正常的状态。所以，对于 CVT 的维修应去专业的修理单位进行。

（6）如果车主想加速就以 CVT 的自动模式来加速，可以全程保持在发动机扭力输出最高的转速，不会有动力波动和换挡"真空期"，因此是加速最快的。手动模式不能完全利用发动机最佳转速，加上换挡耗费时间，所以加速慢。

（7）当心斜坡溜车。不少 CVT 在动力接合的初段会发生打滑，如果在斜坡起步，便不能在初段阻止车辆溜坡。所以 CVT 车型在斜坡起步时要以手刹辅助。

任务三　电控无级自动变速器的优缺点

1. CVT 的优点

（1）结构简单，体积小，零件少，大批量生产后的成本低于当前普通自动变速器的成本。

（2）工作速比范围宽，容易与发动机形成理想的匹配，从而改善燃烧过程，进而降低油耗和排放。

（3）具有较高的传动效率，功率损失少，经济性高。

2. CVT 的缺点

（1）传动带容易磨损，易损坏。

（2）无法承受较大的载荷。

任务四　电控无级自动变速器的结构与原理

1. CVT 的基本原理

在 CVT 内部没有固定传动比的齿轮，有一个主动带轮和一个从动带轮，通过液压改变主、从动带轮的有效直径，从而来改变传动比，钢带在两个带轮间起动力传递的作用，如图 2 - 28 所示。在低传动比时，主动带轮的直径增大，从动带轮的直径减小，如图 2 - 29（a）所示。在高传动比时，主动带轮的直径减小而从动带轮的直径增大，如图 2 - 29（b）所示。CVT 的控制系统也采用了电控、液压控制模式，由动力系统控制模块（PCM）采集各传感器的信息，然后操作电磁阀，以控制液压滑阀的动作，从而实现离合器的接合或分离，以及向主、从动带轮施加自动变速器油压。

2. CVT 的结构

广州本田飞度 CVT 的总体构造如图 2 - 30 所示，其机械部件主要有 4 根平行布置的轴，包括如下部件：

图 2 – 28　CVT 的金属带

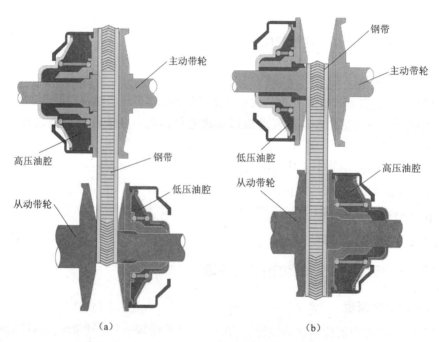

（a）　　　　　　　　　　　（b）

图 2 – 29　CVT 的变速原理示意图

（a）低传动比；（b）高传动比

（1）输入轴。输入轴与飞轮相连接，包括太阳轮、行星轮和行星架。

（2）主动带轮轴。主动带轮轴包括主动带轮和前进挡离合器以及与驻车齿轮为一体的中间从动齿轮。

（3）从动带轮轴。从动带轮轴包括从动带轮、起步离合器和中间主动齿轮。

（4）主传动轴（中间齿轮轴）。主传动轴包括中间从动齿轮和减速器主动齿轮。

3．CVT 的动力传递路线分析

1）P/N 位

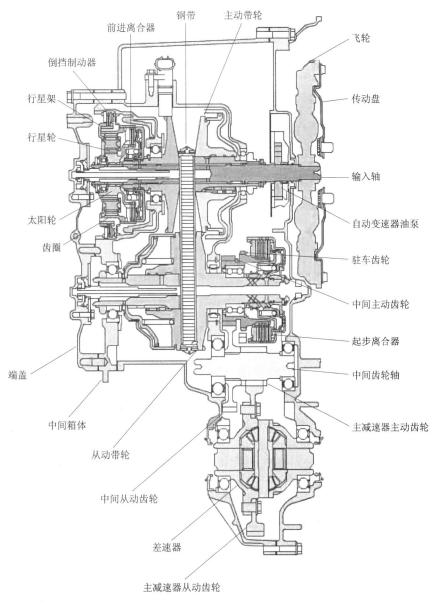

图中标注（按位置）：

前进离合器　钢带　主动带轮

飞轮

传动盘

倒挡制动器

行星架

行星轮

输入轴

自动变速器油泵

驻车齿轮

太阳轮

齿圈

中间主动齿轮

起步离合器

中间齿轮轴

端盖

主减速器主动齿轮

中间箱体

从动带轮

中间从动齿轮

差速器

主减速器从动齿轮

图 2 – 30　广州本田飞度 CVT 的总体构造

当操纵手柄位于 P 位时，没有液压力作用于前进离合器、起步离合器和倒挡制动器，故没有动力传递到主动带轮、从动带轮和中间主动齿轮；在 P 位，驻车齿轮被锁定，车辆不能移动。

2）D、S、L 位

当操纵手柄位于 D、S、L 位时，即前进挡动力传递路线。前进挡离合器工作时，使行星齿轮机构的太阳轮与内齿圈相连，齿圈的转速与太阳轮相同，而太阳轮通过花键与输入轴相连，则主动带轮与输入轴同向同速旋转，如图 2 – 31 所示。前进挡时，因行星齿轮机构中两个部件被同时驱动，则整个行星齿轮机构以一个整体旋转，此时行星轮没有自转，行星齿轮机构本身的传动比为 1∶1。动力传递路线如图 2 – 32 所示，前进挡离合器接合时，动力由输入轴→太阳轮→前进离合器→内齿圈同向输出→主动带轮→钢带→从动带轮。同时，起步离合器接合，动力由从动带轮轴→起步离合器→中间主动齿轮→中间从动齿轮→主减速器→输出。

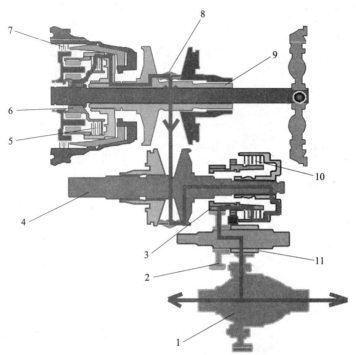

图 2-31　D、S、L 动力传递路线

1—主减速从动齿轮；2—中间从动齿轮；3—中间主动齿轮；4—从动带轮轴；5—前进挡离合器；
6—太阳轮；7—倒挡制动器；8—钢带；9—主动带轮轴；10—起步离合器；11—主减速主动齿轮

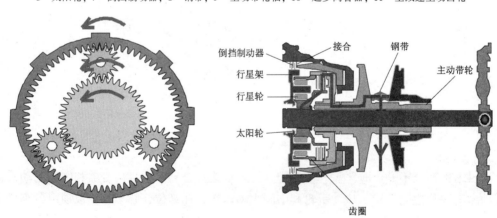

图 2-32　前进挡动力传递示意图

3）R 位动力传递路线

倒挡时，倒挡制动器工作，使行星架与自动变速器壳连接为一体，行星架被固定。在行星齿轮机构中，太阳轮输入，行星架固定，则齿圈反向减速旋转，行星齿轮机构旋转方向如图 2-33 所示，当倒挡制动器卡住无法分离时，会出现在任一前进挡车辆无法移动，但倒挡正常的故障。

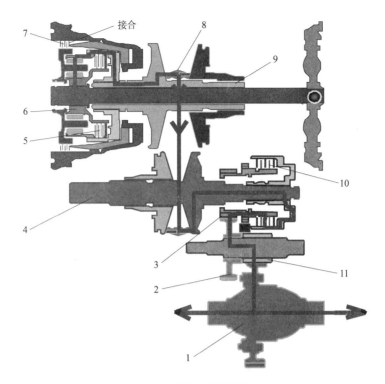

图 2 - 33　R 挡动力传递路线示意图

1—主减速从动齿轮；2—中间从动齿轮；3—中间主动齿轮；4—从动带轮轴；5—前进挡离合器；6—太阳轮；
7—倒挡制动器；8—钢带；9—主动带轮轴；10—起步离合器；11—主减速主动齿轮

　　动力传递路线如图 2 - 34 所示，倒挡制动器接合时，动力由输入轴→太阳轮→倒挡制动器固定行星架，内齿圈反向减速输出→主动带轮→钢带→从动带轮。同时，起步离合器接合，动力由从动带轮轴→起步离合器→中间主动齿轮→中间从动齿轮→主减速器→输出。

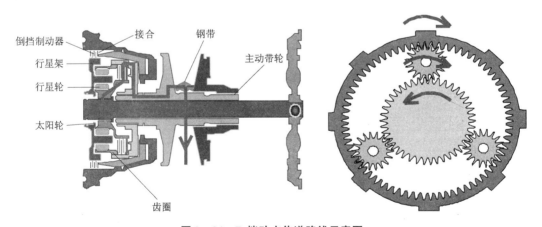

图 2 - 34　R 挡动力传递路线示意图

4. 电子控制系统

1）电子控制系统组成

电子控制系统由动力系统控制模块（PCM）、传感器以及电磁阀组成。换挡采用电子方式控制，确保所有条件下的驾驶舒适性。PCM 接收传感器、开关以及其他控制装置发送来的输入信号，经过数据处理后，输出用于发动机控制系统和无级变速器控制系统的信号。无级变速器控制系统包括换挡控制/带轮压力控制、7 速模式控制、起步离合器压力控制、倒挡锁止控制以及储存在动力系统控制模块内的坡道逻辑控制。动力系统控制模块操纵电磁阀对变速器带轮传动的变换进行控制，如图 2 – 35 所示。

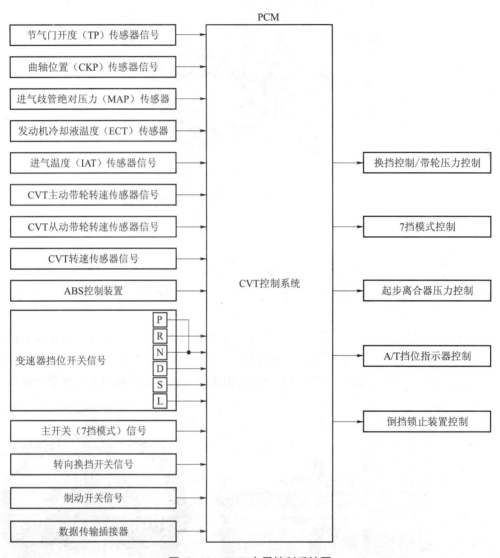

图 2 – 35　CVT 电子控制系统图

2）电子元件位置

电子控制系统由动力系统控制模块、传感器和电磁阀组成。PCM 位于仪表板下部，杂物箱的后面。电子元件位置图如图 2 – 36 和图 2 – 37 所示。

3）电子控制系统主要模块简介

（1）换挡控制/带轮压力控制。

动力系统控制模块将实际行驶条件与储存的行驶条件进行比较，以便进行换挡控制，并

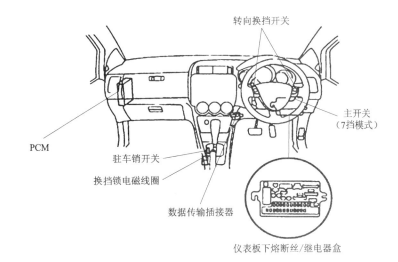

图 2 – 36　车内电子元件位置图

注：图中所示为右侧驾驶型（RHD），左侧驾驶型（LHD）与此对称；

ABS 控制装置适用于装备有 ABS 的车型

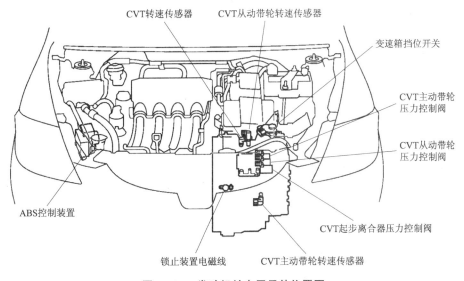

图 2 – 37　发动机舱电子元件位置图

根据各种传感器和开关传来的信号即时确定一个主、从动带轮传动比。处于 D 和 S 挡位时，从动带轮通过连接钢带在 2. 367 ~ 0. 407 的传动比范围内以无级方式驱动从动带轮；在 R 挡位下，如果踩下加速踏板，传动比被设定为 1. 326，如果松开加速踏板，则设定为 2. 367。带轮传动比较低（车速较低）时，从动带轮受到高压作用，以使其保持大直径，而主动带轮承受低压，以保持与从动带轮成比例的直径；带轮传动比较高时（车速较高），从动带轮受到低压作用而主动带轮被施以高压。动力系统控制模块操纵带轮压力控制阀，对施加于各种带轮的最佳压力进行调节，以减少钢带打滑，延长其使用寿命。动力系统换挡控制示意图如图 2 – 38 所示。

（2）7 速自动模式。

以 D 或 S 挡位行驶时，如果按下主开关（7 SPEED MODE），将变速器切换至 7 速自动模式，则变速器将依据一定条件，如节气门开度和车速之间的平衡，自动设定最佳速度等

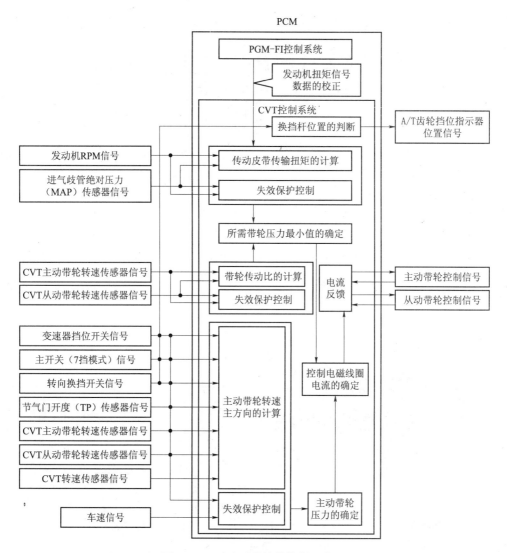

图 2 - 38　动力系统换挡控制示意图

级。在某些以7级车速滑行的情况下，变速器将换入超速挡位。如果在D或S挡下停车时被切换至7速自动模式，则变速器将换入第1速度等级且车辆以第1级车速起步，换挡指示器显示所选速度等级数字。

（3）7速手动换挡模式。

在7速自动模式下，按下转向换挡开关，变速器被切换至7速手动换挡模式，且M指示灯亮（ON）。按加号（＋）开关，变速器调速至下一更高速度等级；按减号（－）开关，变速器调低速，换挡指示器显示所选速度等级数字。车辆以某一速度滑行时，如果调低速会导致发动机超速，则变速器将无法调低速，直至车辆达到调低速所允许的速度。此模式也具有可以防止发动机超速的自动调高速区，以及使车辆平稳行驶并有更多动力准备加速的调低速区。

（4）起步离合器压力控制。

像液力变矩器一样，液压控制的起步离合器，在D、S、L和R位置时，使起步和慢行趋于平稳。PCM 从传感器和开关接收信号，来激励起步离合器压力控制阀，从而调节起步离合器的压力，其示意图如图 2－39 所示。

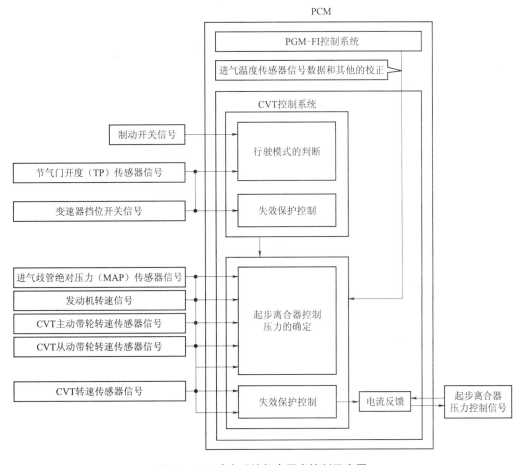

图 2－39　动力系统起步压力控制示意图

5. 液压系统

液压控制系统通过变速器油泵、阀门和电磁阀进行控制。变速器油泵由输入轴驱动。油液从变速器油泵流经 pH 调节阀，以便对主动带轮、从动带轮和手动阀保持规定的压力。阀体类型包括主阀体、变速器油泵体、控制阀体以及手动阀体。主阀体用螺栓固定在飞轮壳上，变速器油泵体用螺栓固定在主阀体上；控制阀体位于变速器箱体外部；手动阀体用螺栓固定在中间壳体上。

1）阀体

（1）控制阀体。控制阀体位于变速器箱体外部，包括主动带轮压力控制阀、从动带轮压力控制阀、起步离合器压力控制阀、主动带轮控制阀以及从动带轮控制阀，如图 2－40 所示。

① 主动带轮压力控制阀。主动带轮压力控制阀由线性电磁阀和滑阀组成，并由 PCM 控制。

主动带轮压力控制阀向主动带轮控制阀提供主动带轮控制压力（DRC）。

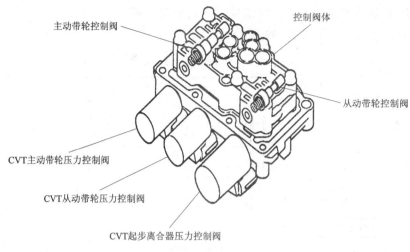

图 2-40　CVT 控制阀体

② 从动带轮压力控制阀。从动带轮压力控制阀由线性电磁阀和滑阀组成，并由 PCM 控制。

从动带轮压力控制阀向从动带轮控制阀提供从动带轮控制压力。

③ 起步离合器压力控制阀。起步离合器压力控制阀由线性电磁阀和滑阀组成，并由 PCM 控制。起步离合器压力控制阀根据节气门开度调节起步离合器的压力（SC）大小，并向起步离合提供起步离合器压力。

④ 主动带轮控制阀。主动带轮控制阀对主动带轮压力（DR）进行调节，并向主动带轮提供压力。

⑤ 从动带轮控制阀。从动带轮控制阀对从动带轮压力（DN）进行调节，并向从动带轮提供压力。

（2）主阀体。

主阀体包括 pH 调节阀、pH 控制换挡阀、离合器减压阀、换挡锁定阀、起步离合器蓄压阀、起步离合器换挡阀、起步离合器后备阀以及润滑阀，如图 2-41 所示。

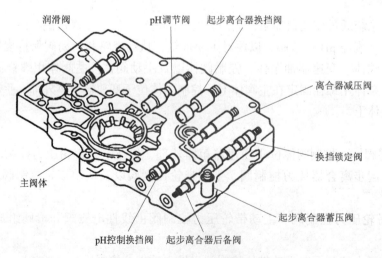

图 2-41　主阀体

① pH 调节阀

pH 调节阀用于保持自动变速器油泵所提供的液压，并向液压控制回路及润滑回路提供 pH 压力。pH 压力是由 pH 调节阀根据 pH 控制换挡阀提供的 pH 控制压力（pHC）进行调节的。

② pH 控制换挡阀

pH 控制换挡阀向 pH 调节阀提供 pH 控制压力（pHC），以便根据主动带轮控制压力和从动带轮控制压力（DNC）对 pH 压力进行调节。

③ 离合器减压阀

离合器减压阀接收来自 pH 调节阀的 pH 压力，并对离合器减压压力（CR）进行调节。

④ 换挡锁定阀

换挡锁定阀用于切换油液通道，以便在电气系统发生故障的情况下将起步离合器控制从电子控制切换到液压控制。

⑤ 起步离合器蓄压阀

起步离合器蓄压阀对提供给起步离合器的液压具有稳定作用。

⑥ 起步离合器换挡阀

在电子控制系统发生故障的情况下，起步离合器换挡阀接受换挡锁定压力（SI），并将润滑压力（LUB）旁路转换至起步离合器后备阀。

⑦ 起步离合器后备阀

起步离合器后备阀提供离合器控制 B 压力（CCB），以便在电子控制系统故障情况下，对起步离合器进行控制。

⑧ 润滑阀

润滑阀用于稳定内部液压回路的润滑压力。

（3）手动阀体。手动阀体通过螺栓固定在中间壳体上，包括主动阀和倒挡限止阀（图 2 – 42）。

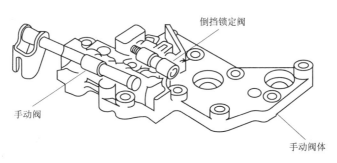

图 2 – 42　倒挡限止阀

① 手动阀。手动阀根据换挡杆位置，以机械方式开启或封闭油液通道。

② 倒挡限止阀。倒挡限止阀由倒挡限止装置电磁阀提供的倒挡锁定压力（RI）进行控制。当车辆以大约 6 mi[①]/h（10 km/h）以上的车速向前行驶时，倒挡限止阀将截止通向倒挡制动器的液压回路。

---

① 1 mi（英里）=1.6 km。

2）自动变速器（ATF）泵体（图 2 - 43）

自动变速器油泵体用螺栓固定在主阀体上。自动变速器油泵为摆线式，其内转子通过花键与输入轴连接，并由输入轴驱动。自动变速器油泵向 pH 调节阀提供液压。

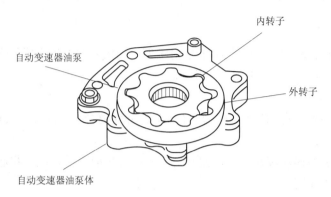

图 2 - 43　泵体

3）D 挡位 - 电子控制系统发生故障的情况

电子控制系统发生故障的情况下，变速器将建立一条临时液压回路，以允许车辆继续行驶。无级变速器主动带轮压力控制阀处的主动带轮控制（DRC）压力将超过规定值，使 DRC 压力通向换挡限止阀，使换挡限止阀被移至左侧，来自离合器减压阀的离合器减压（CR）压力形成换挡限止阀处的换挡锁定装置（SI）压力；SI 压力通向起步离合器换挡阀和起步离合器后备阀，并在起步离合器后备阀处成为离合器控制 B（CCB）压力；CCB 压力变成换挡限止阀处的起步离合器（SC）压力，而 SC 压力将通向起步离合器，使起步离合器接合，车辆即可起步。

4）R 挡位 - 电子控制系统发生故障的情况

电子控制系统发生故障的情况下，变速器将建立一条临时液压回路，以允许车辆继续行驶。此时，通向倒挡制动器的液压回路与 R 挡位时是相同的。无级变速器主动带轮压力控制阀处的 DRC 压力将超过规定值，使 DRC 压力通向换挡限止阀，换挡限止阀被移至左侧，来自离合器减压阀的 CR 压力形成换挡限止阀处的 SI 压力；SI 压力通向起步离合器换挡阀和 SC 压力，而 SC 压力将通向起步离合器；起步离合器接合，车辆即可起步。

电子控制系统发生故障情况下的油路图如图 2 - 44 所示。

6. 拆装步骤

（1）拆开外壳上的各种附件，以免在翻动波箱时损坏。

（2）拆开油底壳，油路板。

（3）拆除波箱飞轮壳体及内部零件，如图 2 - 45 所示。

（4）用专用拉马拉出起步离合器和齿轮，如图 2 - 46 所示。

（5）拆后盖和内部的手动阀，如图 2 - 47 所示。

（6）拆除输入轴、前进离合器、倒挡制动器、行星齿轮组、油管等，如图 2 - 48 所示。

（7）拆除波箱中间壳体，如图 2 - 49 所示。

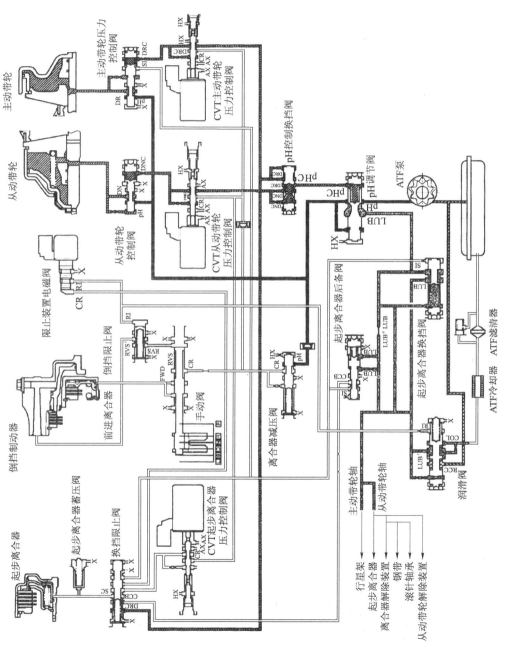

图 2 - 44 电子控制系统发生故障情况下的油路图

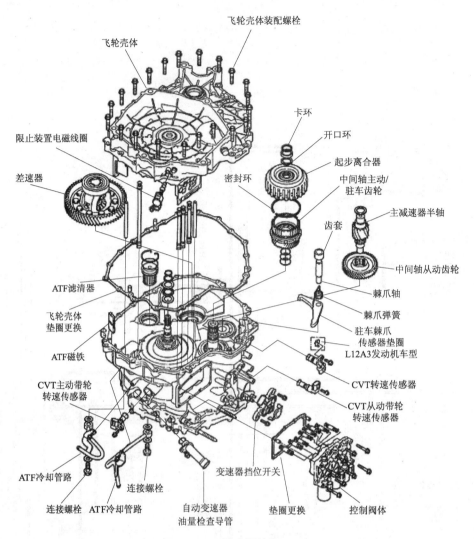

图 2 - 45　拆除零件图

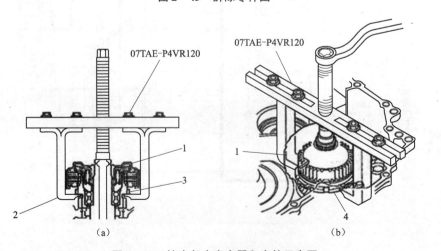

(a)　　　　　　　　　　(b)

图 2 - 46　拉出起步离合器和齿轮示意图

1—起步离合器；2—棘爪；3—驻车挡齿轮；4—中间轴主动/驻车挡齿轮

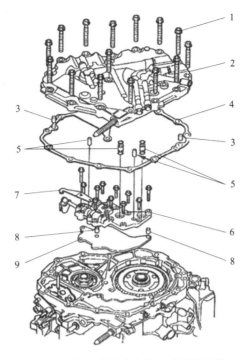

图 2 – 47　拆后盖和内部的手动阀示意图

1—螺栓；2—端盖；3—定位销；4—垫圈；5—ATF 管；6—手动阀体；7—锁止弹簧；8—定位销；9—隔板

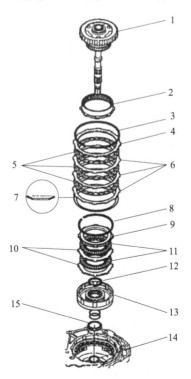

图 2 – 48　拆除输入轴等

1—行量齿轮架/输入轴总成；2—齿圈；3—倒挡制动器卡环；4—倒挡制动器底板；5—制动盘；6—制动板；
7—弹簧；8—前进离合器底板卡环；9—前进离合器底板；10—离合器盘；11—离合器板；
12—主动带轮轴卡环；13—前进离合器；14—主动带轮轴；15—卡环护圈

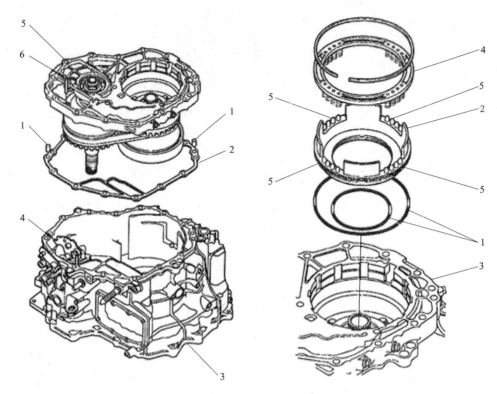

图 2 – 49　拆除波箱中间壳体

左：1—定位销；2—垫圈；3—变速器壳体；4—控制轴；5—中间壳体；6—滚柱

右：1—O 形密封圈；2—活塞；3—中间壳体；4—弹簧座圈/复位弹簧总成；5—弹簧导向器

（8）拆 ATF 滤清器和主阀体，如图 2 – 50 所示。

（9）检查是否有零件损坏，更换损坏的零件。

（10）中间壳体总成（连同带轮和钢带）若损坏，一般作为一个总成来更换。

（11）装复步骤基本上与拆解步骤相反。

（12）前进离合器装配图，如图 2 – 51 所示，其中离合器间隙在 0.55～0.85 mm。

（13）制动器标准间隙测量（图 2 – 52）在 0.50～0.70 mm。

（14）用专用工具安装起步离合器，如图 2 – 53 所示。

7. 无级变速器检修

1）油压测试

（1）检查波箱油位加注是否合适。

（2）拉紧驻车制动器，用三角木塞住后轮。

（3）拆除挡泥板；并让前轮能自由转动。

（4）发动机热车。

（5）将油压表接入图 2 – 54 中 1 油压测试孔（F），起动发动机，挡位换到 D 位，加速到 1 700 r/m，测量前进离合器油压。

（6）将油压表接入图 2 – 54 中 2 油压测试孔，起动发动机，挡位换到 R 位，加速到 1 700 r/m，测量倒挡制动器油压。

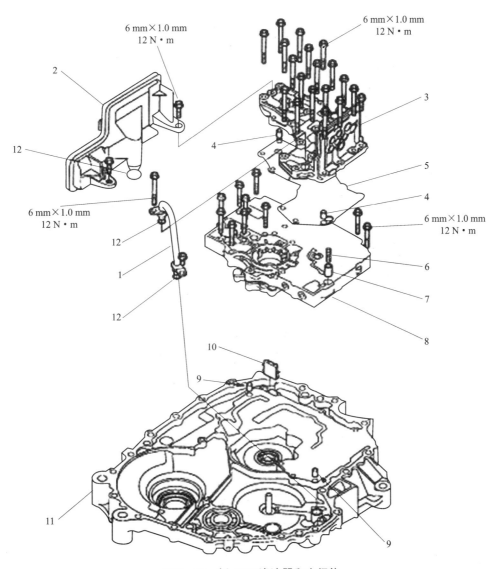

图 2 - 50　拆 ATF 滤清器和主阀体

1—ATF 管道；2—ATF 滤清器；3—氯液体；4，9—定位销；5—隔板；6—弹簧；
7—蓄压阀；8—主阀体；10—ATF 磁铁；11—飞轮壳体；12—O 形密封圈

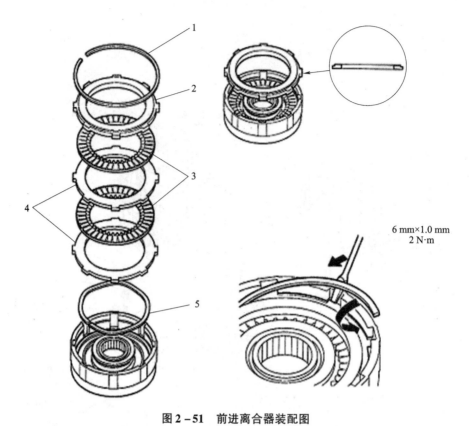

6 mm×1.0 mm
2 N·m

图 2 – 51　前进离合器装配图

1—卡环；2—离合器底板；3—离合器盘；4—离合器片；5—铰形弹簧

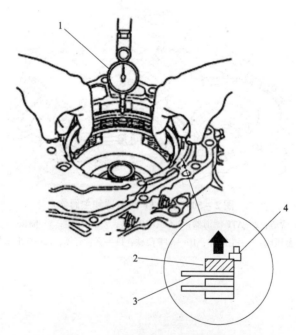

图 2 – 52　制动器标准间隙测量

1—百分表；2—底板；3—顶板；4—卡环

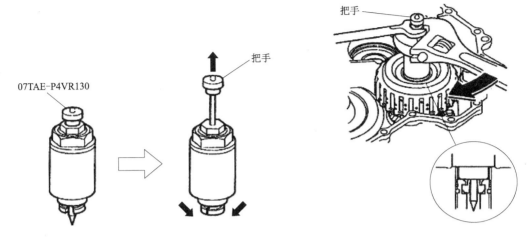

图 2 - 53　安装起步离合器

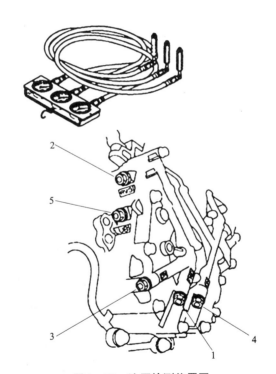

图 2 - 54　油压检测位置图

1—前进离合器压力检查孔；2—倒挡制动器检查孔；3—主动带轮压力检查孔；
4—从动带轮压力检查孔；5—润滑压力检查孔

（7）将油压表分别接入图 2 - 54 中 3 测试孔（DR）和 4 孔（DN），起动发动机，挡位换到 N 位，加速 1 700 r/m，测量主动、从动带轮油压。

（8）将油压表接入图 2 - 54 中 5 油压测试孔（LUB），起动发动机，加速到 2 500 r/m，测量润滑油压。

（9）测量结果应符合表 2 - 1 范围。

表2-1 油压测试数据表

部件	维修极限/MPa	部件	维修极限/MPa
前进离合器	1.44~1.71	从动带轮	0.43~0.91
倒挡制动器	1.44~1.71	润滑	0.27~0.40
主动带轮	0.31~0.58		

注意：油压测试数据中变速器失效模式时带轮压力可高达约3.5 MPa。

油压不正常故障及原因见表2-2。

表2-2 油压不正常故障及原因

故障	故障原因
无前进离合器压力或压力太低	前进离合器
无倒挡制动器压力或压力太低	倒挡制动器
无主动带轮压力或压力太低	（1）ATF泵； （2）pH调节阀； （3）主动带轮控制阀； （4）从动带轮控制阀
主动带轮压力太高	（1）pH调节阀； （2）主动带轮控制阀； （3）从动带轮控制阀； （4）CVT主动带轮压力控制阀
无从动带轮压力或压力太低	（1）ATF泵； （2）pH调节阀； （3）主动带轮控制阀； （4）从动带轮控制阀； （5）CVT从动带轮压力控制阀
从动带轮压力太高	（1）pH调节阀； （2）主动带轮控制阀； （3）从动带轮控制阀； （4）CVT主动带轮压力控制阀
无润滑压力或压力太低	（1）ATF泵； （2）润滑阀

2）失速试验

发动机转速D、R=2 350~2 650 r/m，S、L=2 800~3 100 r/m。

失速转速故障及原因见表2-3。

表 2 - 3   失速转速故障及原因

故障	故障原因
在 D、S、L 和 R 位置时，失速转速过高	(1) 油位过低或 ATF 泵输出过低； (2) ATF 滤清器堵塞； (3) pH 调节器阀卡滞； (4) 前进离合器打滑； (5) 起步离合器故障
在 R 位置时，失速转速过高	(1) 倒挡离合器打滑； (2) 起步离合器故障
在 D、S、L 和 R 位置时，失速转速过低	(1) 发动机输出过低； (2) 起步离合器故障； (3) 皮带轮控制阀卡滞

3）常见故障

本田飞度 CVT 最常见的故障就是行驶 3 万 km 以后，出现不同程度的起步车身发抖现象。更换 CVT 专用油后，故障现象减弱或消失。但要根本解决问题应该先清洗起步离合器相关油路，再用本田故障诊断系统 HDS 做起步离合器的学习，如图 2 - 55 所示。

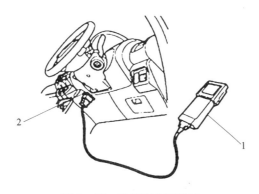

图 2 - 55   起步离合器学习

1—HDS；2—数据连接插头

✿ 四、知识与技能拓展——电控无级自动变速器的故障检修案例分析

一辆 2008 年生产的奥迪 A4L 2.0T 发动机，行驶里程 9 万 km，配备发动机型号为 CDZ，同时搭载 0AW 型手动模式 8 前速 CVT。

故障现象：初期进厂时用户描述说该车变速器报警灯点亮，起步加速无力且有耸车现象，同时还发现发动机油门加不起的情况（其实是发动机限扭功能的表现）。

故障诊断：进厂后没有急于试车，而是利用诊断仪进行故障系统检测，通过检测结果在变速器故障存储器中查出 3 个故障码，分别是：P1741，离合器匹配达到极限，主动/静态；

P1743，离合器打滑监控信号太高，主动/静态；P1774，离合器温度监控，被动/偶发。

删除故障码进行试车，结果发现正如用户所描述那样，前进挡怠速无爬行功能，需加速且冲击一下才能行驶，同时在起步低速运转过程中还有耸车现象，行驶没有多久变速器故障指示灯再次点亮 3 个故障码。

按照以往针对奥迪 CVT 的维修经验且又在存在故障码的前提下来分析，该变速器的故障应该很容易解决。首先就"P1741，离合器匹配达到极限，主动/静态"故障码来说，一般都是液压系统存在故障而导致离合器在自适应匹配条件下的匹配能力受限，从而因自适应匹配空间超出极限范围达到设定并形成故障码的条件，导致变速器进入故障运行模式，所以在大多数情况下更换液压控制单元（滑阀箱）即可解决。另外，针对"P1743，离合器打滑监控信号太高，主动/静态"故障码来说，往往是由于控制单元检测到离合器自身的滑移量（打滑量）过大而设定出来的，所以一般在确定从滑阀箱到离合器终端油路不存在问题的情况下，修理或更换离合器即可解决。而对于"P1774，离合器温度监控，被动/偶发"故障码就容易理解了，极有可能是由于离合器打滑温度过高而形成的，所以解决离合器打滑量的问题也就解决了这个故障码的问题。通过以上分析说明，要想解决变速器的问题就必须做解体变速器检查维修。

解体变速器如图 2 - 56 所示。解体变速器后逐一对每一个部件进行检查，并重点对离合器和滑阀箱进行了检测，但都没有发现直接明显的问题，同时链传动部分也完好无损，没有任何磨损情况。

此时维修陷入困境中，在这种情况下也只能怀疑问题出现在液压控制系统，所以决定更换滑阀箱和离合器，包括其他密封元件（既然变速器都拆下来了，更换离合器也理所应当），如图 2 - 57 所示。

图 2 - 56　解体变速器　　　　　　图 2 - 57　更换滑阀箱和输入离合器总成

重新组装变速器并装车试车，开始时在冷车状态下似乎还算可以，起步爬行，加速行驶基本正常，本以为故障得到解决了，可是当变速器油温上来后（40℃~50℃）变速器故障现象重现，同时故障指示灯也再次点亮，重新检测依然还是那 3 个故障码，另外就是前进挡离合器匹配不能成功而倒挡很容易成功。此时才感觉该车的问题并不简单，于是通过诊断仪来扫描相关动态数据，由于倒挡是好的，所以可以进行动态数据的比较分析，在反复阅读并对比各项数据中终于发现只有一项数据有些异常，那就是变速器安全/冷却控制电磁阀 N88 的驱动指令电流在 R 挡时几乎没有波动并保持在 595 mA，而在 D 挡时波动较大,一般都会在 0~255~605 mA 变化,而其他的几乎相差不多。对比数据流如图 2-58 所示。

在 D 挡		在 R 挡	
离合器反向匹配,最大扭矩	550mA	离合器反向匹配,最大扭矩	550mA
离合器前进特性匹配,最大扭矩	500mA	离合器前进特性匹配,最大扭矩	500mA
离合器启动电流	250mA	离合器启动电流	240mA
冷却和安全阀启动电流	0mA	冷却和安全阀启动电流	595mA

图 2-58   对比数据流

为什么只有 N88 电磁阀的驱动数据在 R 挡和 D 挡有区别呢? 难道是 R 挡油路和 D 挡油路区别或扭矩(传动比区别)所致? 或者说这样的数据也是正常的? 考虑到在过去维修老款奥迪 01J 变速器前进挡无爬行时是通过更换外部滤清器解决的,电控系统也是记录"18149,离合器自适应匹配达到极限"的故障码,难道是滤清器在作怪? 不过滤清器堵塞在过去可以通过数据流来验证,那就是离合器自适应匹配电流值(第 10 组数据)会变得很低,而对于这款 A4L 车型的 0AW 型变速器的数据来说却只是给了一个范围值。不得已也只能换一下滤清器再说。

更换外部滤清器(图 2-59)后效果确实明显好多了,但起动车辆挂挡加油门行驶,一旦速度到 40 km/h 左右 3 个故障码再次重现。另外,一旦热车后前进挡即便在没有故障码的情况下还是没有爬行过程,而倒挡基本正常。同时再去对比倒挡和前进相关动态数据信息时也没有发现什么问题。要知道离合器总成和阀体(滑阀箱)都已更换且与原车未修前的故障现象几乎没有太大的变化,这充分说明修至如此还没有找到故障的根本原因。那么在维修中已经把跟故障码有关的最值得怀疑的部件都换了。难道是控制单元计算信息错误? 在万般无奈之下又更换控制单元,自动变速器电控单元如图 2-60 所示。更换控制单元重新解锁试车,结果,故障现象没有任何改变,此时维修彻底陷入僵局。最后不得不求助于维修自动变速器同行,在 4S 店技术通报中确实有过类似同样故障现象的解决方案,那就是需要控制单元程序的升级,实在不行也只能更换变速器总成了。

图 2-59   更换外部滤清器

图 2-60   自动变速器电控单元

可是控制单元升级后没有任何改变,难道真的需要更换变速器总成? 该变速器在前前后后维修中更换了那么多备件,再更换变速器总成几乎是不可能的事情。在万般无奈之下依然是通过一辆无故障的奥迪 A4L 车进行所有动态数据对比,终于发现在之前的数据对比中,正常车辆的 N88 电磁阀的驱动数据在前进挡和倒挡应该是变化幅度不大或者说几乎不会变化,而故障车的数据在前进挡变化幅度非常大,一点都不稳定。此时借助图 2-61 再进行 N88 驱动数据的分析。

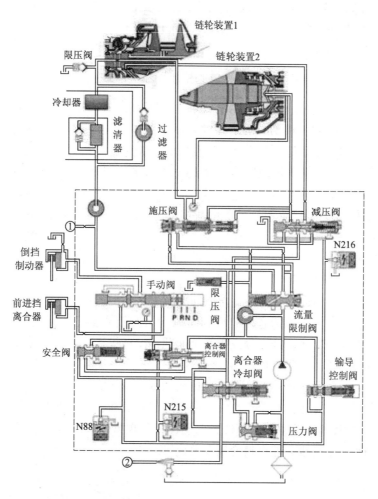

图 2-61   电磁阀工作原理图

正常情况下当踩制动踏板挂入前进挡或倒挡后,出于安全考虑,为了保证发动机不会熄火,同时又保证离合器有一个最基本的正常预备充油压力,N88 电磁阀此时起到安全阀的作用,那就是即便离合器压力调节电磁阀 N215 调出了错误的离合器油压,N88 电磁阀在大电流情况下已经驱动其前端的安全阀并切断了去往手动阀的离合器油路,离合器内部也只能存有基础油压(预充油油压)。这样挂前进挡时如果 N88 电磁阀驱动电流存在不稳定的变化,那么就说明前进挡油路的基本预备油压是不正常的(控制单元通过压力传感器 G193 来监控),控制单元认为 N215 的调节能力不够,因此需要 N88 电流变大起到切断作用,反之如果离合器油压低了,N88 电磁阀电流也会变低,以便让离合器阀门多给离合器提供预充油油压。通过这一点分析足以告诉我们,该变速器前进挡的供油油路是存在故障的,否则控制单元不会通过 N88 电磁阀去调控(双重控制功能)。

这样思路就清晰了,离合器油压的调控源头在控制单元和阀体方面,终端在于离合器本身的工作能力，那么既然源头和终端都不存在故障，难道是在中间油路这个环节（从阀体手动阀的输出到离合器的中间油路），也许在第一次的拆解检查中出现漏洞，于是决定重新分解变速器做详细检查。

故障排除：分解变速器后直接从阀体输出端进行查找，直到离合器本身供油处，终于发现在塑料吸气泵上一个非常不起眼的地方有一小裂纹，如图 2 - 62 所示。

此处有裂纹

图 2 - 62　塑料吸气泵

 小结

CVT 也叫无级变速器，是汽车变速器的一种，与有级变速器的主要区别在于：它的速比不是间断的点，而是一系列连续的值，从而实现了良好的经济性、动力性和驾驶平顺性，而且降低了排放和成本。主要部件包括主动轮组、从动轮组、金属带和液压泵等基本部件。

思考与练习

1. 无级自动变速器的优缺点是什么？
2. 无级自动变速器的工作原理是什么？
3. 简述无级自动变速器的结构组成。

学习情境三

汽车电控防抱死制动系统结构与检修

学习任务一
电控防抱死制动系统认识

一、任务目标

（一）知识目标

（1）了解防抱死制动系统的发展及应用。
（2）了解防抱死制动系统的特点和组成。
（3）掌握防抱死制动系统的总体构成及工作原理。

（二）能力目标

（1）能够正确辨识防抱死制动系统的组成元件，了解其用途。
（2）能够正确描述防抱死制动系统的工作原理。
（3）能够正确描述防抱死制动系统的类型、结构。
（4）能够辨识防抱死制动系统的常见故障，并进行基本的故障诊断及检修。

二、任务描述

汽车防抱死制动系统（Anti lock Brake System，ABS）是汽车上的一种主动安全装置。

随着人们对高车速的不断追求，以及人们对汽车行驶安全性要求的提高，ABS已经成为汽车上一个重要的安全装置。当汽车在行驶中制动时，尤其是在潮湿、泥泞、冰雪等低附着系数的路面上行驶而需要实施紧急制动时，车轮很容易抱死滑移，不但不能有效地缩短制动距离，还可能造成汽车侧滑、甩尾、失去控制，甚至造成相撞、倾覆等恶性事故，降低了汽车安全性。只有对车轮施加合适的制动力，防止车轮抱死，才能提高制动效能、缩短制动的距离，使汽车平稳停止。

ABS是一种在制动时能自动调节制动管路压力，使车轮不致抱死，从而避免汽车后轮侧滑和前轮失去转向能力，以提高汽车行驶稳定性、操纵稳定性和制动安全性，并最大限度地利用地面附着力的制动调节系统。

⊛ 三、任务实施——电控 ABS 简介

情境导入

客户保修：一辆 1998 款上海桑塔纳 2000GSi 轿车（时代超人）在行车仪表上的 ABS 警告灯点亮，紧急制动时车轮抱死。

故障诊断与排除：1998 款上海桑坦纳 2000GSi 轿车采用电控四轮独立控制的 MK20 型 ABS 系统，利用 V. A. G1551/1552 故障检测仪与位于换挡杆前方的故障诊断插座相连读取故障信息，故障信息显示该车左前轮速传感器信号不正常。检查左前轮速传感器，发现其插接件脱落，是由其锁止位置损坏造成的，插好插接件，并修好锁止位置，用 V. A. G1551/1552 故障检测仪清除故障代码后，试车，ABS 恢复正常功能，故障排除。

（一）ABS 的发展历史

ABS 技术由英国人霍纳摩尔于 1920 年研制发明并申请专利，早在 20 世纪 30 年代，ABS 就已经在铁路机车的制动系统中应用，目的是防止车轮在制动过程中抱死，导致车轮与钢轨局部急剧摩擦而过早损坏。1936 年德国博世（BOSCH）公司取得了 ABS 专利权。它是由装在车轮上的电磁式转速传感器和控制液压的电磁阀组成，使用开关方法对制动压力进行控制。图 3-1 所示为装有 ABS 和没有装 ABS 车辆在湿滑路面刹车时的场景模拟。

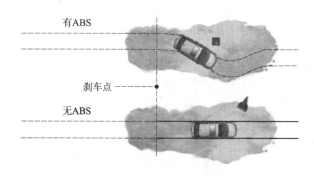

有ABS

刹车点

无ABS

图 3-1 ABS 示意图

20 世纪 40 年代末期，为了缩短飞机着陆时的滑行距离、防止车轮在制动时跑偏、甩尾和轮胎剧烈磨耗，ABS 开始被飞机制动系统采用，并很快成为飞机的标准装备。20 世纪 50 年代 ABS 开始应用于汽车工业。1951 年 Goodyear 航空公司将 ABS 装于载重车上；1954 年福特汽车公司在林肯上装用法国航空公司的 ABS 装置。

1978 年 ABS 有了突破性发展。博世公司与奔驰公司合作研制出三通道四轮带有数字式控制器的 ABS，并批量装于奔驰轿车上。由于微处理器的引入，ABS 开始具有了智能，从而奠定了 ABS 的基础和基本模式。

1981 年德国的威伯科（WABCO）公司与奔驰公司在载重车上装用了数字式 ABS。ABS 的市场占有率迅速上升。20 世纪 80 年代中期以后，借助于电子控制技术的进步，ABS 更为灵敏、成本更低、安装更方便、价格也更易被中小型家用轿车所接受。这期间较为典型的

ABS 装置有博世公司于 1979 年推出的 Bosch2 型，大陆特威斯（Teves）1984 年推出的具有防抱制动和驱动防滑功能的 ABS/ASR2 U 型。机械与电子元件持续不断的发展和改进使 ABS 的优越性越来越明显，随着竞争的日渐激烈，技术的日趋成熟，ABS 变得更精密，更可靠，价格也在下降。图 3 - 2 所示为车辆装有 ABS 时，制动钳制动阀体的具体安装位置实物图。

图 3 - 2　ABS 制动阀体具体安装位置

1987 年欧共体颁布一项法规，要求从 1991 年起，欧共体所有成员国生产的所有新车型均需装备防抱制动装置，同时规定凡载重 16 t 以上的货车必须装备 ABS，并且禁止无此装置的汽车进口。日本规定，从 1991 年起，总质量超过 13 t 的牵引车，总质量超过 10 t 的运送危险品的拖车、在高速公路上行驶的大客车都必须安装 ABS。

目前，国际上 ABS 在汽车上的应用越来越广泛，已成为绝大多数类型汽车的标准装备。我国政府也已经制定车辆安全性能方面的强制性法规，GB 7258—2012《机动车运行安全技术条件》已明确规定必须安装 ABS 的车型和相关要求。

（二）车轮打滑率对附着系数的影响

1. 车轮附着力

根据汽车行驶的附着条件：汽车与地面之间的摩擦力大于或等于汽车的驱动力，即车轮在路面上不打滑。汽车与地面之间的摩擦力即为车轮附着力 F_φ。

车轮附着力 F_φ 表示轮胎与路面附着情况。附着力的大小是车重与路面附着系数的乘积。这是对整部汽车而言的，如果对一个车轮，那么该车轮的附着力应为：该车轮所受地面垂直反作用力乘以路面附着系数，即

$$F_\varphi = G\varphi$$

式中　G——车轮对地面的垂直载荷；

　　　φ——轮胎与路面间的附着系数。

车轮上的制动力 F_B 一旦达到附着力 F_φ 的数值，车轮即完全停止旋转（车轮被"抱死"），只是沿路面做纯滑移。这时，即使进一步加大制动系统促动管路压力，以进一步加大制动器的制动力矩（此时表现为静摩擦力矩），制动力 F_B 也不会再随之增大。

在附着条件许可的情况下，希望制动力尽可能大，以获得尽可能大的汽车减速度。但制

学习任务一　电控防抱死制动系统认识

动力大到等于附着力，以致车轮抱死滑移，也不一定能收到预期的最佳制动效果。最佳的制动效果跟前后制动力分配和滑移率有很大关系。

2. 滑移率对地面附着系数的影响

汽车在行驶过程中，车轮在地面上的纵向运动有两种形式——滚动和滑动。观察汽车的制动过程时会发现轮胎胎面留在地面上的印痕从车轮滚动到抱死是个渐变的过程，经历了纯滚动、边滚边滑和纯滑动三个阶段。实际制动过程中，车轮制动痕迹如图 3 - 3 所示。

图 3 - 3　车轮制动痕迹

分析印痕不难看出，它大致可分为三个阶段。第一阶段：印痕的形状与轮胎胎面花纹基本一致，车轮接近纯滚动。第二阶段：轮胎花纹的印痕可以辨别，但花纹逐渐模糊，轮胎除滚动外，还与地面发生一定程度的相对滑动，即车轮处于边滚边滑的状态。第三阶段：地面上形成一条粗黑的印痕，看不出花纹的印痕，车轮被制动器抱住，在地面上做完全拖滑。

从这三个阶段的轮胎印痕的变化情况可以看出，随着制动强度的增加，车轮滚动成分越来越少，而滑动成分越来越多。为了评价汽车车轮滑动成分所占比例的多少，常用滑移率 S 来表示，即

$$S = \frac{r\omega - v}{v} \times 100\%$$

式中　v——车轮中心的纵向速度；

　　　ω——轮胎的角速度；

　　　r——轮胎的自由滚动半径。

从上式可以看出，当车轮滚动的圆周速度 $r\omega$ 为 0 时（即车轮已经完全抱死），而实际车速 v 不为 0，则汽车处于完全滑移状态；而当实际车速 v 为 0（即汽车原地不动），车轮滚动的圆周速度 $r\omega$ 不为 0，则汽车处于完全滑转状态。

若令地面制动力与垂直载荷之比为附着系数（也称制动力系数）φ，则在不同的滑移率 S 时，有不同的 φ 值。滑移率 S 与附着系数 φ 的关系如图 3 - 4 所示。

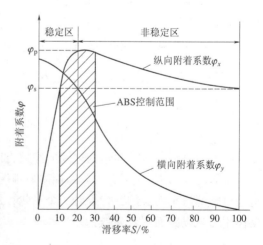

图 3 - 4　干燥硬路面附着系数和
滑移率的关系

由图中可以看出：

（1）当车轮滑移率 S 时处于 10% ~ 30% 的范围内时，轮胎与路面间的纵向附着系数 φ_x 和横向附着系数 φ_y 都有较大的值，说明此区域为稳定区域。

（2）当车轮滑移率 $S = 100\%$ 时，横向附着系数 $\varphi_x = 0$，说明此时车轮抱死滑移。

（3）无论是驱动，还是制动，把车轮滑移率 S 控制在一定范围内（15% ~ 30%）时，附着效果达到最佳，即纵向附着系数大，横向附着系数（决定着转向横向力）也足够大。

当然，滑移率和附着系数的关系详细说起来还更加复杂，图 3 - 4 所示仅仅是总的趋势，因为即使在同一条道路上，还要受路面的具体状况、轮胎的类型及气压和磨损程度、车速、车轮载荷及大气的温度、轮胎的侧偏角等多重因素影响。

3. 地面附着系数的影响因素

地面附着系数，是附着力与车轮法向（与路面垂直的方向）压力的比值。它可以看成是轮胎和路面之间的静摩擦系数。这个系数越大，可利用的附着力就越大，汽车就越不容易打滑。

附着系数的大小，主要取决于路面的种类和干燥状况，并且和轮胎的结构、胎面花纹以及行驶速度都有关系。一般来说，干燥、良好的沥青或混凝土路面的附着系数最大，可达 0.7 ~ 0.8。而冰雪路面的附着系数最小，最容易打滑。

附着系数是指轮胎在不同路面的附着能力大小，也就大概相当于摩擦系数。附着系数高的路面，车子不容易打滑，行驶安全；附着系数低的路面，车子容易打滑，比如雪地、冰面等。表 3 - 1 为不同地面上的平均附着系数。

表 3 - 1　不同地面上的平均附着系数

路面	峰值附着系数	滑动附着系数
沥青或混凝土（干）	0.8 ~ 0.9	0.75
沥青（湿）	0.5 ~ 0.7	0.45 ~ 0.6
混凝土（湿）	0.8	0.7
砾石	0.6	0.55
土路（干）	0.68	0.65
土路（湿）	0.55	0.4 ~ 0.5
雪（压紧）	0.2	0.15
冰	0.1	0.07

由此可见，雨雪天气路面湿滑、附着系数较低，地面附着力降低，行车中需降低车速，保持安全行车距离，切勿紧急制动和急转弯，以免发生侧滑、侧翻、追尾等交通事故。

（三）ABS 的功用及组成

1. ABS 的功用

由于 ABS 能够使控制的车轮获得较大的纵向和横向附着力，因此可以大大提高汽车的行驶性能。它具体有以下几个方面的作用：

1）改善汽车制动时的转向操纵性

没有 ABS 的汽车，在紧急制动时，如果前轮抱死，因横向附着力几乎为零，汽车就丧失了转向操作性,此时及时转动方向盘,汽车也不能转向,也只能沿着惯性力的方向前进,最后无法躲避障碍物。当装有 ABS 后,因汽车仍有足够的转向操纵性,汽车可以通过转向避让障碍物。

2）增加汽车制动时的方向稳定性

装有 ABS 的汽车,在紧急制动时能将滑移率控制在理想滑移率附近,具有较大的横向附着力,有足够的抵抗横向干扰的能力,从而提高了汽车制动时的方向稳定性,可以避免汽车侧滑和"甩尾"。

3）缩短制动距离

装用 ABS 后,在汽车制动过程中,可以能始终保持车轮和路面间附着力系数的最佳利用,有效地利用最大纵向附着力,因而能在最短的距离内制动停车。通常情况下,一般驾驶员操作时,制动距离会比没有 ABS 时有所缩短。特别是在湿滑和冰雪路面上时,制动距离可以明显缩短,一般为没有时的 10% ~ 20%。但值得注意的是:在不平整的路面上,或者在沙砾以及积雪的路面上,由于汽车制动抱死时,其表面物质（沙砾、积雪等）会被铲起并堆在车轮前面,形成楔形物,反而构成一种阻力,易于汽车制动,所以带有 ABS 的车辆制动距离会比没有 ABS 的车辆的制动距离稍长。

4）减少轮胎磨损

由于装有 ABS 的汽车制动时,车轮处于边滚动边滑移的状态,避免了制动时车轮抱死在地面上的滑拖,从而可以减少轮胎局部磨损,提高轮胎的使用寿命。一般能提高 6% ~ 10%。

5）减少驾驶员的紧张情绪

装有 ABS 的汽车,驾驶员在制动时,只需把脚尽力踏在制动踏板上,ABS 就会代替驾驶员自动计入最佳制动状态,驾驶员可以比较放心地操纵方向盘。特别是在冰雪道路上,可以减少驾驶员的不安全感。

2. ABS 的组成

现在汽车上普遍采用的 ABS 是以控制车轮的角减速度为对象,控制车轮的制动力,实现防抱死制动的。ABS 主要由轮速传感器、电子控制装置和执行元件（液压调节器）三个部分组成,其基本组成如图 3 - 5 所示。

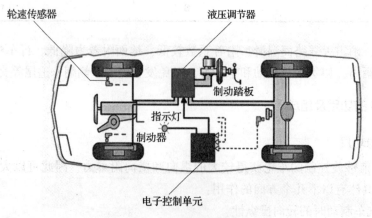

图 3 - 5 ABS 系统的基本组成

ABS 装置通常是在普通制动系统的液压装置上经设计后加装的，所以详细来说，ABS 装置的组成如图 3-6 所示。

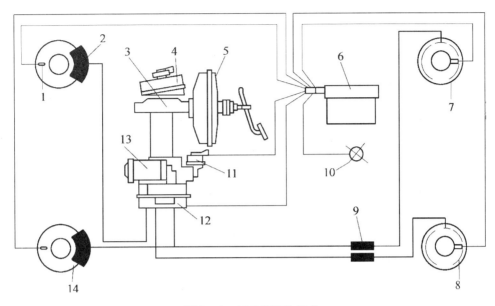

图 3-6　ABS 装置的组成

1—轮速传感器；2—右前制动器；3—制动主缸；4—制动液罐；5—真空助力器；6—电子控制单元；

7—右后制动器；8—左后制动器；9—比例阀；10—ABS 警告灯；11—储液器；

12—电磁阀总成；13—液压泵总成；14—左前制动器

下面对三大组成元件做详细的阐述：

1）传感器

传感器主要包括三种：车速传感器、轮速传感器和减速度传感器。主要是为了检测车轮转速和驾驶员意图，除此之外，加速传感器还能够识别是否是冰雪易滑路面，并经其转化为电信号传给计算机。传感器种类及功能见表 3-2。

表 3-2　传感器种类及功能

组成元件		功　　能
传感器	车速传感器	检测车速，给 ECU 提供车速信号，用于滑移率控制
	轮速传感器	检测车速，给 ECU 提供车速信号，各种控制方式都采用
	减速度传感器	检测制动时汽车的减速度，识别是否是冰雪等易滑路面

2）电子控制单元

电子控制单元是 ABS 的控制中心，它的本质是微型计算机，一般是由一个微型处理器和其他计算机组成的，不可分解修理的整体单元，电子控制单元的基本输入信号是 4 个车轮上传来的轮速信号，输出信号是：给液压控制单元的控制信号、输出的自诊断信号和输出的 ABS 故障指示灯的信号。电子控制单元的功能大致可以总结为以下两个方面：

（1）电子控制单元防抱死控制功能。电子控制单元连续地检测来自全部 4 个车轮传感器传来的脉冲电信号，并将它们转处理、转换成和轮速成正比的数值，从这些数值中电子控制单元可区别哪个车轮转速快，哪个车轮转速慢。电子控制单元根据4个车轮的速度实施防抱死制动控制，4个车轮的传感器传出来的数据作为控制基础，一旦判断出车轮将要抱死，它就立即进入防抱死控制状态，向油压调节器输出幅值为12 V的脉冲控制电压，以控制分泵（轮缸）上油路的通、断，分泵油压的变化调节了轮上的制动力，使车轮不会因一直有较大的制动力而让车轮完全抱死（通与断的频率一般在3～12次/s）。

（2）电子控制单元的故障保护控制功能。ABS控制单元具有故障保护功能。如果系统出现故障或受到暂时的干扰，电子控制单元会自动关闭ABS，让普通制动系统继续工作，电子控制单元能对自身的工作自动监控。由于电子控制单元中有两个微处理器，它们同时接收、处理相同的电信号，与系统中相关的状态——电子控制单元的内部信号和产生的外部信号进行比较，看它们是否相同，从而对电子控制单元自身校准。这种校准是连续的，如果不能同步，就说明电子控制单元有问题，它会自动停止防抱死制动过程，而让普通制动系统照常工作。此时，修理人员必须对ABS（包括电子控制单元）进行检查，以及找出故障原因。

ABS出故障（如制动液损失、液压压力降低或车轮速度信号消失）时，电子控制单元都会自动发出指令，让普通制动系统进入工作，而ABS停止工作。对某个车轮速度传感器损坏产生的信号输出，只要在可接受的范围内，或由于较强的无线电高频干扰而使传感器发出超出极限的电信号，电子控制单元根据情况可以停止ABS的工作或让ABS继续工作。

3）执行元件

执行元件主要由制动压力调节器、液压泵蓄能器和ABS警告灯等组成。其具体功用见表3-3。

表3-3 执行元件组成及功能

组成元件		功　能
执行元件	制动压力调节器	接收电子控制单元的指令，通过电磁阀的动作实现制动压力的增加、保持和降低
	液压泵蓄能器	接收电子控制单元的控制，在可变容积式制动压力调节器的控制油路中建立控制油压，在循环式制动压力调节器压力降低的过程中，将由轮缸流出的制动液经蓄能器泵回主缸，以防止ABS工作时制动踏板行程发生变化
	ABS警告灯	ABS出现故障时，由电子控制单元控制将其点亮，向驾驶员发出报警，并由电子控制单元控制闪烁显示故障代码

ABS的液压控制装置通常是在普通制动系统的液压装置上经设计后加装的，如果是与总泵装在一起的称为整体式ABS，如果是装在总泵与分泵之间的称为非整体式ABS。

整体式ABS除了包含普通的液压制动部件外，其ABS调节器通常由电动泵、蓄压器、主控制阀和一些控制开关组成。实质上ABS是通过电磁控制阀体上的三对控制阀控制分泵上的油压迅速变大或者变小，从而实现了防抱死制动功能。

在可变容积式制动压力调节器的控制油路中建立控制油压，电动泵是一个高压泵，它可以在短时间内将制动液加压（在蓄能器中）到14～18 MPa，并给整个液压系统提供高压制动液体。电动泵能在汽车起动 1 min 内完成工作。蓄能器内部充有氮气,可储存高压并向制动系统提供高压。蓄能器被一个隔板分成上下两个腔室,上腔室充满了氮气,下腔室充满了来自电动泵的制动液(蓄压器下腔与电动泵油腔相通)。要特别注意的是,禁止拆卸、分解蓄能器,因为蓄能器中的氮气在平时有较大压力(8 MPa 左右)。

主控制阀和电磁控制阀体是液压调节气中很重要的部件,由它们完成 ABS 的最关键工作。主控制阀装置是电操纵的一种开关阀。在防抱死制动时,接通液压助力器的压力腔与总泵内部油室关闭储油箱回油路,这样可以提供连续的高压制动液,使 ABS 正常、有效地工作。ABS 停止工作,主控制阀关闭液压助力器与总泵之间的油路,打开通向储油箱的回油路,蓄能器的压力不再经过总泵到制动分泵而直接到回油路。

3. ABS 的控制方法

现在 ABS 的控制方法主要有逻辑门限制控制、最优控制和滑动模态变结构控制等。目前,绝大多数 ABS 都采用逻辑门限制控制方式。

逻辑门限制控制方式通常都是将车轮的减速度(或角减速度)和加速度(或角加速度)作为主要控制门限,而将车轮滑移率作为辅助控制门限。采用其中任何一种门限作为控制都存在着较大的局限性。例如,仅以车轮的加、减速度作为控制门限时,当汽车在湿滑路面高速行驶过程中进行紧急制动,车轮滑移率离开稳定区域较远时,车轮系统存在很大的转动惯性,又会造成车轮滑移率进入不稳定区域而车轮减速度仍未达到控制门限值,这都会严重影响制动效果。仅以车轮的滑移率作为控制门限值时,由于路面情况不同,峰值附着系数滑移率的变化范围较大(8% ~ 13%),因此仅以固定的滑移率门限值作为控制门限,很难保证在各种路面的条件下都能获得最佳的制动效果。而将车轮加、减速度和滑移率控制门限结合起来,将有助于路面情况的识别,以提高系统的自适应控制能力。

控制系统中车轮加速度或减速度信号,可以由电子控制单元根据轮速传感器输入的信号经过计算确定。在确定实际的滑移率时,先要确定车轮中心的实际纵向速度(车身速度),制动时确定车轮中心的实际纵向速度相当困难,因此通常有电子控制单元根据各轮传感器输入的信号按一定的逻辑确定汽车的参考速度,再计算出车轮参考滑移率,此值与实际滑移率存在一定的差异。

逻辑门限值控制方法中的车轮加速度(或角加速度)、减速度(或角减速度)、参考滑移率等控制门限值,都是通过反复试验获得的经验数据。

(四) 典型 ABS 装置的工作过程及原理

目前,大多数车辆 ABS 装置的压力调节机构采用的压力调节器可分为两种,分别是循环式调节器和可变容积式调节器。

1. 循环式调节器

循环式调节器这种形式是在汽车原有的制动管路中串联进电磁阀直接控制压力的增减。下面就调节器的工作过程加以说明。

1)常规制动过程

常规制动时电磁阀不通电,柱塞处于图 3 - 7 所示的位置,主缸和轮缸是相通的,可随时控制制动压力的增减。这时,液压泵也不需要工作。

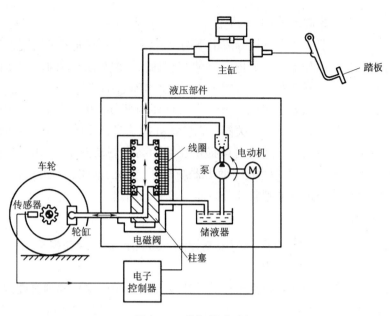

图 3-7　常规制动过程

2）减压过程

当电磁阀通入较大的电流时，柱塞移至上端，主缸和轮缸的通路被截断，轮缸和液箱接通，轮缸的制动液流入液压油箱，制动压力降低。与此同时，驱动电机起动，带动液压泵工作，把流回液压油箱的制动液加压后输送到主缸，为下一个制动周期做好准备，图 3-8 所示的这种液压泵称为循环泵。它的作用是把减压过程中的轮缸流回的制动液送回高压端，这样可以防止 ABS 工作过程中行程发生变化。因此，在 ABS 工作过程中液压泵必须常开。

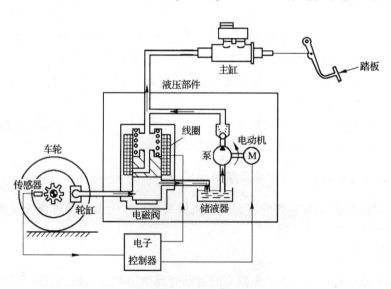

图 3-8　减压制动过程

3）保压过程

给电磁阀通入较小的电流时，柱塞移至图 3-9 所示的位置，所有的通道都被截断，所以，能保持制动压力。

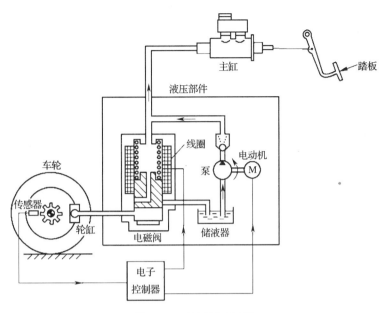

图 3 - 9　保压制动过程

4）增压过程

电磁阀断电后，柱塞又回到初始位置。图 3 - 10 所示主缸和轮缸再次相通，主缸端的高压制动液（包括液压泵输出的制动液）再次进入轮缸，增加了制动压力。增压和减压速度可以直接通过电磁阀的进出油口来控制。此时的增压过程和常规制动增压不同，ABS 参与工作。直接控制式液压装置结构简单、灵敏性好。对于这种方式，液压泵工作时的高压制动液返回主缸时，或增压过程制动液从主缸流回瞬间，制动踏板行程均会发生变化（称为踏板反应）。这种反应能让驾驶员知道 ABS 开始工作，这是一个优点。但是也有不少驾驶员对踏板反应有不舒适感。

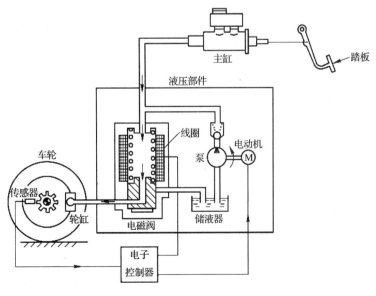

图 3 - 10　增压制动过程

2. 可变容积式调节器

可变容积式调节器是在汽车原有的制动管路上增加一套液压装置，用它控制制动管路容积的增减，从而控制制动压力的变化，其特征是有一个动力活塞。这种方式随结构的不同，既有有踏板反应的，也有无踏板反应的。下面以动力活塞为主，对可变容积式调节器的工作原理加以说明。

1）常规制动过程

如图 3 - 11 所示，有两个两位两通电磁阀通过电子控制单元控制，上面的是输入常闭电磁阀，下面的是输出常开电磁阀。常规制动：输入电磁阀断电关闭，输出电磁阀断电打开。调压缸活塞在弹簧作用下上移，将单向阀顶开。制动分泵压力将随制动踏板力的增大而增大。

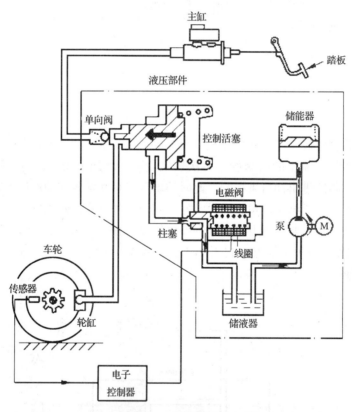

图 3 - 11　常规制动过程

2）减压过程

减压过程如图 3 - 12 所示，电子控制单元对两个电磁阀同时供电，输入电磁阀打开，输出电磁阀关闭，高压控制液经输入电磁阀流向调压活塞缸，活塞下移，容积增大，制动分泵制动压力减小。

3）保压过程

保压过程如图 3 - 13 所示，输入电磁阀断电关闭，输出电磁阀通电关闭。调压缸活塞位置保持不变，制动分泵制动压力不变。

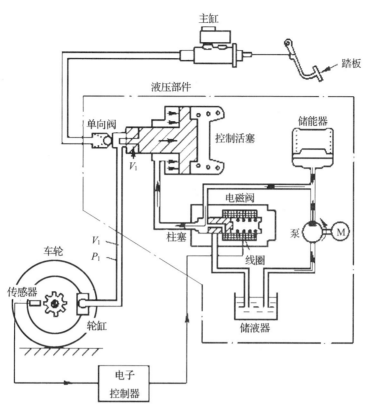

图 3 – 12　减压过程

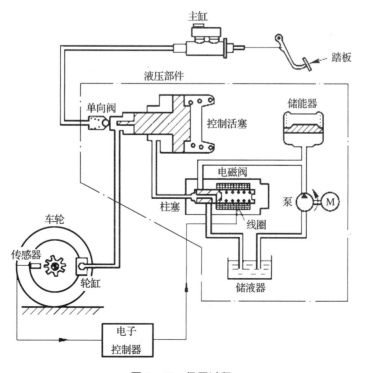

图 3 – 13　保压过程

4）增压过程

增压过程如图 3 – 14 所示，输入电磁阀断电关闭，输出电磁阀断电打开泄压。调压缸活塞在弹簧作用下上移，容积减小，制动分泵制动液压力增大。

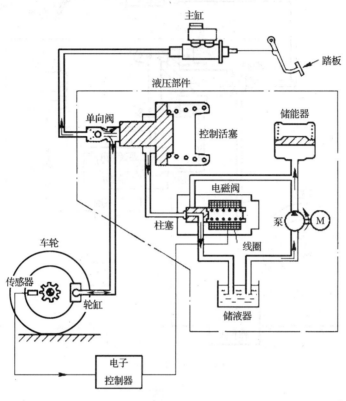

图 3 – 14　增压过程

这种方式的特点是通过改变电磁阀柱塞的位置来控制动力活塞的移动，改变缸侧管路容积，利用这种变化间接地控制制动压力的增减，其制动压力的增减速度取决于动力活塞的移动速度。

（五）ABS 的种类

过去人们常将 ABS 分为两大类，即机械式 ABS 和电子式 ABS。机械液压式 ABS 只有压力调节器和压力感知元件，具有结构简单、安装方便、价格低的优点。但它没有将车轮的运动状态和路面的附着情况联系起来，难以适应不同的路面，因而制动效果不佳。这种结构在早期的车辆上用得比较多；目前广泛使用的是电子式 ABS，它把车轮运动状态与路面附着情况紧密联系在一起，并对该运动状态加以及时、准确的调控。这种结构是现代 ABS 技术的主流，具有良好的使用性能。国产或进口的一些轿车普遍采用这种 ABS。

此外，现代 ABS 还有按照生产厂家和按控制通道与传感器数目分类的方式，如博世 ABS、戴维斯（TEVES）ABS、德尔科（DELCO）ABS、本迪克斯（BENDIX）ABS 等都是按生产厂家分类的。

按照 ABS 中，控制通道的形式又可以分为四类：四通道、三通道、双通道和单通道，而其布置形式却是多种多样。

1）四通道 ABS

对应于双制动管路的前后独立式或 X 形两种布置形式，四通道 ABS 也有两种布置形式，如图 3 - 15 所示。为了对 4 个车轮的制动压力进行独立控制，在每个车轮上各安装一个转速传感器，并在通往各制动轮缸的制动管路中各设置一个制动压力调节分装置（通道）。

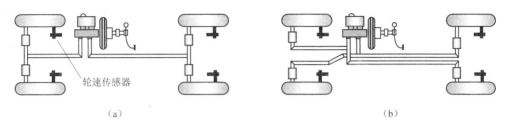

（a）　　　　　　　　　　　　　　　　（b）

图 3 - 15　四通道制动管路

（a）前后独立制动管路；（b）X 形制动管路

由于四通道 ABS 可以最大限度地利用每个车轮的附着力进行制动，因此汽车的制动效能最好。但在附着系数分离（两侧车轮的附着系数不相等）的路面上制动时，由于同一轴上的制动力不相等，汽车产生较大的偏转力矩而产生制动跑偏。因此，ABS 通常不对 4 个车轮进行独立的制动压力调节。

2）三通道 ABS

四轮 ABS 大多为三通道系统，而三通道系统都是对两前轮的制动压力进行单独控制，对两后轮的制动压力按低选原则一同控制，如图 3 - 16 所示。

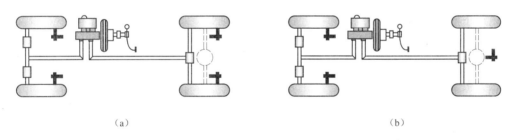

（a）　　　　　　　　　　　　　　　　（b）

图 3 - 16　三通道制动管路

（a）四传感器三通道制动管路；（b）三传感器三通道制动管路

按对角布置的双管路制动系统中，虽然在通往 4 个制动轮缸的制动管路中各设置一个制动压力调节装置，但两个后制动压力调节分装置却是由电子控制装置一同控制的，实际上仍是三通道 ABS。由于三通道 ABS 对两后轮一同进行控制，对于后轮驱动的汽车可以在变速器或主减速器中只设置一个转速传感器来检测两后轮的平均转速。

汽车紧急制动时，会发生很大的轴荷转移（前轴荷增加，后轴荷减小），使得前轮的附着力比后轮的附着力大很多（前置前驱动汽车的前轮附着力占汽车总附着力的 70% ~ 80%）。对前轮制动压力进行独立控制，可充分利用两前轮的附着力对汽车进行制动，有利于缩短制动距离，并且汽车的方向稳定性也得到很大改善。

3）双通道 ABS

双通道 ABS 在按前后布置的双管路制动系统的前、后制动管路中各设置一个制动压力调节装置，分别对两前轮和两后轮进行控制。两前轮可以根据附着条件进行高选和低选转换，两后轮则按低选原则同时控制，如图 3 – 17 所示。

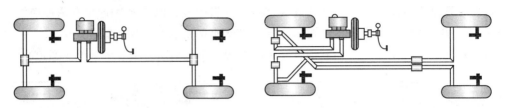

图 3 – 17　四传感器双通道制动管路

对于后轮驱动的汽车，可以在两前轮和传动系统中各安装一个转速传感器。当在附着系数分离的路面上进行紧急制动时，两前轮的制动力相差很大，为保持汽车的行驶方向，驾驶员会通过转动方向盘使前轮偏转，以求用转向轮产生的横向力与不平衡的制动力相抗衡，保持汽车行驶方向的稳定性。但是在两前轮从附着系数分离路面驶入附着系数均匀路面的瞬间，以前处于低附着系数路面而抱死的前轮的制动力因附着力突然增大而增大，由于驾驶员无法在瞬间将转向轮回正，转向轮上仍然存在的横向力将会使汽车向转向轮偏转方向行驶，这在高速行驶时是一种无法控制的危险状态。

双通道 ABS 多用于制动管路对角布置的汽车上，两前轮独立控制，制动液通过比例阀（P 阀）按照一定比例减压后传给对角后轮。

对于采用此控制方式的前轮驱动汽车，如果在紧急制动时离合器没有及时分离，前轮在制动压力较小时就趋于抱死，而此时后轮的制动力还远未达到其附着力的水平，汽车的制动力会显著减小。而对于采用此控制方式的后轮驱动汽车，如果将比例阀调整到正常制动情况下前轮趋于抱死时，后轮的制动力接近其附着力，则紧急制动时由于离合器往往难以及时分离，导致后轮抱死，使汽车失去方向稳定性。

由于双通道 ABS 难以在方向稳定性、转向操纵能力和制动距离等方面得到兼顾，因此目前很少被采用。

4）单通道 ABS

所有单通道 ABS 都是在前后布置的双管路制动系统的后制动管路中设置一个制动压力调节装置，对于后轮驱动的汽车只需要在传动系统中安装一个转速传感器。

（六）ABS 的特点

ABS 有如下几个特点：

（1）ABS 只有在车速高于一定值时才起作用，低于此值 ABS 就会自动终止防抱死调节，而回到传统制动系统状态。

（2）在制动过程中，车轮还没有趋于抱死时，只有当被控车轮趋于抱死时，ABS 才会进行防抱死调节；被控车制动过程与传统制动系统的制动过程完全相同。

（3）当汽车制动 ABS 参与工作时，驾驶员会感觉制动踏板有回弹行程，制动踏板的这种动作反馈是正常的。

（4）在防抱死制动循环中，制动压力调节器内的电磁阀动作，会产生一定的工作噪声。

（5）具有传统制动系统的车辆紧急制动时，轮胎在路面上留下清晰的拖印；而 ABS 车辆在紧急制动时，只会留下轻轻的勉强可以看出的印痕。

（6）ABS 具有故障自诊断功能，能对系统的工作情况进行监测，一旦发现存在影响系统正常工作的故障时，就会自动关闭 ABS 功能，并将 ABS 警告灯点亮，向驾驶员报警，同时将汽车的制动功能恢复到制动系统状态，进行常规制动。

（7）在 ABS 警告灯持续闪亮的情况下进行制动时，应注意控制好制动强度，以免因 ABS 失效而影响行车安全。

（1）ABS 是防止制动时车轮抱死而滑移的装置。

（2）在各种路面上，无论是制动还是驱动，都是当滑移率 S 在某一范围内（10% ~ 30%）时，附着效果达到最佳组合，即纵向附着系数大，横向附着系数也足够大。这样，在制动过程中，既可获得最大的地面制动力，又能得到足够大的横向转向力，而使汽车获得制动时的方向稳定性；而在驱动控制时，也可使驱动轮获得充足驱动力的同时，又保持车辆行驶的方向稳定性。

（3）在 ABS 中，能够独立进行制动压力调节的制动管路称为控制通道。按照控制通道数目的不同，ABS 系统分为四通道、三通道、双通道和单通道 4 种形式。

（4）ABS 常见的控制方案有独立控制、一同控制和混合控制。

（5）ABS 都是由传感器、电子控制单元、执行机构三大部分组成的。其中传感器主要是指车轮转速传感器，执行机构主要是指制动压力调节器。

（6）在汽车制动时，通过制动压力调节器所形成的制动工况包括常规制动时正常工况（制动无抱死工况）、紧急制动时防止车轮抱死的压力保持工况、减压工况及加压工况 4 种。

思考与练习

1. 汽车制动时车轮怎样运动？车轮的运动状态与附着系数有何关系？
2. 汽车上为什么要安装 ABS 装置？
3. 车轮的滑移率指的是什么？车轮与路面间的附着系数随滑移率如何变化？
4. ABS 与普通制动系统有何关系？
5. 目前轿车普遍采用哪种控制通道和附着系数的选择原则？
6. ABS 的功能有哪些？

学习任务二

电控防抱死制动系统检修

一、任务目标

（一）知识目标

（1）了解防抱死制动系统各部分的组成和工作原理。

（2）了解防抱死制动系统传感器的结构和原理。

（3）掌握防抱死制动系统的执行机构的工作过程。

（二）能力目标

（1）能够正确辨识防抱死制动系统各部分组成元件，掌握工作原理。

（2）能够正确描述防抱死制动系统轮速传感器的结构和工作原理。

（3）能够正确描述防抱死制动系统执行机构的特点和原理。

（4）能够独立排除防抱死制动系统的常见故障。

二、任务描述

随着我国科学技术的不断发展，为了能够更好地发挥汽车使用安全性能，目前大多数车辆制造商在进行汽车制造过程中纷纷将防抱死制动系统（ABS）应用在汽车安全防护中。对于ABS而言，一般在出现突发事故或紧急避开障碍物时，通过摩擦力的作用紧急对汽车轮胎进行四轮抱死，有效地将滚动摩擦变成滑动摩擦，从而降低汽车制动力，确保车辆转向能力，整体提高车辆避开障碍或应对紧急事故的能力。但是在使用过程中，ABS出现故障将会对汽车安全性提出很大的考验，下面我们从ABS的三大组件和其原理出发，详细介绍ABS故障的检修。

三、任务实施——电控ABS各个组成部分检修

情境导入

客户保修：一辆SC7132雨燕乘用车因ABS灯间歇性报警送修，该车行驶里程为29 000 km。据车主所述，该车近几天ABS灯经常性点亮，有时还自动熄灭，有时必须将点

火钥匙关闭，重新起动发动机 ABS 报警灯才能熄灭。

故障诊断排除：用诊断仪对该车 ABS 读取了故障码：左前轮速传感器开路或对地短路、ABS 灯故障。故障码可以被清除，说明左前轮速传感器及其线路曾出现过偶发性故障。对左前轮速传感器侧的 2P 连接器进行了检查，并对传感器感应线圈阻值进行了测量，其阻值为 1 325 Ω（在正常值范围内）。

通过查看相关电路图，知左前轮速传感器侧的连接器（插头）直接与 ABS 计算机侧的 26P 连接器的 21 号、22 号端子相连，对 2P 连接器至 ABS 计算机侧的 26P 连接器的两根导线进行了测量，没有发现异常。考虑到 26P 连接器的 21 号、22 号端子与 ABS 计算机端子存在接触不良现象，用尖锥将 21 号、22 号端子的孔隙进行了处理。然后将所拆连接器复位，起动发动机再次上路试车。

经反复路试，ABS 故障灯不再报警。读取系统故障码，无故障代码，至此故障排除。

结论：系统插接件接触不良，导致偶发性故障。

（一）ABS 传感器的结构及原理

1. 车轮速度传感器的组成

如图 3 – 18 所示，车轮速度传感器（简称轮速传感器）由永久磁铁、磁极、线圈和齿轮组等组成。它是一种由磁通量变化而产生感应电压的装置，一般每个车轮上安装一个，共 4 个，由磁感应传感头与齿圈组成。

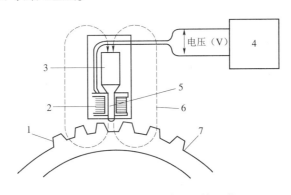

图 3 – 18　车轮速度传感器的组成

1—齿轮；2—线圈；3—磁铁；4—电子控制模块；5—磁极；6—磁通；7—传感齿圈

传感头是一个静止部件，通常由永久磁铁、电磁线圈和磁极等构成，安装在每个车轮的托架上。齿圈是一个运动部件，一般安装在轮毂或轮轴上与车轮一起旋转。齿圈上齿数的多少与车型、ABS 电控单元有关，波许公司的有 100 个齿。传感头磁极与齿圈的端面有一空气隙，一般在 1 mm 左右，通常用可移动传感头的位置来调整间隙（具体间隙的大小可查阅维修手册）。在实际安装中，可用一个厚度与空气隙大小一样的纸盘贴在传感头的磁极面上，纸盘的另一面紧挨齿圈凸出端面，然后固定传感头即可。

2. 车轮速度传感器的工作原理

车轮速度传感器与普通的交流电机原理相同。永久磁铁产生一定强度的磁场，齿圈在磁场中旋转时，齿圈齿顶和电极之间的间隙就以一定的速度变化，这样就会使齿圈和电极组成的磁路中的磁阻发生变化。其结果使磁通量周期性增减，在线圈两端产生正比于磁通量增减速度的感应电压，如图 3 – 19 所示。将磁场强度换成电压、磁阻换成电阻、磁通量换成电流，类比欧姆定律，其工作原理很容易理解。因此，感应电压正比于车轮速度。

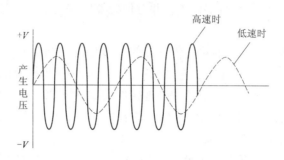

图 3 – 19　车轮速度传感器产生的电压信号

车轮速度传感器的工作原理如图 3 – 18 所示。传感头与齿圈紧挨着固定，当齿圈随车轮旋转时，在永久磁铁上的电磁感应线圈中就产生一交流信号（这是因为齿圈上齿峰与齿谷通过时引起磁场强弱变化），交流信号的频率与车轮速度成正比，交流信号的振幅随轮速的变化而变化 ［达科 ABS（Ⅵ）最低转速时电压为 0.1 V，最高时为 9 V］。ABS 电子控制单元通过识别传感器发来的交流信号频率来确定车轮的转速，当电子控制单元发现车轮的圆周减速度急剧增加，滑移率 S 达到 20% 时，它立刻给液压调节器发出指令，减小或停止车轮的制动力，以免车轮抱死。

（二）ABS 电子控制单元的结构及原理

ABS 电子控制部分可分为电子控制单元、ABS 模块、ABS 计算机等，以下简称 ECU。

最初的模拟电路由约 1 000 个电子元件组成，现在的 ECU 采用专用集成电路、混合集成电路，元件数量缩减到 70 个左右，大大减轻了 ECU 的重量、体积和成本，提高了可靠性和生产率。随着生产技术及汽车电路可靠性的提高，从原来的穿体安装结构发展到表面安装结构，体积更小。

ECU 由以下几个基本电路组成。图 3 – 20 所示为四传感器三通道系统 ECU 模块。

1. 轮速传感器的输入放大电路

安装在各车轮上的轮速传感器根据轮速输出交流信号，输入放大电路将交流信号放大成矩形波并整形后送往运算电路。不同的 ABS 中轮速传感器的数量是不一样的。每个车轮都装轮速传感器时，需要 4 个，输入放大电路也就要求有 4 个。当只在左右前轮和后轴差速器上安装轮速传感器时，只需要 3 个，输入放大电路也就成了 3 个。但是，要把后轮的一个信号当作左、右轮的两个信号送往运算电路。

2. 运算电路

运算电路主要进行车轮线速度、初始速度、滑移率、加减速度的运算，以及电磁阀的开启控制运算和监控运算。安装在车轮上的传感器齿圈随着车轮旋转，轮速传感器便输出信号，车轮线速度运算电路接收信号并计算出车轮的瞬时线速度。

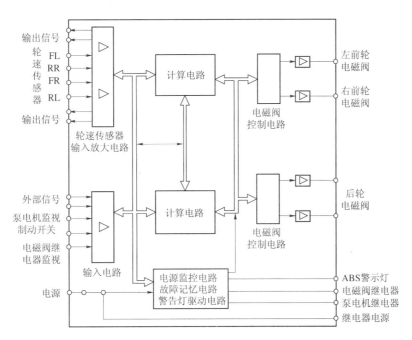

图 3 - 20 四传感器三通道系统 ECU 模块

初始速度、滑移率及加减速度运算电路把瞬间轮速加以积分，计算出初始速度，再把初始速度和瞬时线速度进行比较运算，则得出滑移率及加减速度。电磁阀开启控制运算电路和根据滑移率与加减速度控制信号，对电磁阀控制电路输出减压、保压或增压的信号。

3. 电磁阀控制电路

电磁阀控制电路接收来自运算电路的减压、保压或增压信号，以控制电磁阀的电流。

4. 稳压电源、电源监控电路、故障反馈电路和继电器驱动电路

在蓄电池供给 ECU 内部所用 5 V 稳压电压的同时，上述电路监控着 12 V 和 5 V 电压是否在规定范围内，并对轮速传感器输入放大电路、运算电路和电磁阀控制电路的故障信号进行监视，控制着继动电动机和继动阀门。在出现故障信号时，关闭继动阀门，停止 ABS 工作，返回常规制动状态，同时仪表盘上的 ABS 警报灯变亮，让驾驶员知道有异常情况发生。

ABS 电子控制单元不仅能监视自己内部的工作过程，而且还能监视 ABS 中其他部件的工作情况。它可按程序向液压调节器的电路系统及电磁阀输送脉冲检查信号，在没有任何机械动作的情况下完成功能是否正常的检查。在 ABS 工作的过程中，电子控制单元还能监视、判断车轮传感器送来的轮速信号是否正常。

这里要强调的是，任何时候琥珀（黄）色 ABS 故障指示灯燃亮不灭，就说明电子控制单元已停止了 ABS 的工作或检测到了系统的故障，驾驶员或用户一定要进行检修，如果处理不了，应及时送修理厂。

（三）ABS 执行机构的结构及原理

ABS 的执行机构简单来说就是制动压力调节器。

汽车制动系统随车型的不同有多种形式。ABS 也因车型的不同而不同，根据性能和制造成本方面的差别分为多种形式。可按制动控制系统的数目分类，也可按制动压力调节器的动力源进行分类。各厂家出于自己的需要，采用不同形式的ABS，因此，调节器也有几种主要形式，大体分为真空式、液压式、机械式、空气式、空气液压加力式（AOH），这里主要对液压式控制装置进行介绍。

液压式调节器是用电磁阀和液压泵产生的压力控制制动力的。每个车轮或每个系统内部都有电磁阀，通过电磁阀直接或间接地控制制动压力。通常把直接控制制动压力的形式称为循环式，把间接控制制动压力的形式称为可变容积式。

这里简要介绍一下ABS液压控制装置的组成及原理。

ABS液压控制总成是在普通制动系统的液压装置上经设计后加装ABS液压调节器而形成的。普通制动系统的液压装置是大家熟悉的，它一般包括真空助力器、双缸式制动总泵（主缸）、储油箱、制动分泵（轮缸）和双液压管路等。ABS液压调节器装在制动总泵与分泵之间，如果是与总泵装在一起的，称为整体式，否则称为非整体式。

对于整体式ABS液压控制装置，除了普通制动系统的液压部件外，ABS液压调节器通常由电动泵、蓄压器、主控制阀、电磁控制阀体（三对控制阀）和一些控制开关等组成。实质上ABS就是通过电磁控制阀体上的三对控制阀控制分泵上的油压迅速变大或变小，从而实现防抱死制动功能。

1. 电动泵和蓄压器

电动泵和蓄压器可使制动液有很大的压力，而较大的压力正是ABS工作的基础。

电动泵是一个高压泵，它可在短时间内将制动液加压（在蓄压器中）到 $14 \sim 18$ MPa，并给整个液压系统提供高压制动液体。电动泵能在汽车起动 1 min 内完成上述工作。电动泵的工作独立于ABS电控单元，如果电控单元出现故障或接线有问题，电动泵仍能正常工作。

蓄压器的结构和功能如图 3-21 所示，在它的内部充有氮气，可存储高压和向制动系统提供高压。蓄压器被一个隔板分成上下两个腔室，上腔室充满了氮气，下腔室充满了来自电动泵的制动液（蓄压器下腔与电动泵油腔相通）。要特别注意的是，禁止拆卸、分解蓄压器，因为蓄压器中的氮气在平时有较大的压力（8 000 kPa 左右）。电动泵给蓄压器下腔泵入制动液，使隔板上移，在蓄压器上腔的氮气被压缩后产生压力，反过来推动隔板下移，会使蓄压器下腔的制动液始终保持 $14 \sim 18$ MPa 的压力。在普通制动系统工作时（防抱死制动系统没有工作），蓄压器就可提供较大压力的制动液到后轮制动分泵；当ABS工作时，加压的制动液可进入前、后轮制动分泵。

2. 主控制阀和电磁控制阀体

主控制阀和电磁控制阀体是液压调节器中很主要的部件，由它们完成防抱死制动的控制，如图 3-22 所示。主控制阀装置是电操纵的一种开关阀。在防抱死制动控制时，它接通液压助力器的压力腔与总泵内部的油室，关闭通向储油箱的回油路，这样可提供连续的高压制动液，使ABS正常、有效地工作。ABS停止工作，主控制阀就关闭液压助力器与总泵之间的油路，打开通向储油箱的回油油路，蓄压器的压力不再经过总泵到制动分泵，而直接到回油油路。

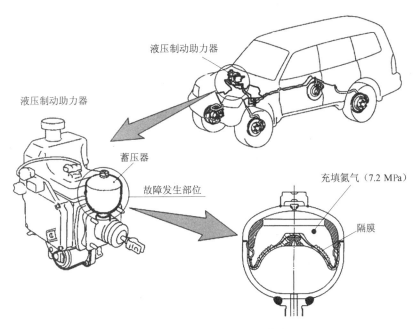

液压制动助力器

蓄压器

故障发生部位

充填氮气（7.2 MPa）

隔膜

液压制动助力器

图 3 - 21　蓄压器的结构和功能

　　当给螺线管通电时，在螺线管路中心产生磁场，磁场强度与线圈匝数和通电电流之积成正比。若线圈带有铁芯，铁芯就会变成磁力很强的磁铁，产生吸引力。电磁阀就是根据这个原理制成的，它由螺线管、固定铁芯和可动铁芯组成。通过改变螺线管的电流改变磁场力，可以控制两铁芯之间的吸引力，该力与弹簧力方向相反，从而控制了柱塞的位置。柱塞上设有液体通道，柱塞位置决定了液体通道的开闭。图 3 - 23（a）为 3/3 电磁阀（3 阀口 3 位置变换型）的例子，根据电流的大小，可将柱塞控制在三个位置，改变三个位置，改变三个阀口之间的通路。图 3 - 23（b）为用符号表示的示意图，图中上段表示电流为零；中段电流小；下段电流大。

图 3 - 22　主控制阀和电磁控制阀体

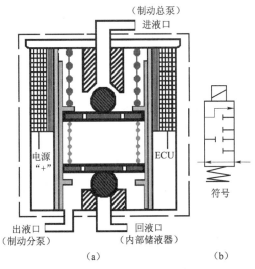

（制动总泵）
进液口

电源
"+"

ECU

出液口
（制动分泵）

回液口
（内部储液器）

符号

（a）

（b）

图 3 - 23　电磁阀及符号

3. 压力控制、压力警告和液位指示开关

在电动泵旁边有一个装有开关的装置，装置中就有压力控制和压力警告功能的触点开关，而液位开关在油箱上方。

压力控制开关（PCS）由一组触点组成，它独立于 ABS 电控单元而工作。压力开关一般位于蓄压器下面，监视着蓄压器下腔的液压压力。当液压压力下降到一定的数值（一般是 14 MPa）时，压力开关闭合，使电动泵继电器下面电路构成回路（电动泵继电器通电，触点闭合），电源通过此电路让电动泵运转。

如果压力控制开关发生故障，尽管这时蓄压器仍能提供较大的压力，但最终会导致 ABS 液压系统中的压力下降，因此，必须对压力控制开关进行检查，待故障排除后再让汽车运行。

压力警告开关（PWS）有两个功能，当压力下降到 14 MPa 以下时，先点亮红色制动系统故障指示灯，然后紧接着点亮琥珀色 ABS 故障指示灯，同时让 ABS 电控单元停止防抱死制动的工作。

制动液油箱里的液位指示开关（FLI）有两个触点，当制动液面下降到一定程度时，上面的触点闭合，下面的触点打开。上面触点的闭合点亮红色制动系统故障指示灯，它提醒驾驶员要对车辆的制动液进行检查。下面触点的打开切断了通向 ABS 电控单元的电路，发出使电控单元停止防抱死制动控制的信号，电控单元停止工作的同时点亮琥珀色 ABS 故障指示灯。红色故障灯比琥珀色故障灯先亮。

4. 继电器和电控单元保护二极管

ABS 中的继电器和电控单元保护二极管，不是液压系统中的部件，由于它们较为重要，又与液压系统的控制有关，因此此处进行特别介绍。

在 ABS 中，一般有两个继电器，一个是灰色主电源继电器，另一个是棕色电动泵继电器。主电源继电器通过点火开关供给 ABS 电控单元电能。只要发动机起动 ABS 电控单元就会感知并启动系统自检程序，检查 ABS 是否良好。如果主电源继电器损坏，电控单元就会知道并让 ABS 停止工作（普通制动系统继续工作），直到主电源继电器修复为止。电动泵继电器主要给电动泵接通电源。当点火开关接通后，电流通过压力控制开关（接通状态）使电动泵继电器导通，控制电动泵的触点闭合，蓄电池直接给电动泵供电使其工作。如果电动泵继电器损坏或发生故障，电动泵就不能运行，必然导致整个系统压力下降而无法工作，此时车辆要停止运行，直到将电动泵继电器修复为止。

ABS 电控保护二极管可起到保护电控单元的作用。这个二极管装在主电源继电器和琥珀色 ABS 故障指示灯之间，防止电流由蓄电池的正极通过主电源继电器直接流向电控单元而引起电控单元损坏。

✿ 四、知识与技能拓展——ABS 的使用与维修

1. ABS 的正确使用

首先，要正确认识 ABS。ABS 并不是大家普遍认为的用来增强制动力、缩短制动距离的，相反它甚至还会导致制动距离变长。它的真正作用是在紧急制动时，保证车轮不会完全

抱死。汽车行驶在路上经常会遇到很多轻微的追尾碰撞的事故，就是因为真的有很多驾驶员不知道如何正确地紧急制动。下面，简单介绍一下 ABS 的正确使用方法：

（1）ABS 称为"防抱死"系统而不是"防滑"系统。虽然现代的 ABS 可最大限度地提高制动系统的稳定性，但不能防止车轮在所有的情况下都不发生滑移。在积雪结冰或湿滑的路面上行驶时，汽车稳定性仍是较差的。此时应减慢车速，小心驾驶。

（2）ABS 不能减少驾驶员脚踩制动踏板的时间。因此，超速行驶，特别是在弯道、积水湿滑地方或太靠近前车时，同样存在发生车祸的可能，需尽量避免。

（3）不可采用多踩几脚制动踏板的方法来增加制动力。在普通制动系统中，多踩几脚制动踏板可使更多的制动液流至分泵，增强制动效果。但对装有 ABS 的汽车，只需踩紧制动踏板，汽车就会自动进行制动防抱的工作，而不需人工干预。多踩几脚制动踏板，反而会使 ABS 计算机得不到正确的制动信号，导致制动效果不良。

（4）不可随意增大轮胎的直径，但可以在保持原厂轮胎直径不变的前提下增大轮胎的宽度。因为 ABS 的车速信号是从车轮取得的，如果不按照此规定，就会导致车轮转速的数据不准确，而使得 ABS 判断错误，严重时还会造成事故。

（5）点火开关在"ON"的位置时，仪表板上的"ABS"指示灯会亮。多数汽车在发动机发动后几秒钟会熄灭。在蓄电池电压低于 10 V 时，ABS 恢复正常工作。若 ABS 指示灯亮后一直不再熄灭，表示系统有故障。此时系统仍能保证有一般的制动功能，但无防抱死的能力。应尽快小心驾驶至修理厂检修。

（6）当制动时，汽车会轻微振动且制动踏板也可感觉到脉动，表示 ABS 在正常的作用中。这也提醒驾驶员，车辆正在不良的路面上行驶，应放慢车速。

（7）当 ABS 中还有压力时，不能打开蓄压球阀或松开制动管道。如果要拆卸增压泵、液压管道、制动油罐、总泵或蓄压球阀，一定要先卸压，否则制动油的高油压会造成人身伤害。卸压时，先关闭点火开关，再踩制动踏板 45 ~ 50 次。当压力从系统中释放出来时，制动踏板会感到很紧。另外，在所有的零件和管路装好锁紧前不要打开点火开关。

（8）只能使用原厂规定的制动液。基本上所有的车都可以加 DOT3 制动液。只有少数的车要求加 DOT4，如雪铁龙、劳斯莱斯和保时捷等。几乎所有的车都严禁加以硅酮为主的 DOT5 制动液，它对 ABS 有严重的损害。

2. ABS 维护的注意事项

ABS 是制动系统的一个关键部分，所以在使用过程中要多加注意：

1）ABS 与常规制动系统是不可分割的

常规制动系统一旦出现问题，ABS 就不能正常工作。因此，要将二者视为一个整体进行维修。当制动系统出现故障时，应首先判断是常规制动系统故障还是 ABS 的故障，不能只把注意力集中到传感器、电子控制器和压力调节器上。

2）防止元件损坏

由于 ABS 的控制单元对过电压、静电压非常敏感，为防止元件损坏，应注意以下几点：

（1）在点火开关处于接通（ON）位置时不要拆装系统中的电器元件和线束插头。如要拆装，应先将点火开关关断。

（2）用充电机给汽车上的蓄电池充电时，要从车上拆下蓄电池电缆线后再进行充电，切记不可用充电机起动发动机。

（3）在车上进行电焊时，要戴好静电防护器（也可以用导线一头缠在手腕上，一头缠在车体上），在拔下电控单元连接器后再进行焊接。

3）高温环境容易损坏电控单元

一般电控单元只能在短时间承受 90 ℃温度，或在一定时间（约 2 h）内承受 85 ℃温度。有的要求电控单元受热不能超过 82 ℃。在对汽车进行烤漆作业时，应视情况将电控单元从车上拆下。

4）首先泄压

在很多 ABS 中有高压蓄能器，在对这类制动液压系统进行维修之前，切记首先泄压，使蓄能器中的高压制动液完全释放，以免高压制动液喷出伤人。释放蓄能器中的高压制动液的方法是，先将点火开关关断，然后反复踩、放制动踏板（至少 25 次以上），直到制动踏板变得很硬为止；另外，在制动液压系统没有完全装好之前，不能接通点火开关，以免电动泵通电运转。

5）要求制动液每年更换一次

ABS 推荐使用 DOT3 乙二醇型制动液（有的要求使用 DOT4 型制动液），注意不能选用 DOT5 硅酮型制动液，它对 ABS 有严重损害。DOT3 或 DOT4 制动液吸湿性很强，使用一年后其中含水量会增至 3%（质量分数）。含水分的制动液不仅使沸点降低，制动系统内部产生腐蚀，而且使制动效果明显下降，影响 ABS 的正常工作，因此制动液应及时更换。另外，对制动液要做到及时检查、补充，一般制动液液面过低时 ABS 会自行关闭。在存储和更换制动液时，要注意保持器皿清洁，不要使灰尘、污物进入制动液装置中。

6）维修轮速传感器要十分细心

拆卸时不要碰撞和敲击传感头，也不要用传感器齿环当作撬面；防止上面沾染油污或其他脏物，必要时可涂上一层薄防锈油；传感器间隙有的是不可调的，有的是可调的，调整时应用非磁性塞尺或纸片。

7）排除空气

在对制动系统进行维修后，或者使用过程中感觉制动踏板变软时，应对制动液压系统中的空气进行排除。装备 ABS 的制动系统与常规制动系统的空气排除方法一般都有所不同，且不同形式的 ABS，其放气顺序和程序也可能不同。在进行空气排除时，应按照相应的维护手册所要求的方法和顺序进行，否则浪费工时，且制动系统内的空气放不干净。

8）严格选择轮胎

应尽量选用汽车生产厂商推荐的轮胎，若要换用其他型号的轮胎，应选用与原车所用轮胎的外径、附着性能和转动惯量相近的轮胎，但不能混用不同规格的轮胎，否则会影响 ABS 的控制效果。

9）选用正牌配件

大多数 ABS 中的轮速传感器、电子控制器和压力调节器都是不可修复的，如发生损坏，一般进行整体更换。由于 ABS 都是针对某种车型专门设计的，一般并不通用，所以要求选用本车型高质量的正宗配件，以确保维修质量。

10）制动时注意事项

装备 ABS 的汽车，其制动操作方法和没有装备 ABS 的普通制动系统的方法是一样的。

但在紧急制动时，不要重复地踩放制动踏板，只要把脚持续地踩在制动踏板上，ABS 就会自动进入制动防抱死状态，不需人工干预。多踩几脚制动踏板，反而会使 ABS 的电控单元得不到正确信号，导致制动效果不良。对液压制动系统而言。ABS 工作时制动踏板会有些轻微振动，或听到一点噪声，这些都是正常现象，表明 ABS 正在工作，并非故障。

11）故障警告灯亮说明在 ABS 中有故障

因为某些故障有可能在行驶时才能被识别出，因此必须在修理工作结束后进行试车。在试车时，车速不低于 60 km/h，行驶时间应超过 30 s。

3. ABS 的故障诊断

了解 ABS 各类常见故障的检查内容、检查部位和检查方法，通过观察仪表板上 ABS 故障指示灯的闪烁规律，也可以对 ABS 发生的故障进行粗略的诊断。ABS 一般具有故障自诊断的能力，它实质上是以 ABS 电控单元中标准的正常运行状况为准，将非正常的运行（故障）用某种符号形式记录在存储器中，供人们方便读出以确定故障点。

1）故障代码

ABS 用某种符号记忆故障并将其存入电控单元的存储器中，这种符号通常是阿拉伯数字或英语字母或它们的组合，我们称之为故障代码。故障代码的含义随车型的不同而异，修理技术人员可在维修手册中查寻。不同车型的故障代码形式和内容也会不同。例如，达科（Ⅵ）ABS 的故障码是由字母 A 和数字组成，详尽的故障码内容给其自身的维修带来了很大的方便。

2）故障代码的读取与消除

只知道故障代码的形式和内容不是目的，关键是怎样将故障码读取出来。故障代码的读取一般有以下几种方法：第一种是用专用的扫描仪与 ABS 的故障码读取接口相连，按程序启动，扫描仪的显示器或指示灯会按人的指令有规律地显示故障代码；第二种是按规定连接启动线路，通过汽车仪表板上指示灯或 ABS 故障指示灯闪亮的规律来输出故障码；第三种是车上就带有驾驶员信息系统，即中心计算机系统，维修技术人员可启动自检程序，信息系统上的显示器可按顺序逐步显示不同系统的故障代码。目前世界上各种车型 ABS 故障代码的读取方法均没有超出上述三种方法。

在实际应用中，自诊断方法和快速检查法一般都能迅速准确地判断出故障。而故障指示灯诊断法则是通过观察红色制动故障指示灯和 ABS 指示灯闪亮的规律进行判断的一种简易方法，驾驶员也可通过这种方法对 ABS 发生的故障进行粗略的判断。正常的 ABS 在点火开关打开（ON）时，琥珀色 ABS 故障指示灯应闪亮一下（约 4 s），在发动机发动的瞬间，红色制动灯和琥珀色 ABS 灯应该都亮（手刹在释放位置），一旦发动机运转起来，两个指示灯都应熄灭，否则就说明 ABS 有故障。不同车型的故障指示灯诊断表可在该车型的维修手册中查找。

4. ABS 检修

ABS 检修的基本内容包括故障诊断与检查、故障排除与修理、定期保养与维护。根据 ABS 的特点，具有一些特殊的检查、诊断和修理方法。

特定的诊断与检查可及时发现 ABS 中的故障，对于不同的车型，甚至同一系列不同年代生产的车型，诊断与检查的方法和程序都会有所不同，是维修中非常重要的部分。这一点只要比较相应的维修手册便可知道。但是 ABS 基本诊断与检查方法是不变的，它们一般包括如下 4 个步骤：

（1）初步检查。

（2）故障自诊断。

（3）快速检查。

（4）故障指示灯诊断。

通常情况下，只要按照上述 4 个步骤进行诊断与检查，就会迅速找到 ABS 的故障点。故障自诊断是汽车装用电控单元后给修理人员提供的快速自动故障诊断法，在整个诊断与检查中占有极为重要的地位，在后面将集中介绍自诊断方法。

通过诊断与检查后，一旦准确地判断出 ABS 中的故障部位，就可以进行调整、修复或换件，直到故障被排除为止。

修理的步骤通常如下：

（1）泄去 ABS 中的压力。

（2）对故障部位进行调整、拆卸、修理或换件，最后进行安装。这一切必须按相应的规定进行。

（3）按规定步骤进行放气。

如果是轮速传感器或电控单元有故障，可以不进行步骤（1）和步骤（3），只需按规定进行传感器的调整、更换即可，ABS 电控单元损坏只能更换。

5．ABS 的修理

1）ABS 的泄压

通过对 ABS 的检查，诊断出故障后，就可进行故障排除和修理。由于蓄压器中有很高的压力，因此只要修理到 ABS 中的液压部件就必须对系统泄压，以免高压油喷出伤人。一般 ABS 泄压的方法是将点火开关关闭（OFF 位置），然后反复踏制动踏板，踩踏的次数至少在 25 次以上，当感觉到踏踏板的力明显增加，即感觉不到踏踏板的液压助力时，ABS 泄压完成。有的 ABS 在泄压过程中需踩踏的次数较多，甚至需要 40 次以上。

通常修理以下部件时需要泄压：

（1）液压控制单元中的任何装置。

（2）蓄压器。

（3）电动泵。

（4）电磁阀体。

（5）制动液油箱。

（6）压力警告和控制开关。

（7）后轮分配比例阀和后轮制动分泵。

（8）前轮制动分泵。

（9）高压制动液管路。

2）ABS 电控单元的更换

ABS 电控单元更换一般步骤如下：

（1）将点火开关关闭（OFF 位置）。

（2）拆下电控单元（ECU）上的线束插头，如达科（Ⅵ）ABS 电控单元需拆下三个插头。

（3）拆下固定电控单元的螺钉并将垫圈放好。

（4）将好的电控单元固定，垫圈损坏的要更换新垫圈。

（5）插上所有的线束插头，注意线束不能损坏和腐蚀，插头插上后要接触良好。

（6）按对角线拧紧固定螺钉。

（7）打开点火开关并起动发动机，红色制动灯和 ABS 灯应显示系统的正常状态。

3）轮速传感器的检修与调整

轮速传感器出现故障，不一定说明传感器已损坏，传感器头脏污、传感器的空气隙没有达到要求，都会引起传感器工作不良。这时就可对传感器进行调整，恢复其正常的工作。对绝大多数车辆来说，前轮速度传感器是可调整的，一部分车辆后轮速度传感器也可调整，只有少部分前、后轮速度传感器都不可调。传感器的调整可用纸垫片贴紧传感器头的端面来完成，当车开起来，随着传感器齿圈的旋转，纸垫片就自然消失。如果不用纸垫片，用无导磁性其他材料的垫片也行。如图 3 – 24 所示，以坦孚 ABS 为例，讲解轮速传感器的调整。

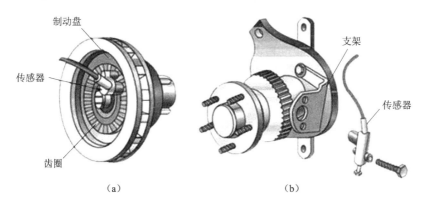

图 3 – 24　轮速传感器

(a) 前轮；(b) 后轮

（1）调整前轮轮速传感器。

① 升举汽车，拆下相应的前轮轮胎和车轮装置，拧松（紧固传感头）螺栓，通过盘式制动器挡泥板孔拆下传感头，建议清除其表面的金属或脏物，并刮传感头端面，在传感头端面粘贴一新纸垫片（做一 "F" 标记表示轮）。

② 纸垫片厚度为 1.3 mm，拧松传感器支架固定衬套的螺栓，旋转衬套，给固定螺栓提供一个新的锁死凹痕面，通过盘式制动挡泥板孔，将传感头装进支架上的衬套，确认纸垫片贴在传感头端面上，并在整个安装中没有掉下来，装复后传感器上连线接触良好。

③ 推动传感头向传感器齿圈顶端移动，直到纸垫片与齿圈接触为止，用 2.4 ~ 4 N·m 的力矩拧紧紧固螺栓，使传感头定位。

④ 重新装好轮胎和车轮，并放下汽车，起动发动机路试，ABS 故障指示灯不亮为系统正常，传感器良好。否则，ABS 仍有故障，须进一步检修。

（2）调整后轮轮速传感器。

① 同前轮轮速传感器调整相同。举升汽车，拆下后轮、制动钳、传动装置及传感头，清洁其表面，在传感头端面贴纸垫片（标注 R），ABS 的纸垫片厚度为 0.65 mm。

② 装复传感头，拧紧固定螺栓，推传感头向传感器齿圈顶端移动，至纸垫片与齿圈接触为止，保持此状态用 2.4 ~ 4 N·m 力矩拧紧，紧固螺栓，使传感头定位。

③ 重新装复制动钳、车轮，放下汽车，最后进行路试。

若发现轮速传感器工作不良，建议应用数字万用表测量其线圈的电阻。电阻大为断路，电阻小为短路，均需要更换传感头。

 小结

（1）ABS 三大元件（轮速传感器、制动压力调节器和电控单元）的结构和工作原理。

（2）正确认识、使用 ABS。它并不是普遍认为的用来增强制动力、缩短制动距离，相反它甚至还会导致制动距离变长。真正作用是在紧急制动时，保证车轮不会完全抱死。

（3）正常行车时，能恰当地使用 ABS，并采取合适的方法对其维护保养。

（4）通过仪表盘上的 ABS 故障指示灯，对 ABS 发生的故障进行粗略的诊断，并正确读取故障码。

（5）ABS 检修的基本内容包括故障诊断与检查、故障排除与修理、定期保养与维护，根据 ABS 的特点，具有一些特殊的检查、诊断和修理方法。

思考与练习

1. 简述 ABS 的三大组成元件结构和工作原理。

2. 如何正确使用 ABS？

3. 怎样才能更加合理地对 ABS 进行维护保养？

4. ABS 故障码的读取方法有哪些？

5. 简述 ABS 检修的基本内容和方法。

学习情境四

汽车驱动防滑及电子稳定控制系统结构及检修

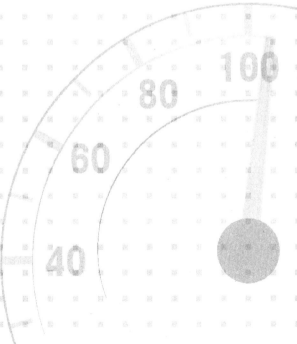

学习任务一

驱动防滑控制系统结构

一、任务目标

(一) 知识目标

(1) 了解驱动防滑控制系统的理论基础。
(2) 了解驱动防滑控制系统基本组成和工作原理。
(3) 掌握驱动防滑控制系统的控制方式。
(4) 掌握驱动防滑控制系统和防抱死制动系统（ABS）的区别。

(二) 能力目标

(1) 能够正确辨识驱动防滑控制系统的组成元件，了解其用途。
(2) 能够正确描述驱动防滑控制系统的工作原理。
(3) 能够正确描述驱动防滑控制系统的控制方式。

二、任务描述

汽车驱动防滑控制系统（ASR）是防抱死制动系统（ABS）的自然扩展，它的作用是维持汽车行驶时的方向稳定性，并尽可能利用车轮与路面间的纵向附着力，提供最大的驱动力。本任务通过学习 ASR，熟悉系统结构和工作原理，能够掌握 ABS 和 ASR 之间的区别。

三、任务实施——ASR 简介

情境导入

客户报修：2012 年的宝马 X5 运动型多功能车，行驶里程约 9 万 km，车型为 E70。该车仪表板信息提示后轮自适应转向系统 ASR 失效。

故障分析与排除：维修人员试车，并没有感觉到转向系统有任何异常。检测转向控制单元，发现故障码 5D60——油位传感器失效。查看储油罐油位，未发现缺油。检查转向系统，发现转向助力油泵表面积存大量油污。清除油垢后，发现液压泵的密封圈脱出。由于故障码提示问题出在后轮，所以重点检查后轮转向机，发现车身底部通向后轮转向机的油管由于托底而被挤瘪。

分析认为，转向助力油泵分为前后两个部分，且是相互独立的。用于后转向机的那一部分，由于油管堵塞使得油压过高，将油泵密封圈顶出。同时，在车辆进行自适应转向过程中，由于后转向机得不到油压，功能异常，所以系统报警。

故障总结：更换油管，试车确认故障排除，说明是油管故障。

（一）ASR 理论基础

汽车驱动防滑控制系统（Acceleration Slip Regulation，ASR），属于汽车主动安全装置，又称驱动力控制系统（Traction Control System，TCS）。简单来说，是为了防止车辆尤其是大马力车在起步、加速时驱动轮打滑现象，以维持车辆行驶方向的稳定性。图 4 – 1 所示即为有无 ASR 的车辆在大转矩快速起步时的区别。

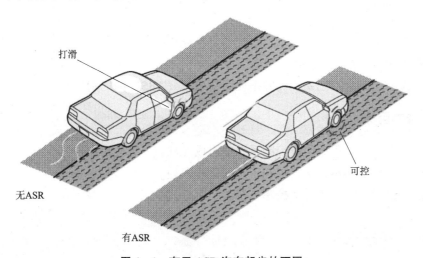

打滑

可控

无ASR

有ASR

图 4 – 1 有无 ASR 汽车起步的不同

汽车在行驶过程中，由于地面附着系数过小或者驱动力过大等因素，驱动车轮可能相对于路面发生滑转。滑转成分在车轮纵向运动中所占的比例称为驱动车轮的滑转率，通常用 S_d 表示，用如下公式表达：

$$S_d = \frac{v_c - v}{v_c}$$

$$v_c = r\omega$$

式中 v_c——车轮圆周速度；

v——车身纵向速度；

r——轮胎的自由滚动半径；

ω——轮胎的角速度。

从式中可以看出，当车轮在路面上纯滚动时，$v_c = 0$，滑转率 $S_d = 0$；当汽车原地不动时，$v = 0$，$v_c \neq 0$，此时汽车处于完全滑转状态，$S_d = 100\%$。当车轮在路面上边滚动边滑转时，$0 < S_d < 100\%$。

与汽车在制动过程中的滑移率相同，在汽车的行驶过程中，汽车纵向附着系数和侧向附着系数对滑转（移）率有很大影响。试验证明，在地面附着条件差（例如，在冰雪路面上起步）的情况下，路面附着力小，使得驱动轮的驱动力减小。因此，当发动机输出功率较小时，驱动轮的驱动力就会达到地面最大附着力，驱动车轮就会出现滑转现象。附着系数与滑转率之间的关系如图 4 - 2 所示。

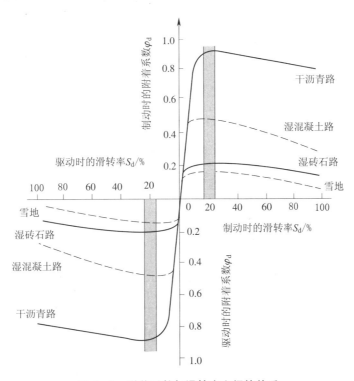

图 4 - 2　附着系数与滑转率之间的关系

从图 4 - 2 中可以看出，当滑转（移）率在 20% 左右时，纵向附着系数达到峰值，此时横向附着系数也比较大；而当滑转率在 100% 时，即车轮完全空转时，纵向附着系数变小，且横向附着系数几乎为零。此时产生的驱动力最低，对于后轮驱动汽车会失去方向稳定性，对于前轮驱动汽车会失去控制能力。为了最大限度地利用附着系数，获得最大的驱动力，得到较好的方向稳定性和转向控制能力，防止驱动时车轮滑转，必须将滑转率控制在 20% 左右。

为了避免汽车起步时驱动轮出现滑转，有经验的驾驶员会尽力使发动机保持低速运转并缓慢松开离合器踏板，以避免作用在驱动车轮上的驱动力过大，防止驱动力超过地面附着力而导致滑转。但再有经验的驾驶员要想在各种情况下做到适时快速地控制以达到防滑转的目的是十分困难的。汽车驱动防滑控制系统的作用，就是在驱动过程中通过控制发动机的输出转矩、差速器的锁紧系数等，控制作用于驱动车轮上的驱动力矩，以及通过调节驱动车轮上的制动压力控制作用于驱动车轮上的制动力矩，最终实现对驱动车轮牵引力矩的控制，从而防止汽车在加速过程中打滑，特别是防止汽车在非对称路面或在转弯时驱动轮的空转，以保持汽车行驶方向的稳定性、操纵性，维持汽车的最佳驱动力以及提高汽车的平顺性。

（二）基本组成及工作原理

由于 ASR 是在 ABS 基础上发展出来的，两者不可分开，所以它们在结构组成方面相互交叉，甚至共用一些装置。如图 4 – 3 所示，ASR 主要由车轮转速传感器、电子控制单元（ECU）、制动压力调节器，以及发动机副节气门（辅助节气门）执行器与 ASR 制动执行器等组成。此外。还增设了 ASR 选择开关（关闭开关）、ASR 关闭指示灯、ASR 警告灯等。ASR 还同发动机与传动系统的集中电控系统建立通信联系，以共同调节驱动轮的滑转率。同样，ASR 也具有故障自诊断功能。

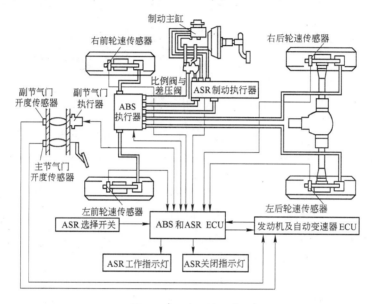

图 4 – 3　ASR 的组成

在 ASR 工作时，车轮轮速传感器将行驶汽车车轮转速转变为电信号，输送给 ECU。ECU 根据车轮轮速传感器信号计算驱动车轮的滑转率，如果滑转率超出了目标范围，ECU 再综合考虑参考节气门开度信号、发动机转速信号等因素确定控制方式，输出控制信号，减小副节气门的开度。此时，即使主节气门的开度不变，发动机的进气量也会因副节气门开度的减小而减少。如果驱动车轮的滑转率仍未降低到设定的控制范围内，ECU 又会控制 ASR 制动执行器（压力调节器）和 ABS 执行器（制动压力调节器），对驱动车轮施加一定的制动压力，则驱动车轮上就会作用一个制动力矩，使驱动车轮的转速降低，从而使该驱动车轮的滑转率降低到设定的控制范围内。具体的控制方式主要有控制发动机的输出功率、控制驱动车轮的制动力矩和控制防滑差速锁等方式。

（三）ASR 的控制方式

ASR 的控制方式可分以下两种：

1. 发动机输出功率控制

发动机输出功率控制是最早应用的驱动防滑转控制方式，即通过控制发动机的输出功率来调节传递到驱动轮上的转矩，从而调节驱动轮的滑转率。可采用的控制方法有：

（1）节气门开度调节，即在发动机原节气门的基础上，串联一个副节气门，由系统的执行机构控制其开度。这种方式工作比较平稳，容易与其他控制方式配合使用。

（2）喷油量的减少或切断控制。

（3）减小点火提前角的控制。

2. 驱动轮制动控制

驱动轮制动控制是在发生滑转的驱动轮上施加制动力矩来控制滑转率。它一般要与调节发动机输出功率的方法结合起来应用，否则，控制过程中制动力矩与发动机输出转矩之间就可能出现平衡现象，而导致无意义的功率消耗。这种控制方式响应最迅速。但为了保证制动过程中的乘坐舒适性，制动力不能升高过快。

（四）ASR 的控制原理

ASR 在驱动控制中，要确定驱动轮的滑转率较为方便和精确。由于非驱动轮近似于自由滚动，根据非驱动轮转速所确定的参考车速就可以认为是实际车速（车身速度），由此通过计算得到的驱动轮的参考滑转率与实际滑转率就比较接近。

图 4-4 所示为 ASR 控制过程实例。ECU 根据非驱动轮的转速传感器送来的转速信号，推算车身速度，以此速度值为基础设定驱动轮的目标控制速度值，并与驱动轮的实际速度（从驱动轮的转速传感器信号得到）做比较，以控制其滑转率在最佳范围内。

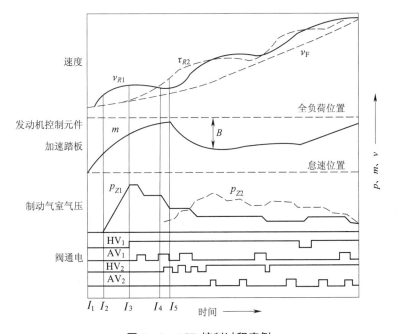

图 4-4　ASR 控制过程实例

在某种湿滑路面上行驶时，驾驶员踩下加速踏板会使主节气门迅速打开，驱动轮会迅速加速旋转。当后轮速度超过其目标控制速度时，ECU 发出指令，ASR 制动执行元件中的三位电磁阀通电开启；ECU 还向操纵发动机副节气门开度的步进电动机输送控制信号。这时要综合进行副节气门开度减小的控制和后轮液压缸的加压、保压、减压控制，以尽快降低后轮速度，使其达到目标控制速度。当控制过程中后轮速度下降得太多，出现后轮速度低于其目标控制速度时，ECU 将控制后轮的 ABS 三位电磁阀处于减压工况，并加大副节气门的开度，增加发动机的功率输出，以使后轮速度尽快恢复至目标控制速度。

在进行发动机输出功率控制时，有些 ABS/ASR 防滑控制系统的 ECU，还同发动机与传动系统中控制系统的 ECU 建立交互式通信联系，利用后者的控制功能减少喷油器的喷油量，减小点火提前角，以减小发动机的功率输出。

ABS/ASR 防滑控制系统的 ECU 通过重复进行以上的这种协调控制，可将驱动轮速度保持在目标控制速度值附近，从而达到驱动轮防滑转目的。

✳ 四、知识与技能拓展——ABS 与 ASR 的区别

（一）ASR 的工作特点

各种 ASR 的具体结构和工作过程不尽相同，但一般都具有以下工作特性：

（1）ASR 在进行防滑控制过程中，如果驾驶员踩下制动踏板进行制动，ASR 将会自动退出防滑控制，而不影响汽车的正常制动。

（2）ASR 通常只在一定车速范围内进行防滑控制，当车速达到一定值以后（如 120 km/h 或 80 km/h），ASR 会自动退出防滑控制。

（3）ASR 可由驾驶员通过 ASR 选择开关对系统是否进入工作状态进行选择。如果通过 ASR 选择开关关闭了 ASR，则 ASR 关闭指示灯会自动点亮。

（4）ASR 处于关闭状态时，发动机副节气门会自动处于全开位置，此时 ASR 的制动执行元件也不会影响制动系统的正常工作。

（5）ASR 具有故障自诊断功能，当发现有影响系统正常工作的故障时，ASR 会自动关闭，并将 ASR 警告灯点亮，向驾驶员报警。

（二）ABS 和 ASR 的异同

ABS 的作用是防止汽车制动过程中车轮抱死打滑，将车轮的滑移率控制在理想滑移率附近范围内，以达到缩短制动距离，提高汽车制动时的方向稳定性和转向操纵性，从而大大提高汽车行驶的安全性。而 ASR 的作用是防止汽车起步、加速过程中驱动轮打滑，特别是防止汽车在非对称路面或转弯时驱动轮空转。下面来简单总结一下 ABS 和 ASR 的不同点：

（1）ABS 与 ASR 都是用来控制车轮相对地面的滑动，以使车轮与地面的附着力达到最大，但 ABS 控制的是汽车制动时所有车轮的"拖滑"，主要是用来提高制动效果和确保制动安全；而 ASR 是控制驱动车轮的"滑转"，用于提高汽车起步、加速以及在光滑路面行驶时的牵引力和确保行驶稳定性。

（2）虽然 ASR 也可以和 ABS 一样，都是通过控制车轮的制动力大小来抑制车轮与地面的滑动，但 ASR 只对驱动车轮实施制动控制。

（3）ABS 是在汽车制动时工作，在车轮出现抱死时起作用，当车速很低时不起作用；而 ASR 则是在汽车行驶过程中工作，在车轮出现滑转时起作用，当车速很高时一般不起作用。

小结

（1）ASR 即驱动防滑控制系统，是 ABS 的扩展，它的作用是维持汽车行驶时的方向稳定性，并尽可能利用车轮与路面间的纵向附着力，提供最大的驱动力。

（2）ASR 由电控单元（ECU）、ASR 传感器（车轮速度传感器）和执行机构组成。其工作原理为：ECU 根据车轮速度传感器信号计算驱动车轮的滑转率，如果滑转率超出了目标范围，ECU 参考节气门各传感器信号，减小副节气门的开度，控制 ASR 制动执行器（压力调节器）和 ABS 执行器（制动压力调节器），对驱动车轮施加一定的制动压力，则驱动车轮上就会作用一个制动力矩，使驱动车轮的转速降低，从而使该驱动车轮的滑转率降低到设定的控制范围内。

（3）ASR 的控制方式可分为：发动机输出功率控制和驱动轮制动控制。

（4）ASR 的控制原理：ECU 发出指令，并接收操纵发动机副节气门开度的步进电动机输送的控制信号，通过控制副节气门开度和车轮液压缸的加压、保压、减压控制，可将驱动轮速度保持在目标控制速度值附近，从而达到驱动轮防滑转目的。

（5）ABS 和 ASR 的异同：ABS 的作用是防止汽车制动过程中车轮抱死打滑，而 ASR 的作用是防止汽车起步、加速过程中驱动轮打滑，特别是防止汽车在非对称路面或转弯时驱动轮空转。

思考与练习

1. ASR 的理论基础是什么？
2. 简述 ASR 的组成和工作原理。
3. ASR 的控制方式有哪些？并做详细说明。
4. ASR 的工作特点是什么？
5. ABS 和 ASR 的区别是什么？

学习任务一　驱动防滑控制系统结构

学习任务二

驱动防滑控制系统检修

❀ 一、任务目标

（一）知识目标

（1）了解驱动防滑控制系统输入装置的结构和工作原理。
（2）掌握驱动防滑控制系统的电子控制单元结构和控制方式。
（3）掌握驱动防滑控制系统的执行机构的工作过程。

（二）能力目标

（1）能够正确辨识驱动防滑控制系统的输入装置和电控单元，并掌握其原理。
（2）能够正确描述驱动防滑控制系统执行机构的工作过程。
（3）能够发现并排除驱动防滑控制系统的一般故障，并做好维护保养。

❀ 二、任务描述

　　汽车驱动防滑控制系统（ASR）和防抱死制动系统（ABS）紧密相连，它主要是通过接收传感器信号、控制液压缸的加压、保压、减压控制，将驱动轮速度保持在目标控制速度值附近，从而达到驱动轮防滑转目的。本任务通过学习 ASR 的检修，熟悉制动防滑系统的控制方法，能够辨识 ASR 的关键组成元件，并能排除其常见故障。

❀ 三、任务实施——ASR 各个组成部分检修

情境导入

　　客户报修：一辆奔驰汽车，其在行驶时仪表板的 ASR 故障警告灯间歇点亮。初期故障并不严重，车辆行驶一段时间后 ASR 故障警告灯才会点亮，关闭并重新起动发动机，ASR 故障警告灯会熄灭。据了解，该车之前检修过，结果 ASR 故障警告灯变成常亮状态。

　　故障分析与排除：首先对 ASR 电控系统进行自诊断，故障码内容为 ASR 控制模块与 E－GAS 控制模块之间的信号中断。对 E－GAS 电控系统进行自诊断，没有故障码，汽修

培训教师怀疑 E-GAS 控制模块不工作，无法输出相关信息。检查线路连接情况，没有发现问题，打开 E-GAS 控制模块，发现里面有个集成块烧坏。

更换 E-GAS 控制模块，起动车辆，仪表板上的 ASR 故障警告灯正常熄灭，路试一段距离，仪表板的 ASR 故障警告灯又亮了。汽车培训教师对 ASR 电控系统进行自诊断，故障码内容为怠速开关线路不良。该车的怠速开关安装在加速踏板下面，经检查发现怠速开关线束插头脱开。插好怠速开关线束插头，试车，ASR 故障警告灯熄灭，故障得以彻底排除。

故障总结：该车故障一开始出在怠速开关触点上，车辆行驶一段距离后，ASR 控制模块没有收到怠速开关信号，ASR 故障警告灯被激活。关闭发动机，重新起动后 ASR 故障警告灯能够熄灭。由于该车曾经修理过，可能是修理人员检测电子节气门的过程中，E-GAS 控制模块烧坏，在起动发动机之后，ASR 控制模块接收不到 E-GAS 控制模块的相关信号，ASR 故障警告灯被激活。

（一）ASR 的输入装置

汽车 ASR 的输入装置主要是指车轮速度传感器和节气门位置传感器。车轮速度传感器与 ABS 共用，而节气门位置传感器则与发动机控制系统共用。

ASR 专用的信号输入装置是 ASR 选择开关，关闭 ASR 选择开关，则可停止 ASR 的作用。例如，在需要将汽车驱动车轮悬空转动来检查汽车传动系统或其他系统故障时，ASR 就可能对驱动车轮施加制动，影响故障的检查。这时，关闭 ASR 开关，使 ASR 退出工作，就可避免这种影响。

（二）电子控制单元

因 ASR 和 ABS 的一些信号输入和处理都是相同的，为减少电子器件的应用数量，使结构紧凑，ASR 控制器与 ABS 电子控制单元通常组合在一起，如图 4-5 所示。电子控制单元（ECU）的主要功能是把各车轮速度传感器信号进行比较、分析和判断，再通过精确计算得出驱动车轮的滑转状况，形成相应的指令，控制制动压力调节装置与副节气门等机构动作，实现对驱动车轮转速的调整，将滑转率控制在最佳范围内，以达到最优驱动效果。例如，当踩下加速踏板后，主节气门迅速开启，驱动轮加速。若驱动车轮滑转，则 ASR 的 ECU 发出如下几种控制指令：

（1）控制滑转车轮的制动力。此信号启动 ASR 制动压力调节器，对滑转车轮施加一个适当的制动力，将车轮的滑动率控制在理想的范围内。

（2）控制发动机输出功率。此信号启动辅助节气门驱动器，使辅助节气门的开度适当改变，以控制发动机的输出功率，抑制驱动车轮的滑转。

发动机输出功率的控制除改变节气门开度外，也可采用另外两种方式：一种是控制信号直接输入发动机电子控制装置，改变燃油喷射量；另一种是控制信号直接输入发动机电子控制装置，改变发动机点火时间。

（3）同时控制发动机输出功率和驱动车轮的制动力。此信号同时启动 ASR 制动压力调节器和辅助节气门开度调节器，在对驱动车轮施加制动力的同时，减小发动机的输出功率，以达到理想的控制效果。

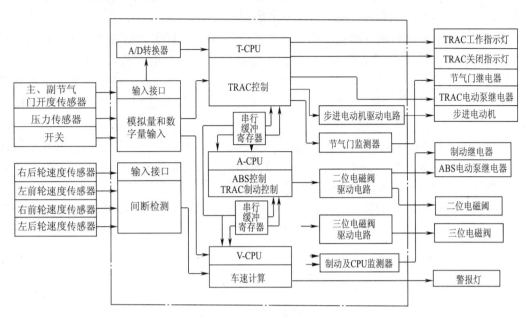

图 4-5 ASR 电子控制器组合框图

目前，绝大多数实际应用的 ASR 都是采用调节发动机输出转矩的方式来控制汽车驱动力矩。而调节发动机的输出转矩，通常是通过控制节气门开度和点火提前角的方式来实现的。因为当代高级轿车的发动机一般都是电子控制，所以可以通过发动机电子控制装置对发动机的点火和供油进行控制，从而来调节发动机的输出转矩。

（三）执行机构

ASR 的执行机构简单来说包括副节气门和制动压力调节装置两部分。

1. 副节气门

ASR 控制系统通过改变发动机副节气门的开度，控制进入发动机气缸的空气量，达到控制发动机输出功率的目的。副节气门驱动装置安装在节气门壳体上，一般是由步进电机和传动机构组成的，如图 4-6 所示。

步进电机根据 ASR 电子控制单元的控制脉冲转动规定的转角，通过传动机构带动辅助节气门转动。在 ASR 不起作用时，辅助节气门在回位弹簧弹力作用下处于全开位置，进入发动机的空气量由驾驶员通过控制主节气门的开度决定。当需要减小发动机的驱动力来控制驱动车轮滑转时，ASR 电子控制单元输出信号，使辅助节气门驱动装置动作，改变辅助节气门的开度，从而达到控制发动机的输出功率，抑制驱动车轮滑转的目的。

2. 制动压力调节装置

与 ABS 一样，ASR 也需要控制驱动车轮与路面之间的运动状态，使轮胎与路面之间的附着系数达到最佳。ASR 制动压力调节器的结构形式有独立式和组合式两种。独立式 ASR 制动压力调节器与 ABS 制动压力调节器在结构上各自分开，而组合式制动压力调节器将 ABS 和 ASR 制动压力调节器组合为一体。两种类型的 ASR 制动压力调节器在结构形式上虽

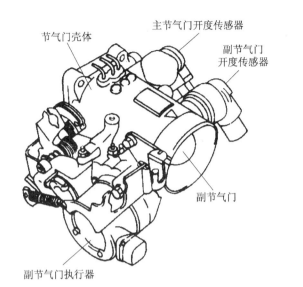

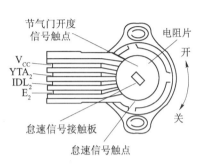

图 4 - 6　副节气门

然有所不同，但其主要部件都是液压泵总成和电磁阀总成。液压泵总成由一个电动机驱动的液压柱塞泵和一个蓄能器组成，如图 4 - 7 所示。其中电动柱塞泵的功能是从制动主缸储液罐中泵出制动液，升压后送到蓄能器。蓄能器的功能是储存高压制动液，并在 ASR 工作时向驱动车轮制动轮缸提供制动液压。蓄能器内油压最大为 7 MPa，只能对滑转的驱动轮进行适量的制动，达不到全制动的程度。

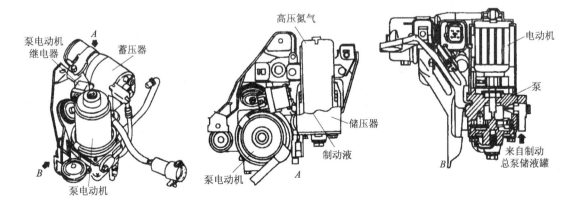

图 4 - 7　ASR 的液压总成

电磁阀总成主要由三个三位三通电磁阀组成，即蓄能器切断电磁阀、制动主缸切断电磁阀、储液罐切断电磁阀以及压力开关等，如图 4 - 8 所示。其中蓄能器切断电磁阀的功能是在 ASR 工作时，将制动液由蓄能器传送到车轮制动轮缸；制动主缸切断电磁阀的功能是当蓄能器中的制动液传送给车轮制动轮缸时，防止制动液流回到制动主缸；储液罐切断电磁阀的功能是在 ASR 工作中将车轮制动轮缸中的制动液传送回制动主缸中；压力开关的作用是调节蓄能器中的压力。

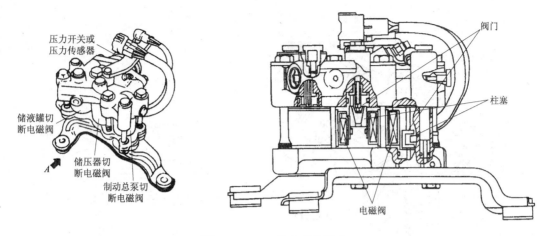

图 4-8　ASR 的电磁阀总成

❋ 四、知识与技能拓展——ASR 故障检修实例

（一）故障描述

一辆沃尔沃汽车，该车在行驶过程中驱动防滑控制系统（ASR）指示灯常亮。用户反映该车前两天曾因发动机不起动故障拖到服务站维修过，但那时 ASR 指示灯并未点亮。

（二）故障诊断

该车的 ASR 是通过调整发动机的进气量控制发动机的输出转矩的，而进气量的调整是依靠改变节气门的开度实现的。同时 ASR 还对发生滑转的驱动轮直接加以制动。这种方式反应时间最短，是防止滑转的最迅速的一种控制方式，对驱动轮进行制动还能起到差速锁的作用。除对滑转的驱动轮施加一定的制动力外，该车还装备了电子差速锁，当车速超过 40 km/h 时，该装置起作用。当左右驱动轮在不同的附着系统路面及弯道上行驶时，能提高汽车稳定行驶的能力。针对该车 ASR 指示灯点亮的情况，应该清楚了解：如果车辆 ASR 发生故障，ASR 指示灯会常亮。正常情况下，打开点火开关时，此指示灯会在点亮约 2 s 后熄灭。车辆行驶过程中，如果 ASR 进入工作状态，指示灯将闪动。在关闭此系统或 ASR 出现故障时，ASR 指示灯将会持续闪亮。

（三）故障排除

先将故障诊断仪连接到自诊断接口上，打开点火开关，检测发现了 1 个故障码，其含义为发动机控制系统存在故障。由于 ASR 的功能依赖于 ABS 控制单元与发动机控制单元及变速器控制电脑之间的数据交换，而它们之间又是通过 CAN 总线彼此进行信息传递，所以这时 ASR 指示灯的故障也被存入了发动机控制单元。

根据故障诊断仪的提示，进入发动机控制系统，果然发现了一个提示发动机第三缸喷油嘴有故障的故障码。此时考虑很可能是线路上的问题导致了发动机电控系统故障码的出现，故决定先对喷油嘴线圈电阻进行测量，当断开第三缸喷油嘴线束插头后，测量喷油嘴电阻时，却未发现阻值异常。但在装复喷油嘴插头准备进行喷油嘴最终元件执行功能时，似乎听到有熔丝被烧毁的声音，而此时发动机也已无法起动。经检查保险盒内的 34 号保险的熔丝已被烧断。看来问题出现在喷油嘴的供电线束内。经检查，第三缸喷油嘴连线的外皮已被汽油管磨破。也正是由于此原因导致喷油嘴供电保险损坏，造成燃油系统不正常供油，发动机不能起动的故障。对第三缸喷油嘴线路损坏进行修复并更换 34 号熔丝后，该车一切恢复正常。

（四）故障总结

发动机第三缸喷油嘴有故障，由于喷油嘴线束磨破，导致线路短路，致使发动机电控系统故障码的出现，进而影响到驱动防滑系统的工作，最终点亮了故障灯。

 小结

（1）ASR 由电控单元（ECU）、ASR 传感器（车轮速度传感器）和执行机构组成，介绍了这三大组件的工作过程和原理。

（2）ASR 故障灯异常点亮时故障的排除和检修步骤。

思考与练习

1. 简述 ASR 的组成和各部分工作过程。
2. 简述 ASR 故障灯异常点亮的排除步骤和方法。

学习任务三

典型驱动防滑控制系统

❋ 一、任务目标

(一) 知识目标

(1) 了解典型驱动防滑控制系统的组成和工作原理。

(2) 掌握丰田 ASR（ABS/TRC）的电子控制单元结构和控制方式。

(3) 掌握丰田 ASR（ABS/TRC）的故障排除步骤和基本方法。

(二) 能力目标

(1) 能够正确辨识典型驱动防滑控制系统的结构。

(2) 能够正确描述丰田 ASR（ABS/TRC）的工作过程。

(3) 能够发现并排除丰田 ASR（ABS/TRC）的一般故障。

❋ 二、任务描述

汽车牵引力控制系统（Traction Control System，TCS）的作用是使汽车在各种行驶状况下都能获得最佳的牵引力。汽车在行驶时，加速需要驱动力，转弯需要侧向力。这两个力都来源于轮胎对地面的摩擦力，但轮胎对地面的摩擦力有一个最大值。在摩擦系数很小的光滑路面上，汽车的驱动力和侧向力都很小。本任务详细介绍了丰田车系 ABS/TRC 的结构，细致讲解其诊断和故障排除过程，让学生能够最大限度地掌握本节内容。

❋ 三、任务实施——认识典型 ASR 各个组成部分

情境导入

客户报修：一辆丰田 RAV4，还没过磨合期，行驶了 1 400 多千米，车主描述：在点火开关拧至"ON"处，VSC、TRC 和侧滑指示灯 3 s 后不熄灭。

故障分析与排除：积水造成短路，用手持计算机检测仪检测，没有出现故障码和异常现象。读取数据流正常，主动测试也正常。仔细观察，点火开关打开 3 s 的自检程序完成后，

故障灯闪一下，多次操作都是这样，判断是故障灯系统发生故障。丰田 RAV4 两个故障灯均由 ECU 控制回路。检查线路有一个插头由于有积水造成短路。

故障总结：由于积水造成插头与插座中积水，将积水及时清除，故障排除。

（一）丰田车系 ASR/TRC 结构图

汽车驱动防滑控制系统又称牵引力控制系统，常用 TRC（Traction Control System）或 ASR 表示。图 4 - 9 为雷克萨斯 LS400 轿车 TRC 系统安装位置示意图。

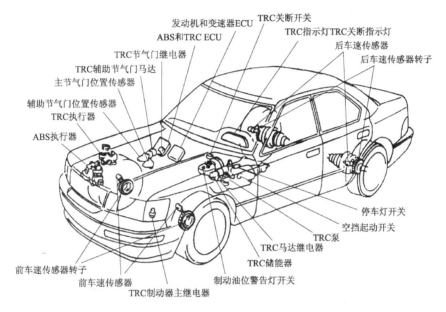

图 4 - 9　雷克萨斯 LS400 轿车 TRC 系统安装位置示意图

图 4 - 10 所示为丰田公司经典 ASR/TRC 工作过程原理图。

（二）副节气门及副节气门位置传感器

副节气门执行器安装在节气门壳体上，它依据从 ECU 传送来的控制信号驱动副节气门转动，从而控制进入发动机的空气量，以达到控制发动机输出功率的目的。副节气门执行器是由永磁体、驱动线圈和旋转轴组成的步进电动机，在旋转轴的末端安装有一个小齿轮（主动齿轮），它能带动安装在副节气门轴一端的凸轮轴齿轮旋转，以此来控制副节气门的开度，其工作情况如图 4 - 11 所示。

副节气门位置传感器结构如图 4 - 11（a）所示，它安装在副节气门轴的一端，其功能是将副节气门开启角度转变成电压信号，并通过发动机与自动变速器的电子控制单元将这些信号送给 ASR/TRC 电子控制单元，如图 4 - 11（b）所示。

（三）液压系统与执行器

1）ASR/TRC 液压系统

TRC 制动压力调节装置与 ABS 制动压力调节装置组成制动液压系统。TRC 制动压力调节装置主要包括制动供能装置和 TRC 电磁阀。

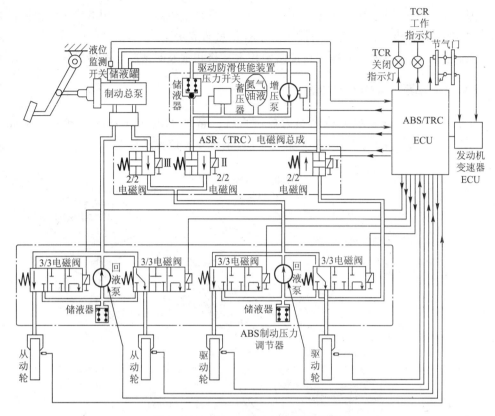

图 4–10   ASR/TRC 工作过程原理图

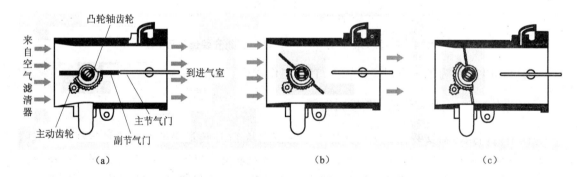

图 4–11   ASR/TRC 副节气门运行情况

（a）不运转，副节气门全开；（b）半运转，副节气门打开 50%；（c）全运转，副节气门全闭

如图 4–10 所示，当 ASR/TRC 电子控制单元判定需要对驱动车轮施加制动力矩时，ECU 就使 TRC 制动压力调节装置中的三个调压电磁阀都通电。制动主缸切断电磁阀将制动主缸到后制动轮缸的制动管路封闭，蓄压器切断电磁阀将蓄能器至 ABS 制动压力调节器的制动管路打开。储液室切断电磁阀将 ASR 制动压力调节装置至储液室的制动管路打开。蓄能器中具有一定压力的制动液就会经过处于开启状态的蓄能器切断电磁阀和调压电磁阀 I 以及电磁阀 II 进入两后制动轮缸，驱动车轮的制动力矩随着制动轮缸制动压力的增大而增大；当 ASR/TRC 的 ECU 判定需要保持两驱动车轮的制动力矩时，ECU 就使 ASR 制动压力调节装置中的两个调压电磁阀 I 和 II 的电路通过较小的电流，使电磁阀 I 和 II 处于中间位置，将

两后制动轮缸进、出液管路都封闭，两后制动轮缸的压力就保持一定；当 ASR/TRC 的 ECU 判定减小两驱动车轮的制动力矩时，使电磁阀Ⅰ和Ⅱ的电磁线圈通过较大的电流，电磁阀Ⅰ 和Ⅱ分别将两后制动轮缸的进液管路封闭，而将两后制动轮缸的出液管路打开，两后制动轮 缸中的制动液就会经电磁阀Ⅰ和Ⅱ、储液器切断电磁阀流回制动主缸储液室，两后制动轮缸 的制动压力就会减小。在 TRC 制动压力调节过程中，ECU 根据车轮转速信号，对驱动车轮 的运转状态进行连续监测，通过控制电磁阀Ⅰ、Ⅱ的通电情况，使后制动轮缸的制动压力循 环往复地进行增压→保持→减压过程，从而将驱动车轮的滑转率控制在设定的理想范围之 内。如果判定需要对两驱动车轮的制动力矩进行不同控制时，就要对电磁阀Ⅰ、Ⅱ分别进行 控制，使两后制动轮缸的制动压力进行各自独立的调节。

当 ASR/TRC 的 ECU 判定无须对驱动车轮实施防滑控制时，ECU 使各个电磁阀断电，各 电磁阀恢复到常态，后制动轮缸中的制动液经电磁阀Ⅰ和Ⅱ、制动主缸切断电磁阀流回制动 主缸，驱动车轮的制动力矩将完全消失，在解除驱动车轮制动的同时，ECU 还控制步进电 机转动而将副节气门完全打开。

2）TRC 液压制动执行器

TRC 制动执行器是由一个能产生液压的泵总成和一个能将液压传送给车轮制动分缸并 能从车轮制动分缸中释放液压的制动执行器组成。左右后轮制动分缸的液压由 ASR 执行器 根据从 ASR/TRC 的 ECU 传送的信号来分别控制。

泵总成由泵电动机和蓄能器两部分组成。制动执行器由蓄能器切断电磁阀、制动总泵切 断电磁阀、储液室切断电磁阀组成。

（四）TRC 系统控制电路及主要装置

丰田公司的 ASR/TRC 控制系统电路如图 4 - 12 所示。主要由 TRC ECU、制动执行器、 继电器和传感器等组成。

（五）TRC 系统工作过程

1）系统自检

接通点火开关，蓄电池电压经点火开关加到 ASR/TRC 电子控制单元的 IG 端子上，系统 开始自检。ASR/TRC 的 ECU 通过 GND 和 E_1 端子搭铁。

若发现故障，ASR/TRC 的 ECU 将故障情况以故障码的形式存储记忆，关闭驱动防滑控 制系统 TRC。由于调压电磁阀继电器始终处于非激励状态，ASR 警报灯有电流通过而持续 点亮。

若系统正常，ASR/TRC 的 ECU 将从 BAT 端子获取电源。

2）系统进入工作状态

制动防抱死系统：ASR/TRC 电子控制单元向 SR 端子提供蓄电池电压，并使 R 端子通 过内部搭铁，调压电磁阀继电器将因励磁线圈中有电流通过而处于激励状态，使 ASR 警报 灯熄灭，蓄电池电压通过调压电磁阀继电器中的闭合触点加在 4 个调压电磁阀电磁线圈的一 端和 ASR/TRC ECU 的 AST 端子上，ASR 处于等待工作状态。

驱动防滑控制系统：TRC 关闭开关断开，使 ASR/TRC ECU 的 CSW 端子短路，TRC 也 处于等待工作状态。ASR/TRC ECU 向 TSR 端子供给蓄电池电压，使 TRC 制动主继电器处于

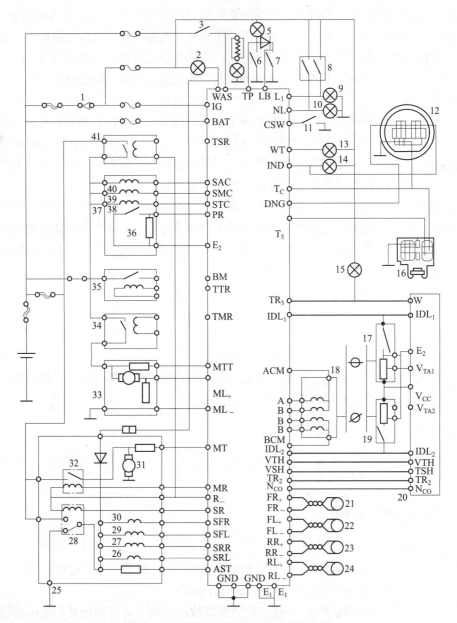

图 4 - 12　丰田 ASR/TRC 控制系统电路

1—点火开关；2—ABS 警告灯；3—制动灯开关；4—制动灯；5—制动警告灯；6—驻车制动开关；7—储液室液位开关；

8—空挡起动开关；9—P 位指示灯；10—N 位指示灯；11—TRC 关闭开关；12—诊断插头Ⅰ；13—TRC 关闭指示灯；

14—TRC 工作指示灯；15—发动机警告灯；16—诊断插头Ⅱ；17—主节气门开度传感器；18—副节气门控制电动机；

19—副节气门开度传感器；20—发动机和变速器电子控制单元；21—右前轮速度传感器；22—左前轮速度传感器；

23—右后轮速度传感器；24—左后轮速度传感器；25—制动压力调节装置；26—左后调压电磁阀；

27—右后调压电磁阀；28—调压电磁阀继电器；29—左前调压电磁阀；30—右前调压电磁阀；

31—电动回液泵；32—电动回液泵继电器；33—TRC 电动供液泵；34—TRC 电动供液泵继电器；

35—副节气门控制步进电机继电器；36—压力开关；37—TRC 隔离电磁阀总成；

38—储液室隔离电磁阀；39—制动主缸隔离电磁阀；

40—储能器隔离电磁阀；41—TRC 制动主继电器

激励状态，蓄电池电压通过 TRC 制动主继电器中的触点加在 3 个切断电磁阀电磁线圈的一端。当 TRC 中的压力开关因蓄能器中的制动液压力不足而闭合时，ASR/TRC ECU 的 PP 端子将与 E_2 端子具有相同的电压，ASR/TRC 是子控制单元，由此判定需要向 TMR 端子供电，激励 TRC 电动供油泵继电器，使泵运转。电动供油泵继电器激励期间有电压加在 MTT 端子上，ASR/TRC ECU 由此监测电动供油泵继电器的工作状态。ASR/TRC ECU 还供给 WT 端子和 IND 端子电压，使 TRC 关闭指示灯和 TRC 工作指示灯熄灭。

车轮速度传感器分别通过 RL$_-$ 和 RL$_+$、RR$_-$ 和 RR$_+$、FL$_-$ 和 FL$_+$、FR$_-$ 和 FR$_+$ 4 对端子向 ASR/TRC ECU 输入各车轮的转速信号。

主副节气门位置传感器通过发动机/自动变速器 ECU 的 VTA$_1$、Vcc 和 VTA$_2$ 端子，再经过 VSH、VTH、IDL$_2$ 和 IDL$_1$ 等端子向 ASR/TRC ECU 输入主、副节气门开度及怠速状态等信号。

发动机控制系统出现故障时，点亮发动机故障警报灯，ABS/TRC ECU TR$_5$ 端子搭铁，停止驱动防滑控制。

ASR/TRC ECU 通过监测 PKB 和 LB、L$_1$ 的输入电压对驻车制动开关和液位开关的状态进行判定。

ASR/TRC ECU 通过监测 PL 和 NL 端子的输入电压对变速器所处挡位进行判定。

正常制动时 TRC 不起作用，制动灯开关闭合，蓄电池电压通过制动灯开关从 SPT 端子输入 ABS/TRC ECU，并由此判定汽车进入制动过程。TRC 制动执行器的所有电磁阀均断开。ASR/TRC ECU 根据各车轮速度传感器输入的信号对各车轮状态进行监测，并通过分别控制 ABS 执行器的三位电磁阀 SRL、SRR、SFL、SRF 4 个端子的搭铁电阻值，控制 ASR/TRC 执行器中各调压电磁阀的通过电流，使各相应制动轮缸的制动压力增大、保持或减小。同时，ASR/TRC ECU 向 MR 端子提供电压，驱动电动回油泵运行，ABS/TRC ECU 根据其 MT 端子的电压值判定电动回油泵的工作状态。当放松制动踏板时，制动液从车轮制动分泵中流回制动总泵。

如果汽车后轮在加速过程中滑转，ASR/TRC ECU 就会向端子 TTR 提供电压，使副节气门步进电机处于激励状态，将蓄电池电压通过 BM 端子经过 ASR/TRC ECU 内部供给 ACM 端子和 BCM 端子，ASR/TRC ECU 通过控制副节气门步进电机 A$_+$、A$_-$、B$_+$、B$_-$ 端子减小发动机输出功率，若需制动系统介入时，使 TRC 执行器中所有电磁阀都在 ECU 传来的控制信号作用下全部接通。同时，ASR 执行器中的三位电磁阀处于"压力升高"状态。制动总泵切断电磁阀被接通（关状态），蓄能器切断电磁器也被接通（开状态）。使得蓄能器中被加压的制动液通过蓄能器切断电磁阀和 ASR 执行器中的三位电磁阀，对车轮制动分泵产生作用。当压力开关检测到蓄能器中压力下降（不管 TRC 工作与否）时，ECU 驱动 TRC 泵电动机工作，提高蓄能器压力。当后轮制动分泵中的液压升高或降低到规定值时，ASR 执行器中的三位电磁阀进入"压力保持"状态，防止蓄能器中压力的逸出，保持了车轮制动分泵中的制动压力。当需要降低后轮制动分泵中的液压时，ASR/TRC ECU 就将 ASR 执行器中的三位电磁阀置于"压力降低"状态，使车轮制动分泵中的制动液通过 ASR 执行器的三位电磁阀和储液罐切断电磁阀流回制动总泵的储液罐中。其结果是制动液压降低，同时 ASR 执行器中的泵电动机处于停止工作状态。

闭合 TRC 开关，ASR/TRC ECU 判定其 CSW 端子搭铁，就不再向端子 TSR、TFR 和

TMR 供给电压,使 TRC 制动主继电器、副节气门控制步进电机继电器和 TRC 电动供油泵继电器都处于非激励状态,系统退出防滑控制。TRC 关闭指示灯因 ASR/TRC ECU 的 WT 端子通过内部搭铁而点亮。

通过对汽车驱动防滑控制系统理论知识的学习,根据故障车辆具体现象确定诊断、维修的实施步骤。

✳ 四、知识与技能拓展——奔驰汽车的 ABR 新技术

现代汽车制动器的发展起源于原始的机械控制装置,最原始的制动控制只是驾驶员操纵一组简单的机械装置向制动器施加作用力。随着科学技术及汽车工业的发展,尤其是军用车辆及军用技术的发展,车辆制动有了新的突破,液压制动是继机械制动后的又一重大革新。20 世纪 50 年代,液压助力制动器开始广泛应用,如今已成为最成熟最经济的制动技术,并应用在当前绝大多数乘用车上。随着电子控制技术的发展和其在汽车上的使用,汽车制动电子控制得到了飞速的发展,在经历了 ABS、ASR、ESP、BAS 辅助制动后,德国大陆汽车公司与梅赛德斯-奔驰共同开发出自适应制动系统(ABR),目前奔驰公司已在大量车型上进行应用,其中包括国产 E 级、C 级车,这种系统成为提高汽车驾驶安全性的一个新的里程碑。

ABR 不仅具有液压制动系统的优点,还增加了新的电液功能,除常见的 ESP 增强版 ABS、ASR、BAS、EBV 和 ETS 以及车速感应式助力转向系统(PML)这些基本制动功能外,ABR 还包括很多有益的制动辅助功能、驾驶辅助功能和与其他系统通信的接口。

1. 制动器干燥功能

当雨量传感器检测到风挡玻璃有雨滴,并且雨刮器启用,而且车辆处在行驶状态,ABR 就会判定车辆处于雨中行驶,其会使前轮定期施加几秒钟低于 0.1 MPa 的制动压力,来去除制动块与制动盘之间的水膜,从而使制动器保持干燥,缩短制动距离。

2. 预加压功能

在车辆行驶过程中,当加速踏板位置传感器检测到驾驶员突然将脚从加速踏板上移开,该信号就会经过发动机 ECU 发送给 ABR 电控单元,ABR 撞制单元就会使高压/回流泵工作,使每个车轮制动器中的液压升高至 0.2 MPa,以便缩小制动块与制动盘之间的间隙,随后驾驶员踩下制动踏板,实际上在此之前制动块已经与制动盘接触,缩短制动器响应时间,从而减小制动距离。如果驾驶员没有踩制动踏板,该功能随后终止,制动压力下降,制动块回到制动初始位置。

3. 间隙功能

在车辆行驶过程中,当车辆横向加速度传感器、轮速传感器和方向盘转角检测到车辆处于高速转弯时,如果其超过高速转弯的界限,将使每个车轮制动器中的液压升高至 0.2 MPa,使制动块与制动盘之间的间隙缩小。若随后驾驶员踩下制动踏板,其可以缩短制动器的响应时间,从而缩短制动距离。一旦高速转弯结束,制动力下降,制动块回到静止位置。

4. 自适应制动灯

在车辆行驶过程中，驾驶员对汽车进行制动，传统制动灯亮，后方驾驶员只能知道前方车辆正在制动，但很难判断前方车辆是轻轻制动还是紧急制动，所以后车驾驶员必须根据前方车辆的速度和交通状况进行判断，这会增加后车驾驶员紧急制动下的反应时间，从而增加追尾风险，自适应制动灯是 ABR 的额外功能。当车速超过 50 km/h，且制动减速度超过 7.5 km/h 时，自适应制动灯的发光二极管会以非常显眼的 5.5 Hz 的频率闪烁，以警告后方车辆在进行紧急制动，缩短后车驾驶员的反应时间。随着车速的降低，车辆停止，制动灯保持常亮。若制动前车速超过 70 km/h，当车辆停止时，危险警告灯亮，当车辆再次起步且车速超过 10 km/h 时，危险警告灯熄灭。

此外，ABR 还有防溜车功能、牵引车和挂车稳定功能、轮胎压力监测功能和坡道起步辅助功能。防溜车功能可以帮助驾驶员在等候交通指示灯、挪车及起步时，防止车辆溜车。牵引车和挂车稳定功能能够通过抑制车辆可能出现的任何蛇形运动来使挂车保持稳定。轮胎压力监测功能能够监测任何轮胎气压的明显降低，并提醒驾驶员。

 小结

(1) 汽车牵引力控制系统（Traction Control System，TCS）的作用是使汽车在各种行驶状况下都能获得最佳的牵引力。

(2) 丰田雷克萨斯 LS400 轿车 TRC 系统在车上的安装及其工作过程、原理等。

(3) TRC 系统的工作过程及其自诊断。

(4) 奔驰公司的 ABR 具有制动器干燥、预加压功能、间隙功能和自适应制动灯功能。除此之外，ABR 还具有防溜车功能、牵引车和挂车稳定功能、轮胎压力监测功能和坡道起步辅助功能。

思考与练习

1. 简述经典 ABS/TRC 的组成和作用。

2. 简述雷克萨斯 LS400 轿车 ABS/TRC 的安装、工作过程和原理。

3. 简述奔驰 ABR 的功能。

学习任务三 典型驱动防滑控制系统

学习任务四

汽车电子稳定控制系统检修

❀ 一、任务目标

（一）知识目标

（1）了解汽车电子稳定控制系统理论基础。
（2）掌握汽车电子稳定控制系统的组成和工作原理。
（3）掌握奥迪汽车电子稳定控制系统的故障特点、排除步骤和基本方法。

（二）能力目标

（1）能够正确理解电子稳定控制系统理论基础。
（2）能够正确辨识电子稳定控制系统的组成元件。
（3）能够正确描述电子稳定控制系统的工作过程。
（4）能够对电子稳定控制系统的基本故障进行诊断和排除。

❀ 二、任务描述

汽车电子稳定系统（Electronic Stability Program，ESP），是博世公司的专利。ESP 是一种牵引力控制系统，与其他牵引力控制系统比较，ESP 不但可控制驱动轮，而且可控制从动轮。如后轮驱动汽车常出现转向过多情况，此时后轮失控而甩尾，ESP 便会刹慢外侧的前轮来稳定车子；在转向过少时，为了校正循迹方向，ESP 则会刹慢内后轮，从而校正行驶方向。本任务通过学习 ESP 的检修，熟悉其结构、原理和控制方法，能够辨识 ESP 的关键组成元件，并能排除其常见故障。

❀ 三、任务实施——认识汽车 ESP 各个组成部分

情境导入

客户报修：一辆装备 ESP 的帕萨特 V6 2.8L 乘用车行驶里程为 53 000 km 左右。当车辆在市区频繁踩刹车行驶一段时间后，ABS 警告灯与 ESP 警告灯同时报警。据车主反映，一

个月前曾在地区级维修站更换了制动压力传感器 G201，之后还存在上述故障，接着又更换 ABS 泵、刹车灯开关，当时试车正常，但行驶 10 min 后 ABS 与 ESP 警告灯又报警。

故障分析与排除：拔下 G201 插头，打开点火开关测量 1 号与 3 号脚的供电电压在 4.2 V 左右；测量 2 号脚（信号线），其电压随着制动力大小变化，证明压力传感器是正常的；再次测量线路 G201 至计算机的插脚是否通断与正极、负极是否短路，也都正常。

G201 压力传感器已经更换多次，但没有排除故障。制动压力传感器 G201 的作用是将制动回路内的当前压力信息发送给控制单元，控制单元由此计算出车轮制动力及作用于车辆上的纵向力，如果需要 ESP 进行干预，控制单元便会利用此数值计算侧向力。没有当前制动压力值时，系统无法正确计算出侧向力的大小，ESP 功能失灵。从上述分析来看，G201 产生的是一个制动力反馈信号，而且导线测量是正常的，又没有显示线路故障码，因此肯定是一个由其他零件引起的故障。

将刹车灯开关拆下，把刹车灯开关顶端拉出，刹车踏板不能动，直接安装刹车灯开关（旋转 60° 左右），再次测量时一切符合要求，装复 ABS 泵插头，进行匹配（注：因带有 ESP 的插头拔下，打开点火开关，ABS 泵的编码将变为 00000）。连接计算机，打开点火开关进入 ABS，在进行设定前，车辆方向盘必须在直线行驶位置进入 11，输入 09597 后进入 07，编码输入 04297 后再进入 11，输入 40168 后进入 04，选择 001 进行匹配，匹配成功后，会显示 OK 字样，装复后进行试车，故障没有出现，问题排除。

故障总结：仅仅通过一个小小的调整，就使 ESP 的故障得以排除。在检修汽车电子系统的过程中，只有真正掌握系统的原理后，才能明白每个传感器的作用，这样才能快速查找故障原因。

（一）ESP 的发展及基本理论知识

在汽车高速行驶过程中，因外界干扰，如行人、车辆、坠落物等突然出现的障碍物，驾驶员采取一些紧急避让措施，使汽车进入不稳定行驶状态，即出现偏离预定行驶路线或翻转趋势等危险状态。1997 年，奔驰公司面向新闻界对其公司生产的集成有大量高新技术的 A 级微轿车进行蛇形行驶路线测试时，当车速超过 80 km/h 后，轿车出现了危险的侧翻现象，外侧车轮明显离开了路面，严重危害着轿车的行驶稳定性和安全性。据统计，25% 导致严重人员伤亡的交通事故是由侧滑引起的，而 60% 的致命交通事故是因侧面撞击引起的，其主要原因是车辆发生了侧滑。

1. ESP 的发展历程

汽车安全性能的提升是汽车业界不断的追求，秉承这一理念，ABS 在经过普及阶段以后，目前已进入了产品升级阶段。业界的一致共识是 ABS 将向 ESP 演化。1998 年 2 月，梅赛德斯 – 奔驰公司首次在其 A 级微型轿车中成批地安装该电控车辆稳定行驶系统，拉开了 ESP 发展史的帷幕，市场上 ESP 已在拓展自己的领地。ESP 作为汽车主动安全性技术发展的一个巨大突破，能够降低车辆侧滑的危险，从而减少事故的发生，显著减少因外界各种恶劣路况及驾驶员失误等造成的重大损失，极大地改善了汽车的动态行驶安全性。目前主要有博世、德国大陆、日本电装、ADVICS、韩国万都、美国德尔福等少数几家公司生产 ESP，其中博世占了较大份额。从博世 1995 年推出 ESP 到 2006 年年初，博世累计销售了 2 000 万套

ESP。ESP 的装配率因各个国家而异。根据博世的统计，2005 年德国新车 ESP 装配率约为 72％，西欧的平均新车装配率约为 44％，在高档车上，ESP 已经成了标准配置，中档车 ESP 的装配率也迅速提高，在紧凑型车上装配率稍低。在日本和北美，这个数字稍低，北美约为 21％，日本约为 15％，近年来 ESP 装配率显著上升。而目前在中国，ESP 装配率更低，约为 3％，但是可喜的变化正在显现，以往通常只在高档车上才装配 ESP，如今东风雪铁龙的凯旋、一汽大众的速腾轿车和上海通用的君越轿车都装配了 ESP。随着人们对车辆安全性要求的日益提高，ESP 将逐渐成为车辆的标准配备。

2. ESP 的功能

ESP 是汽车电子稳定程序（Electronic Stability Program）的简写，即车辆电子稳定性控制系统。虽然不同的车型，往往赋予其不同的名称，如 BMW 称其为 DSC，丰田凌志称其为 VSC，而沃尔沃称其为 DSTC，但其原理和功能基本相同。ESP 是在 ABS 和 ASR 的基础上发展而成的车辆辅助控制系统，它不仅集成了 ABS 和 ASR 的基本功能，而且更是一种智能的主动安全系统，它通过高度灵敏的传感器时刻监测车辆的行驶状态，并通过计算分析，能够在几毫秒的时间内，判定车辆行驶方向是否偏离驾驶员的操作意图，识别出危险情况，并提前裁决出可行的干预措施，使车辆恢复到稳定行驶状态。比如，高速行驶的车辆遇到前方突然出现的障碍物，很可能会进入不稳定的行驶状态，而出现偏离预定行驶路线或翻转趋势等危险。ESP 系统通过智能化的电子控制方案，让汽车传动或制动系统产生所期望的准确响应，从而及时恰当地消除这些不稳定行驶趋势，使汽车保持在所期望的行驶路线上。带 ESP 与不带 ESP 的轿车在地面附着力不同的路面行驶情况对比如图 4 - 13 所示。

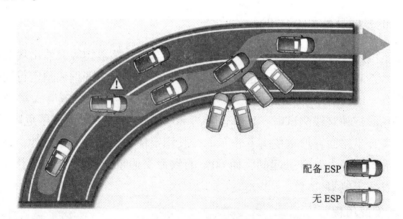

配备 ESP

无 ESP

图 4 - 13　有无 ESP 行驶时的区别

3. ESP 的特点

ESP 是一项综合控制技术，整合了多项电子制动技术，通过对制动系统、发动机管理系统和自动变速器施加控制来防止车辆滑移，装备 ESP，则同时具有 ABS、EDS、ASR 功能，当 ESP 出现故障而不能正常工作时，ABS 和 ASR 能正常工作，以保证汽车正常行驶和制动。但 ESP 的功能不单是 ABS、EDS 和 ASR 三者功能之和，甚至可以说 ESP 的功能是上述三者功能的平方。

1）实时监控

ESP能够实时监控驾驶员的操控动作、路面反应、汽车运动状态，并不断向发动机和制动系统发出指令。

2）主动干预

ABS等安全技术主要是对驾驶员的动作起干预作用，但不能调控发动机。ESP则可以通过主动调控发动机的转速，并调整每个车轮的驱动力和制动力，来修正汽车的过度转向和转向不足。

3）事先提醒

当驾驶员操作不当或路面异常而致使车轮出现滑转时，ESP会用警告灯警示并提示驾驶员不要猛踩加速踏板，控制好方向盘的操作，以确保行车安全。

4. ESP的优点

（1）扩大了汽车行驶稳定性范围。在汽车的各种行驶状况下，如全制动、部分制动、车轮空转、加速、滑行和负载变化，仍可保持汽车在既定车道上行驶。

（2）扩大了汽车在极端情况下的行驶稳定性。如在恐惧和惊恐时要求特别的转向技巧，ESP降低了汽车横甩的危险。

（3）在各种路况下，通过ABS、ASR和控制发动机输出功率提高操纵稳定性，还可进一步利用轮胎与路面间的附着潜力，缩短制动距离，提高牵引力，改善汽车的操控性和行驶稳定性。

（二）ESP的结构组成及基本工作原理

1. ESP的结构组成

如图4 – 14所示，ESP主要由控制总成及转角传感器（监测方向盘的转向角度）、轮速传感器（监测各个车轮的速度转动）、侧滑传感器（监测车体绕纵轴线转动的状态）、横向加速度传感器（监测汽车转弯时的离心力）等组成。控制单元通过这些传感器的信号对车辆的运行状态进行判断，进而发出控制指令。

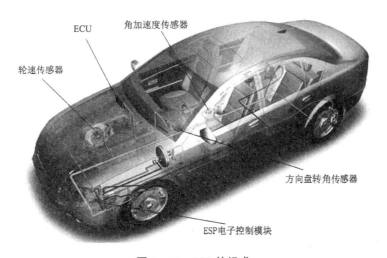

图4 – 14　ESP的组成

因为 ESP 是在原有的防抱死制动系统（ABS）和驱动防滑控制系统（ASR）的基础上发展起来的，所以 ESP 的大部分控制部件都可与 ABS 和 ASR 共用。为了实现防止车轮侧滑功能，ESP 在 ABS 和 ASR 基础上，传感器部分需要增设用于检测汽车状态的横摆率传感器、方向盘转角（转向角）传感器、横向加速度传感器以及检测制动主缸（总泵）压力的制动液压力传感器。ECU 需要增强运算能力，增加相应的信号处理电路、驱动放大电路和软件程序等，ESP 的 ECU 一般与 ABS、ASR 的 ECU 组合为一体，称为 ABS/ASR/ESP ECU。执行器部分既可像 ABS 或 ASR 那样单独设置压力调节器和发动机输出功率调节器（副节气门），也可以对液压通道进行适当改进，直接利用 ABS 和 ASR 已有的调节装置对制动力和发动机输出功率进行调节。除此之外，还需要设置 ESP 故障指示灯、ESP 蜂鸣器等指示报警装置。

1）ECU

ECU 是 ESP 系统的控制核心，与液压调节器集成在一起组成一个总成。ECU 持续监测并判断的输入信号有：蓄电池电压、车轮转速、方向盘转角、横向偏摆率、点火开关、停车灯开关等信号。对输入的信号进行分析判断处理，为确保高可靠性，采用冗余控制，用两个相同的处理器同时处理信号，并相互比较监控，向液压调节器等执行机构发出指令。接通点火开关后，系统进入自检，连续监控所有电气连接，并周期性检查电磁阀的功能。若 ECU 出现故障，则退出工作，进入失效保护状态，但常规制动系统仍可正常工作。

2）车轮速度传感器

车轮速度传感器多为磁电式，安装于 4 个车轮的轮毂上，ESP 与 ABS/ASR 系统共用车轮速度传感器，获得车轮速度信号。如无此信号，则 ABS、ASR、ESP 均将退出工作，并点亮警报灯。

3）方向盘转角传感器

方向盘转角传感器位于方向盘下面，一般与安全气囊的线圈做在一起，用来探测驾驶员欲操控汽车的方向，如图 4-15 所示。原则上，各种角度传感器都可以用于检测方向盘转角，但常用的角度传感器测量范围不超过 360°，而轿车方向盘的转角范围为 ±720°，总的转动量为 4 圈。

4）纵向和横向加速度传感器

ESP 中的加速度传感器有沿汽车前进方向的纵向加速度传感器和垂直于汽车前进方向的横向加速度传感器，其基本原理相同，只是成 90°夹角，安装在汽车质心附近地板下方的中间位置，用来测量汽车纵向和横向的加速度，判定汽车的运动状态。如无此信号，ESP 的 ECU 就无法获得汽车实际运动状态，系统就退出工作并点亮警报灯。

在 ESP 中使用最为广泛的是霍尔式加速度

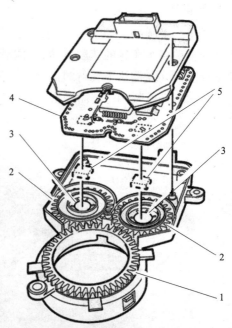

图 4-15　方向盘转角传感器

1—齿轮；2—测量齿轮；3—磁铁；4—判断电路；
5—各向异性磁阻（AMR）集成电路

传感器。在霍尔式加速度传感器中使用"弹性"固定的弹簧 – 质量系统。

霍尔式加速度传感器有一个竖放的带状弹簧,一端夹紧,另一端固定着永久磁铁,以作为振动质量块。在永久磁铁上面是带有信号处理集成电路的霍尔元件,在下面是一块铜阻尼板。

如果传感器感受到横向加速度 a,则传感器中的质量块(即永久磁铁)就会挠曲带状弹簧一端偏离开它的静止位置,偏离程度与加速度大小有关。运动的质量块改变作用在霍尔元件上的磁场强度,从而使霍尔元件产生出霍尔电压。经传感器中的信号处理电路处理后输出与加速度呈线性关系的信号电压。

5)横摆率传感器

横摆率传感器用来检测汽车绕垂直轴线摆动的角度值(侧滑量),即车辆后部因侧滑引起的甩尾,安装于汽车后备厢的前部,与汽车的垂直旋转轴线一致。横摆率的大小代表汽车的稳定程度,如果横摆率达到一个阈值,说明汽车发生侧滑或者甩尾的危险工况,则触发 ESP 控制。横摆率传感器如图 4 – 16 所示,多为霍尔式,灵敏度极高,没有横摆时(侧滑),霍尔电压为常数,当汽车绕垂直方向轴线偏转时,永久磁铁左右运动,引起霍尔电压的变化,电压值与横摆率的大小呈线性关系。若无此信号,计算机无法了解汽车是否发生横向摆动,ESP 退出工作并点亮警报灯。

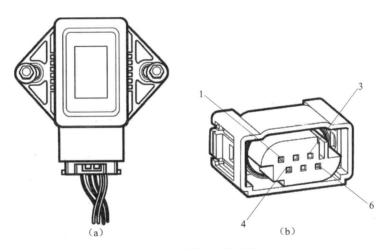

图 4 – 16   横摆率传感器

(a)横摆率传感器;(b)横摆率传感器插头端子

6)制动压力传感器

制动压力传感器多为压电元件,安装于制动管路上,用来检测操控时制动油压的高低。ECU 据此计算出制动力的大小,以便推算出克服侧向力的操控值,对汽车不正常行驶进行调节。如无此信号,ESP 即不工作而点亮警报灯。

此外还有制动开关信号和 ESP 开关信号等传感器。

2. ESP 的基本工作原理

ESP 的基本工作原理是利用汽车上的制动系统使汽车能"转向"。在允许的物理极限范围内,ESP 通过控制车轮制动器工作,使汽车在各种行驶状况下都能在车道内保持稳定行驶。当汽车处在非常极端的操控状态时,如高速躲闪障碍物的情况下,ESP 会在极短的时间内收集包括 ABS、ASR 等系统的庞大数据,并接收方向盘转向角度、车速、横向加速度以及车身状态等信息，再与 ECU 中存储的目标值相比较，控制 ABS、ASR 等有关系统做出适当应变动作，从而使汽车按照驾驶员的意愿方向行驶。这时，即使驾驶员不断改变行驶路径，ECU 也能持续运算，并通过对个别车轮增加或降低制动力的方式维持车身动态平衡。ESP 根据转向角速度、侧向力和车轮速度差异等信号，来判断汽车失去控制的时刻。不管驾驶员如何操作，通过对单个车轮施加制动和控制发动机的输出功率，来保持车辆的稳定性。

汽车的不平稳行驶状态来自两个方面：一是路面附着力变化异常，二是操控不当。相应产生两种不平稳现象：一是实际转向不足或过度，二是出现侧滑。

1）ESP 抑制车辆转向不足

ESP 抑制车辆转向不足的工作原理如图 4 – 17 所示。当方向盘转角传感器向 ESP 控制单元发送一个驾驶员想要朝方向"A"转向的信号，偏角传感器检测到车辆开始向方向"B"打转，同时车辆前端开始向方向"C"滑移，说明车辆出现转向不足，ESP 控制器将实行主动制动干预。ESP 主要对曲线内侧后轮进行制动，此刻，相当于以内侧后轮为圆心，辅助车辆转弯，抵消转向不足的作用，这样，汽车就朝方向"A"转向，即朝驾驶员想要的方向转向。

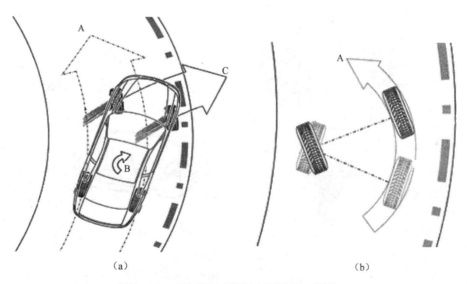

图 4 – 17　ESP 抑制车辆转向不足的工作原理
（a）转向不足示意图；（b）抑制转向不足示意图

2）ESP 抑制车辆转向过度

ESP 抑制车辆转向过度的工作原理如图 4 – 18 所示，当方向盘转角传感器向 ESP 控制单元发送一个驾驶员想要朝方向"A"转向的信号，偏角传感器检测到车辆开始向方向"B"打转，同时车辆后端开始向方向"C"滑移。说明车辆开始转向过度，ESP 控制器将实行主动制动干预。ESP 主要是对曲线外侧的前轮进行制动，此刻，相当于以外侧前轮为圆心，阻止车辆转弯，抵消转向过度的作用，这样一来，汽车就朝方向"A"转向，即朝向驾驶员想要的方向转向。

具体实例如下：装有 ESP 的车辆在试图躲避突然出现的障碍物时，ESP 根据传感器传出来的数据判断不稳定状态，并计算出应对措施，行驶状态控制如图 4 – 19 所示。

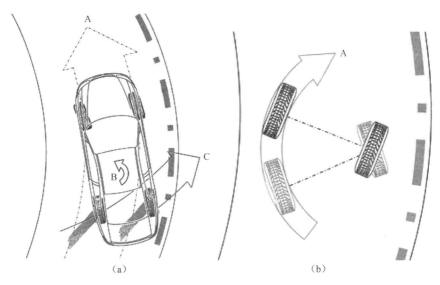

图 4 – 18　ESP 抑制车辆转向过度的工作过程

(a) 过度转向示意图；(b) 克服转向过度示意图

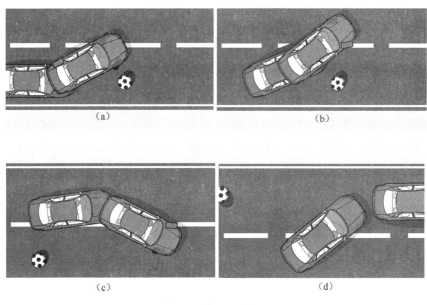

图 4 – 19　装有 ESP 车辆行驶状态控制示意图

第一阶段：

如图 4 – 19 (a) 所示：发现突然出现的障碍物，一边制动一边向左打方向，此时车轮具有不足转向特性；ESP 工作，左后轮收到控制，前轮保留侧向力，有效保证车辆转向。

第二阶段：

如图 4 – 19 (b) 所示：绕过障碍物后，向右打方向，此时车轮具有不足转向特性；右前轮受到控制，保证后轴最佳侧向力，后轴车轮自由转动。

第三阶段：

如图 4 – 19 (c) 所示：等车辆快回到原来行驶道路后，再向左打方向，由于惯性，车辆具有过度转向特性；ESP 控制左前轮，为防止车辆甩尾，左前轮将强烈制动。

第四阶段：

如图 4-19（d）所示：当车辆基本回正时，不稳定行驶状态被校正后，ESP 结束工作。ESP 的控制调整过程可以简单总结为表 4-1。

表 4-1 ESP 控制过程

工作过程	车辆转向	行驶状态	受制动车轮	目的
第一阶段	制动/向左	不足转向	左后轮	前轮保留侧向力，有效保证车辆的转向
第二阶段	向右	不足转向	右前轮	保证后轴的最佳侧向力，后者车轮自由转动
第三阶段	向左	过度转向	左前轮	为阻止车辆出现甩尾、限制前轴侧向力的建立，在特殊危险情形下这个车轮将强烈制动
第四阶段	中间	稳定	无	在所有不稳定形式状态被校正后，ESP 结束调整工作

（三）知识与技能拓展——奥迪 A4 轿车 ESP 故障案例

一汽大众公司 2005 年 10 月推出了全新奥迪 A4 中级轿车。奥迪高级别版本的 ESP BOSCH 8.0 也在国产全新奥迪 A4 上首次得到应用，这一系统通过防抱死制动和驱动防滑控制限制轮胎滑动，极大地提升了行车的安全性。ESP 是先进的安全系统，它集中了车辆防抱死装置（ABS）、电子制动力分配装置（EBD）、驱动防滑控制（ASR）等主动安全装置，而其最突出的优点是：当车辆转向时，如果发生转向不足或转向过度或车辆实际运行轨迹偏离驾驶员操作轨迹，ESP 就会发挥作用，纠正车辆运行轨迹偏差。ESP 能够保证车辆在减速、制动、转向工作状态下有效稳定操控安全性。

1. 系统组成

奥迪 A4 轿车 ESP 的组成大致可分为传感信号部分、控制单元和执行控制部分，其组成如图 4-20 所示。

2. 主要部件结构原理与诊断

1）方向盘转角传感器 G85

G85 位于转向灯开关和方向盘之间，是 ESP 独有的一个元器件。G85 向控制单元传送方向盘转动角度，测量的角度为 ±540°，对应方向盘转动 3 圈。信号供 ESP 的 ECU 计算方向盘旋转方向，通过高速网将方向盘转动方向、旋转速度和旋转角度信息传递给 ESP 的 ECU。当信号中断时，车辆无法确定行驶方向，ESP 失效。

2）组合传感器

组合传感器由侧向加速度传感器 G200 和横摆率传感器 G202 组成。两个传感器放到一起，不仅可以使安装尺寸减小，还可以精确配合数值。

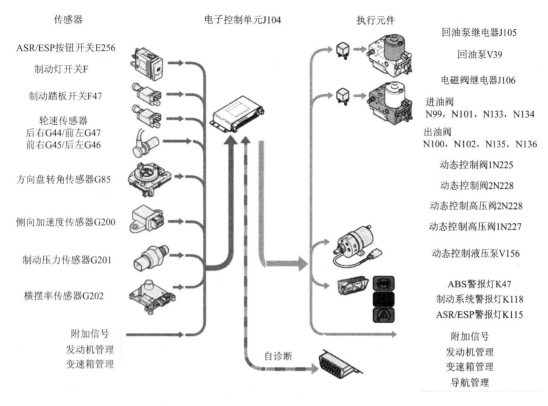

传感器　　　　　　　电子控制单元J104　　　　执行元件

ASR/ESP按钮开关E256　　　　　　　　　　　　　　回油泵继电器J105
制动灯开关F　　　　　　　　　　　　　　　　　　　回油泵V39
制动踏板开关F47　　　　　　　　　　　　　　　　　电磁阀继电器J106
轮速传感器　　　　　　　　　　　　　　　　　　　　进油阀
后右G44/前左G47　　　　　　　　　　　　　　　　　N99，N101，N133，N134
前右G45/后左G46　　　　　　　　　　　　　　　　　出油阀
　　　　　　　　　　　　　　　　　　　　　　　　　N100，N102，N135，N136
方向盘转角传感器G85　　　　　　　　　　　　　　　动态控制阀1N225
　　　　　　　　　　　　　　　　　　　　　　　　　动态控制阀2N228
侧向加速度传感器G200　　　　　　　　　　　　　　　动态控制高压阀2N228
　　　　　　　　　　　　　　　　　　　　　　　　　动态控制高压阀1N227
制动压力传感器G201　　　　　　　　　　　　　　　　动态控制液压泵V156
横摆率传感器G202　　　　　　　　　　　　　　　　　ABS警报灯K47
　　　　　　　　　　　　　　　　　　　　　　　　　制动系统警报灯K118
　　　　　　　　　　　　　　　　　　　　　　　　　ASR/ESP警报灯K115
附加信号　　　　　　　　　　　　　　　　　　　　　附加信号
发动机管理　　　　　　　　　　　　　　　　　　　　发动机管理
变速箱管理　　　　　　自诊断　　　　　　　　　　　变速箱管理
　　　　　　　　　　　　　　　　　　　　　　　　　导航管理

图 4 - 20　奥迪 A4 轿车 ESP 系统组成（一）

　　侧向加速度传感器 G200 的作用是：确定车辆是否受到使车辆发生滑移作用的侧向力，以及侧向力的大小。当该信号中断时，控制单元将无法计算出车辆的实际行驶状态，ESP 功能失效。

　　横摆率传感器 G202 的作用是：确定车辆是否沿垂直轴线发生转动，并提供转动速率。当没有横摆率测量值时，控制单元无法确定车辆是否发生转向，ESP 功能失效。

　　3）制动压力传感器 G201

　　制动压力传感器 G201 安装在制动总泵上，通知控制单元制动系统的实际压力，控制单元相应计算出作用在车轮上的制动力和整车的纵向力大小。如果 ESP 正在对不稳定状态进行调整，控制单元将这一数值包含在侧向力计算范围之内。当没有制动力压力信号时，系统将无法计算出正确的侧向力，ESP 失效。

　　4）ESP 轮速传感器（G44 ~ G47）

　　ESP 轮速传感器有前右 ESP 传感器 G45、前左 ESP 传感器 G47、后右 ESP 传感器 G44、后左 ESP 传感器 G46 四个。传递车轮速度信息给 ESP，供 ESP 计算车轮附着条件。ESP 传感器有 48 个磁极，比 ABS 多，因此传递信息更精确、更迅速。

　　5）ASR/ESP 按钮开关 E256

　　ASR/ESP 按钮开关 E256 是 ESP 的关闭、激活开关，按下该按钮，ESP 功能关闭。通过再次按下该按钮，ESP 功能重新激活。重新起动发动机该系统也可自动激活。当 ESP 调整工作正在进行或在超过一定的车速时，系统将不能被关闭。当 ASR/ESP 按钮开关 E256 出现故障后，ESP 将无法关闭，组合仪表上的 ESP 警报灯有警报显示。

6）制动踏板开关 F47

制动踏板开关 F47 位于制动踏板支架上面，传递制动踏板动作信息给 ESP 电子控制单元。

7）ESP 电子控制单元 J104

ESP 电子控制单元 J104 和液压控制单元制成一体。它在车辆加速、制动、降挡、转向行驶时优化车轮附着力和保持汽车轨迹稳定性。ESP 计算机采用了高级的 BOSCH ABS/ESP 8.0 版本。为保障系统的可靠性，在系统中有两个处理器，两个处理器用同样的软件处理信号数据，并相互监控比较。当控制单元出现故障时，驾驶员仍可做一般的制动操作，但 ABS/EBS/ASR/ESP 功能失效。

8）液压控制单元

制动分泵通过液压控制单元的电磁阀控制，通过制动分泵的入口阀和出口阀的控制，建立了三个工作状态（图 4 - 21）：建压、保压、卸压。当电磁阀功能出现不可靠故障时，整体系统关闭。

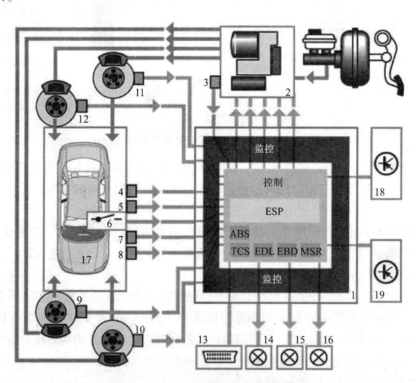

图 4 - 21　奥迪 A4 轿车 ESP 系统组成（二）

1—ABS 控制单元；2—液压控制单元；3—制动压力传感器；4—侧向加速度传感器；5—横摆率传感器；

6—ASR/ESP 按钮；7—方向盘转角传感器；8—制动灯开关；9 - 12—轮速传感器；

13—自诊断；14—制动系统警报灯；15—ABS 警报灯；16—ASR/ESP 警报灯；

17—车辆和驾驶状态；18—发动机控制调整；19—变速箱控制调整

（1）建压。ESP 进行控制调整，动态液压泵开始从制动液储液罐中向制动管路输送制动液。在制动分泵和回油泵内很快建立制动压力，回油泵开始输送制动液，使制动压力进一步提高。

（2）保压。入口阀关闭，出口阀也保持关闭。制动压力不能卸压。回油泵停止工作，高压阀 N227 关闭。

（3）卸压。控制阀 N225 反向打开。在出口阀打开时，入口阀保持关闭。制动液通过制动主缸返回储液罐。

9）动态控制液压泵 V156

在液压控制系统中，预压力是用加载泵产生的。这个泵叫作行车动态控制液压泵，它连接到液压装置下面的公用支架上。其作用有两个：建立回油泵入口预载压力；使回油泵输油效率提高。

3. 奥迪 A4 轿车 ESP 的维护

奥迪 A4 轿车 ESP 电子控制单元有自诊断功能，当 ESP 发生故障时，ESP 通过自诊断存储故障，并以组合仪表 ESP 故障灯点亮警示。还可以运用 VAS5051 分析仪读取故障。

1）ESP 路试和系统测试

（1）ESP 路试：检查 ESP 各个传感器的可靠性（侧向加速度传感器 G200，横摆率传感器 G202 和制动压力传感器 G201，方向盘角度传感器 G85）。

每次 ESP 的电气元件拆下或更换后，必须进行路试。

注意：对 ESP 的路试一旦开始，就不能中止，必须全部进行完毕。

（2）测试过程：

① 选择（04），显示组号 03 来激活测试。ABS 与 ASR/ESP 灯点亮，故障 01486（系统进行动态测试）存储在故障存储中。

② 断开 VAS 5051。

③ 起动发动机。

④ 用力踩下制动踏板（压力大约为 35 bar[①]）直到 ASR/ESP 警报灯 K86 熄灭。

⑤ 退出（标定完成）。

⑥ 进行时间大约 5 s，横摆率至少在 10°/s，车速在 15 ~ 20 km/h，转弯半径在 10 ~ 12 m 曲线的路试。此时，ABS、EDS、ASR、ESP 都不工作。

（3）测试评价：

① 路试完成后，ABS 与 ASR/ESP 灯熄灭，测试通过，系统正常。

② 如果 ABS 与 ASR/ESP 灯没有熄灭，读取故障存储，并排除故障。

③ 如果路试中止，ABS 与 ASR/ESP 灯依然点亮。

2）控制单元编码——07

更换 ESP 电子控制单元 J104 或方向盘角度传感器 G85 后，必须对 ESP 重新进行编码。

（1）输入功能码 11——登录。

（2）输入功能码 07——编码表。

（3）对方向盘角度传感器进行初始化标定，对 ESP 进行路试和系统测试。

如 ESP 故障灯亮，则需要用检测仪查询故障，修理或更换故障件后，仍按上述方法进行维护。

---

① 1 bar = 0.1 MPa。

四、知识与技能拓展——ESP 新发展

1. ESP 的发展趋势

ESP 虽然出现时间不长，但是世界上一些跨国汽车企业对 ESP 技术的改进从未停止过，集成化和智能化是发展趋势，比如德国 Continental 公司将底盘制动系统与安全带、安全气囊，甚至车身门窗综合考虑，集成了更智能、更安全的主动被动集成方案（APIA）。另外最早在飞机上采用的线控技术（X – by – wire）在汽车上的应用也将对传统的 ESP 甚至整个汽车电控系统产生革命性的影响。电液制动控制系统（Electro Hydraulic Brake，EHB）和全电制动控制系统（Electro Mechanical Brake，EMB）是 ESP 发展的趋势，标志着电子制动新时代的到来。

2. EMB 的结构

EHB 和 EMB 是汽车制动系统的发展趋势，其中 EHB 是作为汽车上 12 V 电源暂时无法满足功率驱动问题而出现的替代产品，在传动和控制方式上采用线控，但是最终的执行机构仍然是液压的制动钳。而 EMB 被认为是汽车制动系统的最终发展目标。

EMB 是一个全新的系统，给制动控制系统带来了巨大的变革，为将来的车辆智能控制提供条件。EMB 主要由电制动器、电制动控制单元（ECU）、轮速传感器、线束、电源等组成。如图 4 – 22 所示为日立公司的 EMB 执行机构样机。

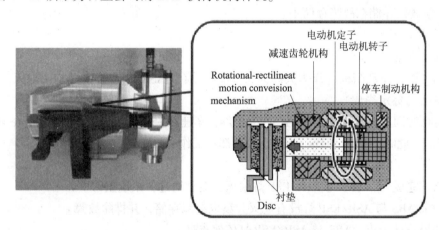

图 4 – 22　日立公司 EMB 执行机构样机

3. EMB 的优缺点

EMB 和传统制动系统相比有以下几个优点：

① 整个制动系统结构简单，省去了传统制动系统中的制动油箱、制动主缸、助力装置、液压阀、复杂的管路系统等部件，使整车质量减小；

② 制动响应时间短，提高制动性能；

③ 无制动液，维护简单且不污染环境；

④ 系统总成制造、装配、测试简单快捷，制动分总成为模块化结构；

⑤ 易于改进，稍加改进就可以增加各种电控制功能。

世界很多汽车公司在从事 EHB、EMB 的开发，比如美国 TRW 公司、德国大陆公司、博世的 EHB 已经在 Mercedes – Benz SL – Class 上装车。但是，要想全面推广，还有不少问题需要解决：

① 驱动能源问题，12 V 电源无法满足功率，EMB 的应用有赖于未来 42 V 电源。

② 控制失效处理问题，实现全电制动控制的一个关键技术是系统失效时的信息交流协议，如 TTP/C。系统一旦出现故障，立即发出报警信息，确保信息传递符合法规最适合的方法是多重通道分时区（TDMA），它可以保证不出现不可预测的信息滞后。TTP/C 协议根据 TDMA 制定。

③ 抗干扰问题，车辆在运行过程中会有各种干扰信号，如何消除这些干扰信号造成的影响，目前存在多种抗干扰控制系统。

另外制动系统与其他转向、悬架、导航等系统的综合考虑，数据总线的建立也需要更完善的解决方案。

4．小结

当然，随着技术的进步，EHB 和 EMB 等问题会逐步得到解决，从而替代传统的以液压系统为主的制动系统，从而 ABS/ASR/ESP 的可靠性、响应性能等都会得到大大的提高。

 小结

（1）汽车车身电子稳定系统（Electronic Stability Program，ESP），是博世（BOSCH）公司的专利。介绍了 ESP 的发展历史、功能、特点和优点。

（2）ESP 由控制总成及转角传感器、轮速传感器、侧滑传感器、横向加速度传感器等组成。

ESP 工作过程和原理：ESP 不但控制驱动轮，而且可控制从动轮。如后轮驱动汽车常出现的转向过多情况，此时后轮失控而甩尾，ESP 便会刹慢外侧的前轮来稳定车子；在转向过少时，为了校正循迹方向，ESP 则会刹慢内后轮，从而校正行驶方向。

（3）介绍了奥迪 A4 轿车 ESP 组成、故障诊断和维护保养过程。

思考与练习

（1）简述 ESP 的发展历史和工作特点。

（2）简述 ESP 的组成和工作原理。

（3）简述 ESP 在汽车转向不足或过度情况下的工作过程。

（4）简述奥迪 A4 轿车 ESP 传感器的组成和维护保养过程。

学习情境五

汽车电控悬架系统结构与检修

学习任务一

电控悬架系统结构概述

⚙ 一、任务目标

（一）知识目标

（1）了解悬架的发展历史和作用。

（2）掌握电控悬架的结构。

（3）熟知电控悬架的工作原理。

（二）能力目标

（1）能够正确调整电控悬架系统。

（2）能够分析电控悬架系统控制电路。

⚙ 二、任务描述

乘坐汽车时，人们往往希望汽车既有如弹簧般的乘坐舒适性，又有很高的操纵稳定性，传统的悬架设计中，难以同时满足乘坐舒适性和操纵稳定性的高要求，而随着电子技术的发展，其操控的精确性和实时性让悬架在各种形式条件下，都能达到乘坐舒适性和操纵稳定性的最佳组合。目前，大多数汽车上都采用了电控悬架系统，所以我们必须学习电控悬架系统的结构及控制原理，并熟读相应的电控悬架控制电路图。

⚙ 三、任务实施——电控悬架系统简介

情境导入

一辆行驶里程约 13.2 km，搭载 4.2L BFM 型发动机的 2004 年德国原装奥迪 A8 D3 轿车。车主反映：该车仪表盘上小汽车图案的黄色警告灯点亮，但未影响行驶。用 VAS 5052 检测空气悬架控制单元 J197，存储故障码"01487，系统功能测试不正常信号"，删除故障码，试车故障重新出现。读取 011 数据组，4 个减震器控制阀的静态电流均为 0，动态电流也是 0。读取 010 数据组高度传感器数值，发现存在高度偏差，说明 J197 已收到高度传感器

的信号，但没有发出调节信号。

故障原因分析：根据以上检查结果可以确定 J197 内部有故障。更换 J197，进行匹配和高度调整后试车，空气悬架警告灯不再点亮，用诊断仪确认无故障码存储。

当对涉及的奥迪 A8 电控悬架进行检修时，必须了解电控悬架系统的结构、工作原理、控制原理等，才能够有条理地进行电控悬架系统故障的检修。下面为汽车电控悬架系统相关的知识。

悬架是汽车的车架与车桥或车轮之间的一切传力连接装置的总称，其作用是传递作用在车轮和车架之间的力和力扭，并且缓冲由不平路面传给车架或车身的冲击力，并衰减由此引起的震动，以保证汽车能平顺地行驶。

汽车悬架可分为主动悬架和被动悬架两种类型。传统悬架属于被动悬架，被动悬架由缓和车身震动的弹簧、衰减振动的减震器、增加侧倾刚度的横向稳定杆和起导向承载力作用的导向杆系统组成。它的弹簧硬度和减震器阻力在使用中不能根据使用工况和路面输入的变化来进行调整，难以满足对汽车平顺性、舒适性和操纵稳定性的更高要求。因此，越来越多的汽车已经采用主动悬架，即电控悬架系统。

电控悬架是在普通悬架的基础上发展起来的，区别在于以计算机为控制核心，对汽车悬架系统参数，包括弹簧刚度、悬架阻尼、侧倾刚度和车身高度等实行实时控制。其中半主动悬架对被动悬架其他部分改动较小，只是用可控弹簧和减震器替换了原来不可控的弹簧和减震器，并增加了控制器。而主动悬架对悬架系统的刚度、减震器的阻尼力和车身高度等参数都可进行调整。

（一）电控悬架系统的组成和工作原理

1. 悬架系统的发展史

早在 18 世纪，法国人便发明了使用一种扁平状的单片弹簧的钢质悬架系统，用在当时的马车之上。1886 年诞生的世界上第一辆汽车的悬架系统采用的是马车的悬架系统，使用钢板弹簧作为弹性元件，如图 5 - 1 所示。

图 5 - 1　世界上第一台汽车采用的是类似于马车悬架的钢板弹簧悬架

1933 年，实用的空气弹簧也开始在汽车上首次使用。到了 20 世纪三四十年代，独立悬架开始出现，并得到很大发展。20 世纪 50 年代，液压悬架系统出现在了汽车上。而现在汽车采用最为广泛的一种悬架：麦弗逊式悬架诞生。随着电子控制水平的发展，1984 年，电控悬架也就是主动悬架开始出现，林肯汽车也是第一个采用可调整的空气悬架系统的汽车。而奔驰新一代 S 级采用的 magic body control 悬架系统则将主动悬架的发展带到了一个新的台阶。

经过 100 余年的发展，汽车悬架系统也得到长足的发展。现在的汽车悬架种类繁多，如拖曳臂悬架、多连杆悬架、麦弗逊悬架等，如图 5 - 2 所示。

图 5 - 2　汽车悬架图

2. 电控悬架系统的功用

电控悬架与传统悬架的不同之处在于，电控悬架不仅能够被动地吸收能量、缓和冲击，还可以根据汽车负载、道路条件变化、汽车行驶状态改变悬架减震器的阻尼力来保证人们对于汽车平顺性、舒适性和操纵稳定性的更高要求。

1）车身高度调节

汽车能够根据车内乘员或车辆质量情况，调整汽车车身高度，使其保持某一恒定的高度值，从而使前照灯照射方向保持不变。当汽车在路面状况糟糕的道路上行驶时，会自动升高车身高度，防止底盘剐蹭；当汽车高速行驶时，会自动降低车身高度，以减小空气阻力的同时提高行驶稳定性。

2）减振阻尼力控制

汽车能够根据负载、道路状况、行驶状态等参数来对减震器阻尼系数进行调整，防止汽车急速起步或急加速时车尾下蹲、防止紧急制动时的车头下沉、防止汽车急转弯时车身横向摇动、防止汽车换挡时车身纵向摇动等，以提高行驶平顺性和操纵稳定性。

3）弹簧刚度控制

汽车同样能够在负载、道路状况、行驶状态等参数发生变化时，通过对弹簧刚度的调整，来改善汽车的乘坐舒适性与操纵稳定性。

3. 电控悬架系统的分类

电控悬架系统根据传力介质的不同可以分为气压式和油压式；根据控制理论的不同可以

分为半主动式和主动式，半主动式一般只能实现减震器阻尼力的调节功能和横向稳定器侧倾刚度的调节，而主动式能够根据工况的不同，对悬架系统的刚度、减震器的阻尼力和车身高度等参数进行调整。其中半主动式根据是否连续可调分为有级半主动式和无级半主动式；主动式按照频带和能量消耗的不同分为全主动式和慢全主动式，还可按照驱动机构和介质的不同分为油气主动式和空气主动式，如图 5-3 所示。目前，汽车上多采用主动悬架中的空气主动式悬架。

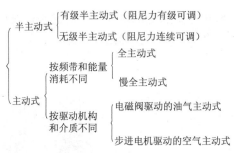

图 5-3　悬架分类图

4．电控悬架系统的组成

油压式电控悬架系统中油气弹簧以气体作为弹性介质，而用油液作为传力介质，一般由气体弹簧和相当于液压减震器的液压缸组成。通过油液压缩气室中的空气实现刚度特性，通过电磁阀控制油液管路中的小孔节流实现变阻尼特性。

全主动悬架系统使用液压执行器来代替传统的弹簧和减震器。系统使用 G（加速度）传感器来检测不平路面和车辆行驶状况引起的车辆振动和摆动。然后，它连续操作液压执行器，使这些摆动和振动减小，以提高乘坐舒适性和行驶稳定性。其结构如图 5-4 所示。

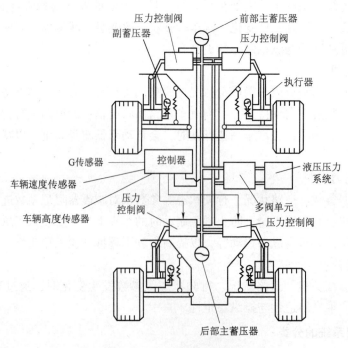

图 5-4　全主动悬架系统图

气压式电控悬挂系统采用空气弹簧，也称为电控空气悬架系统，可以分为机械部分和电子部分。具体来说，空气悬架包括：高度控制传感器、转向角度传感器、各种控制开关、电子控制单元（ECU）、每一车轮有一个可充气的气缸和减震器、一个压缩机、干燥器、各种控制阀等，能精确地检测车身高度和行驶状态。

电控空气悬架系统用空气压缩机产生压缩空气，送到弹簧和减震器的空气室中，利用气体的可压缩性来实现弹性减震作用，并通过感知载荷、驾驶工况和道路条件的变化而改变气体压力以调整悬架刚度及整车高度。其示意图如图 5 - 5 所示。

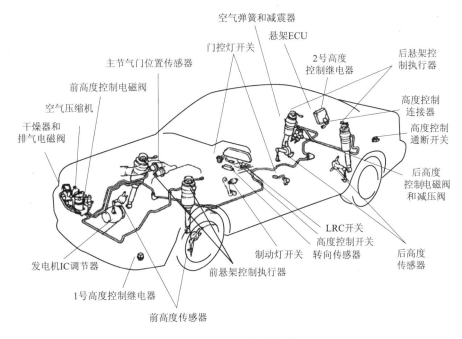

图 5 - 5　电控悬架系统示意图

（二）电控悬架系统的工作原理

电控悬架系统能够根据车身高度、车速、转向角度及速率、制动等信号，由 ECU 控制悬架执行机构，使悬架系统的刚度、减震器的阻尼力及车身高度等参数得以改变，从而使汽车具有良好的乘坐舒适性和操纵稳定性。电子控制空气悬架系统的工作原理为：空气压缩机中的压缩空气输送至气室中，以此来改变车身高度。电子控制装置根据在前轮和后轮附近的车身高度传感器的输出信号，判断出车身高度，再控制供气阀和排气阀。使弹簧伸长或压缩，从而控制车辆高度。电子控制装置利用电动机可以改变通气孔的大小，从而改变阻尼力的大小。

1. 弹簧刚度和减震器阻尼力控制

当 ECU 接收到各传感器信号并通过计算机确定调整悬架刚度时，它便会发出控制信号，使执行器的步进电机通电转动，驱动减震器的阻尼调节杆和空气弹簧气压缸的气阀控制杆旋转，从而改变悬架弹簧的刚度和减震器的阻尼力。弹簧刚度和减震器阻尼力控制及功能如表 5 - 1 所示。

表 5 - 1　控制状态及功能

行驶情况	控制状态	功能
倾斜路面	弹簧变硬	抑制侧倾、改善操纵性
不平坦路面	弹簧变硬或阻尼力中等	抑制汽车上下跳动,改善汽车行驶时的乘坐舒适性
制动时	弹簧变硬	抑制汽车制动前倾(点头)
加速时	弹簧变硬	抑制汽车加速后坐
高速时	弹簧变硬和阻尼力中等	改善汽车高速行驶时的稳定性和操纵性

2. 车身高度控制

电子控制空气悬架系统的车身高度控制子系统主要由车身高度传感器、悬架 ECU、直流电动机、空气压缩机、高度控制电磁阀、排气电磁阀、调压阀和空气干燥器等组成,其工作原理如图 5 - 6 和图 5 - 7 所示。

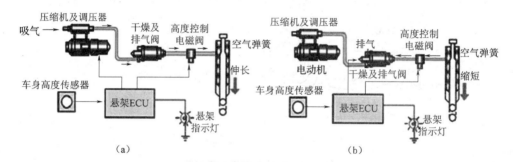

图 5 - 6　车身高度控制示意图
(a) 车身高度增加;(b) 车身高度下降

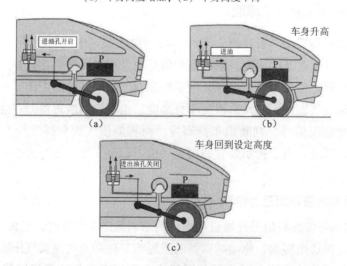

图 5 - 7　车身高度变化示意图
(a) 加重物 P 车高下降;(b) 车身升高;(c) 车身回到设定高度

在日常调节中，空气悬挂会有以下几个状态：

（1）保持状态。当车辆被举升器举起，离开地面时，空气悬挂系统将关闭相关的电磁阀，同时计算机记忆车身高度，使车辆落地后保持原来高度。

（2）正常状态，即发动机运转状态。行车过程中，若车身高度变化超过一定范围，空气悬挂系统将每隔一段时间调整车身高度。

（3）唤醒状态。当空气悬挂系统被遥控钥匙、车门开关或后备厢盖开关唤醒后，系统将通过车身水平传感器检查车身高度。如果车身高度低于正常高度一定程度，储气罐将提供压力使车身升至正常高度。同时，空气悬挂可以调节减震器软硬度，包括软态、正常及硬态三个状态（也有标注成舒适、普通、运动三个模式的），驾驶员可以通过车内的控制钮进行控制。

（三）电控悬架系统的控制功能

1. 防倾斜控制

使弹簧刚度和减震力变成"坚硬"状态，以抑制倾斜，使汽车姿势变化减至最小，以改善操纵性能。

2. 防"点头"控制

使弹簧刚度和减震力变成"坚硬"状态，以拟制汽车制动"点头"而使汽车的姿势变化减至最小。

3. 防"下坐"控制

使弹簧刚度和减震力变成"坚硬"状态，以抑制汽车加速时后部"下坐"，使汽车的姿势变化减至最小。

4. 高车速控制

使弹簧刚度变成"坚硬"状态和减震力变成"中等"状态，改善汽车高速行驶时的稳定性和操纵性。

5. 不平稳道路控制

使弹簧刚度和减震力变成"中等"或"坚硬"状态，以控制汽车在不平坦道路上行驶时的乘坐舒适性。

6. 跳动控制

使弹簧刚度和减震力变成"中等"或"坚硬"状态，以抑制汽车在不平坦道路上行驶时的颠簸。

7. 自动角度控制

不管乘员和行李质量如何，使汽车保持水平位置。通过操纵高度控制开关使汽车的目标高度变成"正常"或"高"的状态。

8. 车身高度控制

当高度控制开关在"高"的位置时，汽车高度会降到"正常"状态，这样可改善高速行驶时的空气动力性和稳定性。

9. 点火开关控制

当该开关断开后，因乘员和行李质量变化而使汽车高度变为高于目标高度时，能使汽车高度降低到目标高度，从而改变汽车驻车时的姿势。

全程控制过程图如图5-8所示。

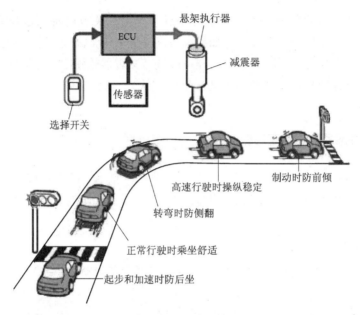

图5-8 全程控制过程图

✲ 四、知识与技能拓展——电磁悬架

电磁悬挂（Magnetic Ride Control，MRC）是利用电磁反应的一种新型独立悬挂系统，它可以针对路面情况，在1ms时间内做出反应，抑制振动，保持车身稳定。

2002年德尔福完成了该技术的研发工作并注册了"Magne Ride"的商标。同年，第一辆搭载MRC主动电磁感应悬挂系统的量产车型——凯迪拉克Seville STS落地。随后，除了凯迪拉克旗下多款车型搭载MRC外，众多高端品牌及高端车型也纷纷跟进，具体车型如雪佛兰Corvette C6、法拉利599 GTB、奥迪TTS、别克Lucerne等。

如图5-9为装备有电磁悬挂的凯迪拉克轿车。

图5-9 电磁悬挂车辆

电磁悬架也常被称为磁流变液减震器悬架，隶属于可变阻尼减震器。如果按照填充物类别进行区分，它与一般减震器最大的不同在于，其减震器中的填充物不是油或气体，而是一种名为"磁流变液"（Magneto - Rheological Fluid，MR Fluid）的物质。磁流变液是一种新型智能材料。它可用于智能化阻尼器（即磁流变液减震器），制成阻尼力连续顺逆可调的新一代高性能、智能化减震装置。如果简单理解的话，磁流变液也可以被理解成为一种"液态铁"，这种"液态铁"会在外界磁场的作用下发生磁化，并重新排列组合成各种结构，由"液态"转变为"固态"。当然，一旦失去磁场的作用，这些"液态铁"又会重新恢复"液态"，恢复流动状态。

电磁悬挂系统是由车载控制系统、车轮位移传感器、电磁液压杆和直筒减震器组成。在每个车轮和车身连接处都有一个车轮位移传感器，此传感器与车载控制系统相连，控制系统与电磁液压杆和直筒减震器相连，如图 5 - 10 所示。与普通的减震器相比，MRC 悬挂的减震器有一个电磁控制区，车载计算机通过下端的控制线束对减震器的磁场进行调节。可以看到，线束通过活塞杆连接至电磁控制区。

当车辆行驶在崎岖不平的路面上时，车轮位移传感器会以最高每秒 1 000 次的频率探测路面，并实时将信号传送至车载控制系统，该控制系统基于 skyhook 算法，会实时发出指令至各个减震器内的电磁线圈，通过改变电流改变磁场，电流越大，磁场越强，阻尼越大。

电磁线圈位于直筒减震器的活塞中，第三代 MRC 共有两组电磁线圈，其作用格外重要，它们产生的可变磁流将穿过磁流变液并使其产生形态变化，电磁线圈分为通电与不通电两种情况：

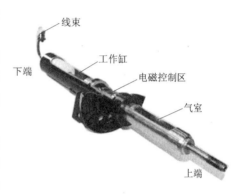

图 5 - 10　电磁液压杆和直筒减震器

（1）当电磁线圈不通电时，磁流变液不发生变化，上文述说的类似"液态铁颗粒"会随机分布在液体之中，此时该液体充当的作用相当于一般减震器中的油液，符合牛顿的流变学定律。

（2）当电磁线圈通电时，在磁场的作用下，磁流变液中原本随机分布的"液态铁颗粒"会沿磁流方向相互结合，进行纤维结构排列，磁流变液因此不再保持液体状态。此时流变学定律不再适用，循 Bingham 塑性规则取而代之。由于电磁线圈产生的磁场强度与"液态铁颗粒"相互之间的结合紧密度成正比，因此通过电流的改变，既可以改变磁场，又可以改变磁流变液中"液态铁"的结合紧密度，最终达到改变减震器阻尼的目的。

电磁悬挂原理图如图 5 - 11 所示。

使用电磁悬挂的汽车，能够根据路况和驾驶风格动态调整悬挂的软硬，弯道极限更高，在颠簸路面的贴地性更好。电磁悬挂除了提升车辆的操控性能外，在舒适性以及滤除路面传到车身上振动的性能都比传统悬挂要好。

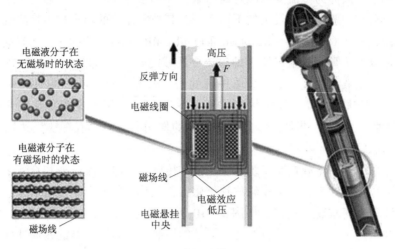

图 5-11　电磁悬挂原理图

 小结

（1）传统悬架难以同时满足乘员对于乘坐舒适性和操纵稳定性的高要求，而 20 世纪末出现的电控悬架可以通过检测当前汽车行驶状况对弹簧弹力和减震器阻力进行实时调整，使乘坐舒适性和操纵稳定性同时达到最优。

（2）电控空气悬架以空气弹簧和减震器为基础，引入 ECU 控制单元、转向角度控制器、车身高度传感器、空气压缩机、速度和制动传感器，通过 ECU 的精密计算，利用电磁阀改变空气弹簧内的气体容量和压力来实现软硬调节，使悬架兼有舒适性和运动性的特性。此外，还可通过 ECU 和空气压缩机实现车身高度的自动或手动调节，使用空气悬架很容易实现车身自水平调节，自水平调节机构一般集成在悬架系统内。

思考与练习

1. 简述电控悬架的功用。

2. 电控悬架由哪些部分组成？

3. 电控悬架的工作原理是什么？

4. 电控悬架如何进行分类？

5. 电控悬架和普通悬架的区别在哪里？

学习任务二

一、任务目标

(一) 知识目标

(1) 掌握电控悬架系统的控制结构。
(2) 熟知电控悬架系统各部分的检修方法。

(二) 能力目标

能够对电控悬架系统进行检修。

二、任务描述

随着人们对汽车乘坐舒适性的不断追求，近年来乘用车上普通悬架已经逐渐被电控悬架所取代，电控悬架其结构中植入了可人工或自动控制发力的调节机构，通过车载计算机计算悬架的受力及感应路面情况，适时调整空气减震器的刚度和阻尼系数，令车身的震动始终保持在一定范围内，以获得更好的行驶舒适性。由于电控悬架中电子控制结构是主体部分，所以对电子控制结构有所了解，并掌握其基本的检修方法是十分必要的。

三、任务实施——电控悬架系统各组成部分检修

电控悬架系统中电子控制系统由车速传感器、电子控制单元（ECU）和执行器三部分组成，车速传感器等检测汽车行驶状态信号并传递给 ECU 之后，对信号进行处理并根据预先调制的程序确定控制信号，将其发送给执行器，对车身高度、减震器阻尼力等进行调节。控制结构及过程如图 5 – 12 所示。

(一) 传感器及开关的结构和工作原理

电控悬架系统中电子控制系统的传感器有车身高度传感器、方向盘转角传感器、加速度传感器、车速传感器、节气门位置传感器、车门传感器等，如图 5 – 13 所示。开关主要有制动灯开关、车门开关、发电机 IC 调节器、模式选择开关、高度控制开关等，如图 5 – 14 所示。主要负责检测汽车行驶时路面的状态和车身的状态。

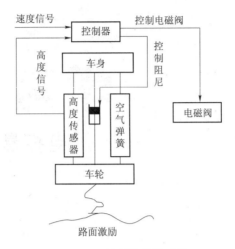

图 5-12　控制结构及过程

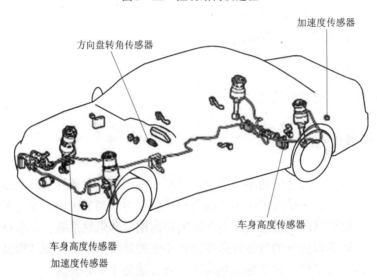

图 5-13　电控悬架系统中电子控制系统的传感器

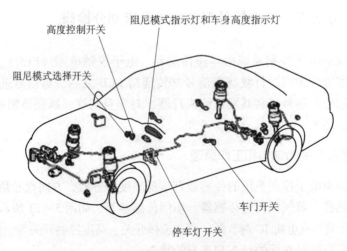

图 5-14　电控悬架系统中电子控制系统的开关

1. 车身高度传感器

车身高度传感器的作用是检测汽车行驶时车身高度的变化情况（汽车悬架的位移量），并将之转化为电信号送给悬架 ECU，从而对车身高度和姿态进行调整。车身高度传感器包括片簧开关式、霍尔式、光电式三种类型，其中光电式应用较多。

一般轿车安装 4 个车身高度传感器。光电式传感器有一根靠连杆带动转动的转轴，转轴上固定一个开有许多窄槽的圆盘，圆盘两边装有 4 组光电耦合器。当车身高度变化时，通过连杆可使转轴转动，因而 4 组光电耦合器可感应出 4 组脉冲信号，通过这 4 组脉冲信号的不同组合，可反映车高的高度范围。

车身高度传感器的安装位置和工作原理如图 5 - 15 和图 5 - 16 所示。

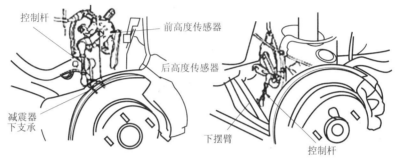

图 5 - 15　车身高度传感器安装位置

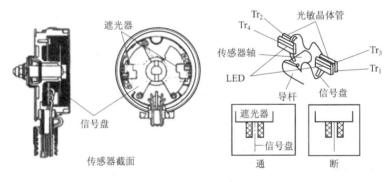

图 5 - 16　车身高度传感器工作原理

其中，光电耦合元件的状态与车高的对应关系见表 5 - 2。

表 5 - 2　光电耦合元件的状态表

车高	光电耦合元件的状态				车高范围	计算结果
	1	2	3	4		
高 ↓ 低	OFF	OFF	ON	OFF	15	过高
	OFF	OFF	ON	ON	14	
	ON	OFF	ON	ON	13	高
	ON	OFF	ON	OFF	12	
	ON	OFF	OFF	OFF	11	

学习任务二　电控悬架系统的检修

续表

车高	光电耦合元件的状态				车高范围	计算结果
	1	2	3	4		
高	ON	OFF	OFF	ON	10	普通
	ON	ON	OFF	ON	9	
	ON	ON	OFF	OFF	8	
	ON	ON	ON	OFF	7	
	ON	ON	ON	ON	6	低
	OFF	ON	ON	ON	5	
	OFF	ON	ON	OFF	4	
	OFF	ON	OFF	OFF	3	
	OFF	ON	OFF	ON	2	过低
	OFF	OFF	OFF	ON	1	
低	OFF	OFF	OFF	OFF	0	

2. 方向盘转角传感器

方向盘转角传感器的作用是检测方向盘的中间位置、转动方向、转向角度和转动角度。以判断转向时侧向力的大小和方向，以控制车身的侧倾。一般采用光电式方向盘转角传感器。该传感器安装在方向盘的转向轴上，装在组合开关总成内，由一个信号圆盘和两个遮光器组成，每个遮光器有一个发光二极管和光敏晶体管，两者相对放置，并固定在转向柱管上。一般在转向轴的带窄缝的圆盘上都装有两组光电耦合器，其原理图如图 5-17 所示。

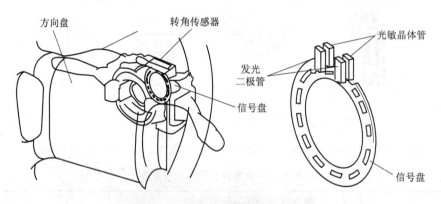

图 5-17　转角传感器原理图（一）

当转动方向盘时，信号盘同时转动，两个光电耦合器的输出端产生与转向轴转角成一定比例的通（ON）、断（OFF）的交变信号，悬架系统控制装置根据此信号的变化来判断方向盘的转角与转速。同时，根据脉冲信号的相位差来判断方向盘的偏转方向。这是因为两个耦合元件在安装位置上使它们的 ON、OFF 变换的相位相差 90°，可以通过判断哪个耦合元件信号首先转变状态，来检测出转向轴的偏转方向，其原理图如图 5-18 所示。

例如，向左转时，左侧耦合元件总是先于右侧耦合元件达到 ON 状态；而向右转时，右侧耦合元件总是先于左侧耦合元件达到 ON 状态。

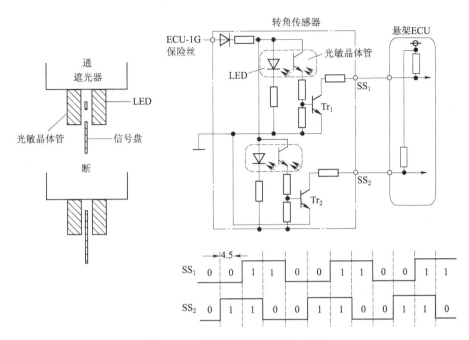

图 5 – 18　转角传感器原理图（二）

3. 加速度传感器

加速度传感器的作用是检测车身横向加速度和纵向加速度。当车轮打滑时，无法以转向角和汽车车速正确判断车身侧向力的大小，此时加速度传感器能够检测出汽车的纵向加速度和汽车因离心力作用而产生的横向加速度，以判断悬架系统阻尼力改变的大小及空气弹簧中空气压力的调节情况，以维持车身的最佳姿势。

加速度传感器又叫 G 传感器，分为差动变压式和钢球位移式两种类型。差动变压式加速度传感器在汽车转弯、加减速时，心杆在横向力或纵向力作用下移动，使检测线圈的输出电压发生变化，如图 5 – 19 所示。

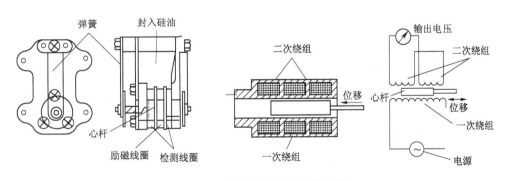

图 5 – 19　差动变压式加速度传感器

在汽车转弯、加减速时，钢球位移式加速度传感器的钢球在横向力或纵向力作用下移动，使检测线圈的输出电压发生变化，如图 5 – 20 所示。

另外车速传感器的作用是提供汽车行驶速度信号，节气门位置传感器提供节气门开度、开闭快慢信号，车门传感器的作用是判断车门开关状态。

4. 制动灯开关

制动灯开关负责检测汽车是否处于制动状态。位于制动踏板支架上，当踩下制动踏板时，开关接通，可将电源电压传送给悬架 ECU，作为判断汽车是否处于制动状态的信号，如图 5-21 所示。

5. 车门开关

车门开关负责检测车门是否打开。由于汽车停止后，悬架系统自动控制车身降低高度，若此时 ECU 检测到车门打开时，车高自动控制必须停止，以免造成危险，如图 5-22 所示。

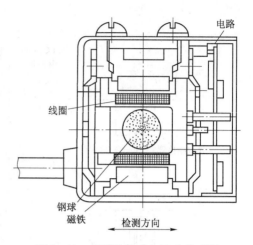

图 5-20　钢球位移式加速度传感器

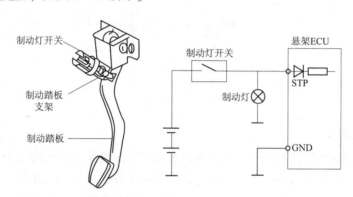

图 5-21　制动灯开关

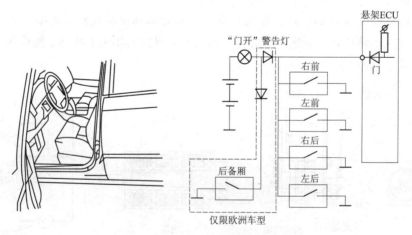

图 5-22　车门开关

6. 发电机 IC 调节器

发电机 IC 调节器负责检测发动机是否运转。位于发电机的交流发电机内，发动机运转时（即发电机发电）输出蓄电池电压，在发动机停止时（即发电机不发电）输出电压不高于 1.5 V。悬架 ECU 利用这一电压信号，进行如转角、高度等传感器的检查和失效保护，如图 5-23 所示。

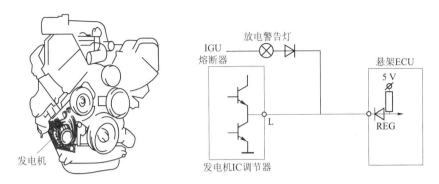

图 5 – 23　发电机 IC 调节器

7. 模式选择开关

模式选择开关的作用是根据汽车的行驶状况和路面情况选择悬架的运行模式，从而决定减震器的阻尼力大小。运行模式有标准和运动两种，如图 5 – 24 所示。

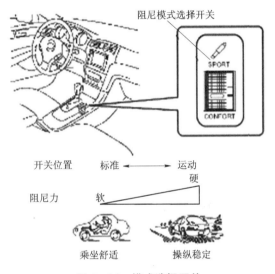

图 5 – 24　模式选择开关

8. 高度控制开关

高度控制开关的作用是改变车身高度设置，运行模式有低和高两种，如图 5 – 25 所示。

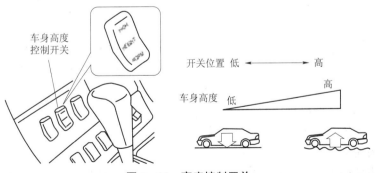

图 5 – 25　高度控制开关

（二）电子控制单元（ECU）

电控悬架系统中的电子控制单元为悬架 ECU，负责接收各种传感器的输入信号并进行处理运算后，将控制悬架的刚度、阻尼力和车身高度的指令传送给执行器。同时，悬架 ECU 还能够实时监测各传感器是否工作正常，若出现故障，则存储相应的故障码并点亮故障指示灯。电控悬架系统的组成如图 5 – 26 所示。

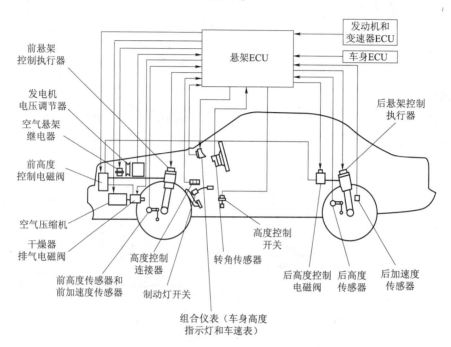

图 5 – 26　电控悬架系统的组成

（三）执行机构

1. 悬架控制执行器

悬架控制执行器的作用是驱动主、副气室的空气阀阀芯和减震器阻尼孔的回转阀，使其转动，从而实现对悬架刚度和阻尼参数的控制，如图 5 – 27 所示。常见的悬架控制执行器分为两种，分别为电磁式悬架执行器和步进电机式执行器，其结构如图 5 – 28 和图 5 – 29 所示。

当悬架 ECU 控制步进电机动作时，带动小齿轮转动，小齿轮驱动扇形齿轮转动。与扇形齿轮同轴的阻尼调节杆带动回转阀旋转，从而使阻尼孔开闭的数量发生变化，以达到调节减振器阻尼的目的。同时阻尼调节杆上通过齿轮带动空气阀控制杆转动，使空气阀阀芯转动，随着阀芯转动角度的改变，使空气弹簧的刚度也得到调节。

悬架执行器上还有一个电磁线圈，当电磁线圈不通电时，由它控制的制动开关松开，制动杆处与扇形齿轮的滑槽内，扇形齿轮可以转动；当电磁线圈通电而吸合制动开关时，制动杆往回拉，各齿轮处于锁止状态，阻尼调节杆和空气阀控制杆都不能转动，此时悬架的刚度参数和阻尼参数都为固定值，悬架系统处于相对稳定的状态。

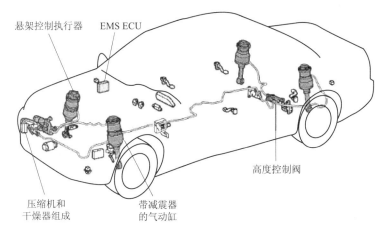

图 5 - 27　电控悬架系统的执行机构

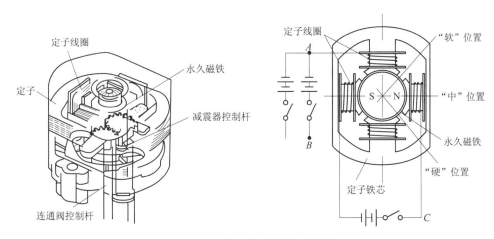

图 5 - 28　电磁式悬架执行器结构

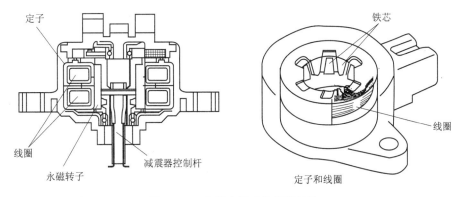

图 5 - 29　步进电机式执行器结构

2. 压缩机和干燥器

（1）压缩机用来产生供车身高度调节所需的压缩空气。空气压缩机采用单杠活塞连杆式结构，由直流电机驱动，由悬架 ECU 控制的继电器供电，具有大扭矩和快速启动的特点。压缩机结构和控制电路由图 5 - 30 和图 5 - 31 所示。

（2）干燥器的作用是去除压缩空气中的水分。

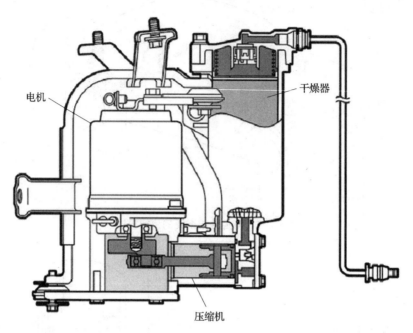

电机

干燥器

压缩机

图 5 – 30　压缩机结构

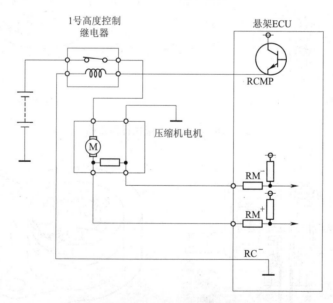

1号高度控制
继电器

悬架ECU

RCMP

压缩机电机

RM^-

RM^+

RC^-

图 5 – 31　压缩机控制电路

3. 带减震器的气动缸

带减震器的气动缸为弹簧刚度控制的执行机构，空气悬架气动缸主、副气室设计为一体。主气室容积可变，压缩空气进入主气室可升高悬架的高度。主气室和副气室之间有一个通道，气体可以相互流通。改变主、副气室的气体通道的大小，可以改变空气悬架的刚度。悬架的上方与车身相连，下方与车轮相连，随着车身与车轮的相对运动，主气室的容积在不断发生变化。带减震器的气动缸结构如图 5 –32 所示。

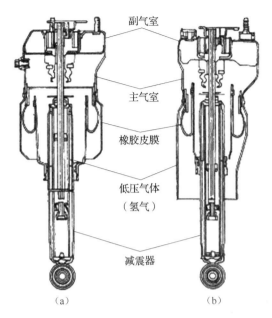

图 5 - 32　带减震器的气动缸结构

（a）前气动减震器；（b）后气动减震器

副气室

主气室

橡胶皮膜

低压气体
（氢气）

减震器

　　减震器装在空气弹簧的下面，与空气弹簧一起构成悬架支柱，减震器活塞通过中心杆（阻尼调整杆）和悬架控制执行器相连接。执行器带动调整杆可以改变活塞阻尼孔的大小，从而改变减震器的阻尼系数，得到减震器减振阻尼力软、中、硬3级变化，如图5 -33 所示。

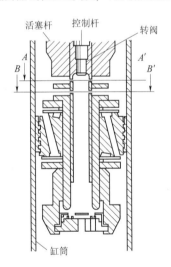

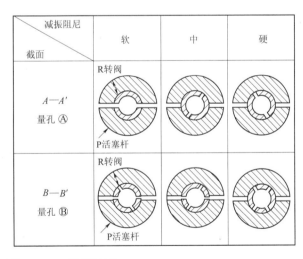

图 5 - 33　减震器结构

4. 高度控制阀

　　高度控制阀的作用是根据悬架 ECU 的控制信号控制空气悬架的充气和排气。前高度控制电磁阀用于前悬架，它由两个电磁阀组成，分别控制左右空气弹簧，如图5 -34 所示。

　　图5 -35 所示为电磁阀的电路连接图。电路连接特点如下：

　　（1）前高度电磁阀为两进两出；后高度电磁阀为一进一出。

　　（2）后高度传感器上有安全溢流阀。

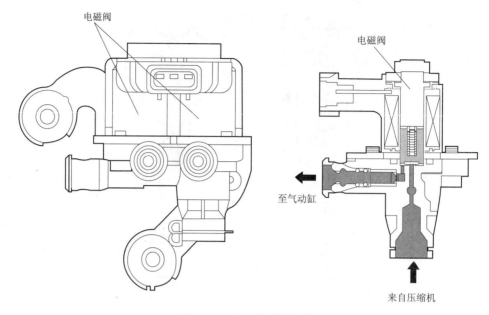

图5-34 高度控制阀结构

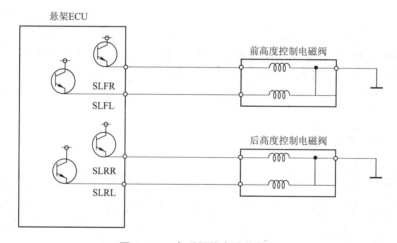

图5-35 电磁阀的电路连接图

（3）前后高度电磁阀均对外输出3根导线，其中1根为公共接地。

🏵 四、知识与技能拓展——电控悬架检修方法（实例）

（一）检修要求及注意事项

电控悬架系统一般都具有自诊断功能，也就是说，这种系统能够自行诊断系统本身是否有故障，并触发警告，以便于驾驶人员或维修人员及时查找故障原因和进行维修。

当电控空气悬架系统运行有故障时，电子悬架ECU就能检测到，其点亮故障指示灯。电控悬架系统的诊断与维修过程因不同车辆而不一样，在维修时应参照相应汽车制造商的维修手册或相关资料中提供的步骤进行。

（二）检修方法及步骤

1. 基本检测

1）车身高度调节功能检查（图5-36）

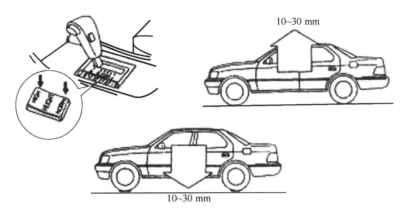

图5-36　车身高度调节功能检查

通过操作高度控制开关来检查汽车车身高度的变化。步骤如下：

（1）检查轮胎充气压力是否正确。

（2）检查汽车高度。

（3）起动发动机，将高度控制开关从"NORM"位置切换到"HIGH"位置。检查高度调整所需的时间和汽车车身高度的变化量。

（4）在汽车处于"HIGH"高度时，起动发动机并将高度控制开关从"HIGH"位置切换至"NORM"位置。检查完成高度调整所需的时间和汽车车身高度的变化量。

2）减压阀检查（图5-37）

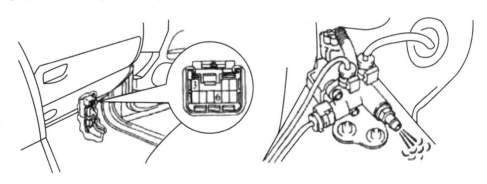

图5-37　减压阀检查

迫使压缩机工作，以检查减压阀的动作，方法如下：

（1）将点火开关转到ON位置，连接高度控制连接器的端子3和6，使压缩机工作。

注意：连接时间不能超过15 s。

（2）压缩机工作一段时间后，检查减压阀应有空气逸出。

（3）将点火开关转至OFF位置。

（4）清除故障代码。

3）漏气检查（图5-38）

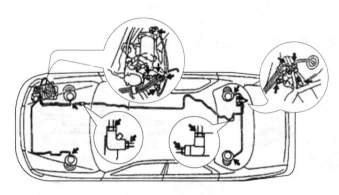

图5-38　漏气检查

检查空气悬架系统的软管、硬管及其连接处是否漏气。步骤如下：

（1）将高度控制开关切换至"HIGH"位置，升高车身。

（2）发动机熄灭。

（3）在软、硬管连接处涂抹肥皂水，以检查是否有漏气。

4）车身高度初始调整（图5-39）

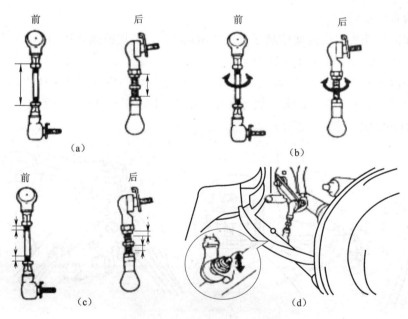

图5-39　车身高度初始调整

车身高度初始调整是使车身初始高度处于标准范围内。调整时，高度控制开关必须在"NORM"位置，汽车要停在平坦的路面上。

（1）检查车身高度。

（2）测量高度传感器控制杆的长度。

标准值为：（前）59.3 mm；（后）35.0 mm。

若测量值不符，则按下述（3）进行调整。

（3）调整车身高度：

① 拧松高度传感器控制杆上的两个锁紧螺母。

② 转动高度传感器控制杆螺栓以调节长度。螺栓每转一圈，车身高度的改变量约为5 mm。

③ 检查长度，应小于：（前）10 mm；（后）14 mm。

④ 暂时拧紧两个锁紧螺母。

⑤ 再次检查车身高度。

⑥ 拧紧锁紧螺母。

注意：在拧紧锁紧螺母时应确保球节与托架平行。

（4）检查车轮定位。

2. 电路检测

电路及元件的检测以故障代码的序号为先后顺序，故障代码的电路放在最后。

1）高度传感器电路

各传感器内部有一只与传感器转子轴结合在一起的电刷，该电刷在电阻器上方移动，产生线性输出。电刷和电阻器端子之间的电阻值，与转子轴的转动角成正比例变化。因此，传感器将悬架 ECU 施加在电阻器上的固定电压加以调整，然后再作为表示转子轴转动角的电压输至悬架 ECU。

检查前高度传感器如图 5-40 所示，步骤如下：

准备：

（1）拆卸前轮。

（2）拆除前翼子板衬里。

（3）脱开高度传感器连接器。

（4）拆下高度传感器。

检查：

（1）将 3 只 1.5 V 的干电池串联起来。

（2）将端子 2 与干电池正极连接，端子 3 与干电池负极连接，在端子 2 与 3 之间施加约 4.5 V 的电压。

（3）使控制杆缓慢地上、下移动，同时检查端子 1、3 之间的电压，在正常位置为 2.3 V；低位置电压值为 0.5 ~ 2.3 V；高位置电压值为 2.3 ~ 4.1 V。

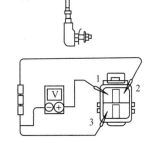

图 5-40　检查前高度传感器

2）转角传感器电路

转角传感器由一个与方向盘一起转动的有缝信号盘和一对遮光器组成。每个遮光器中都对应地装有一个发光二极管（LED）和一个光敏晶体三极管。遮光器将这两个元件之间光线照射的变化转换为通/断信号。信号盘在这对遮光器的发光二极管和光电晶体管之间旋转。操作方向盘时，信号盘也随之旋转，使这两个元件之间的光线隔断或通过。由于这对遮光器具有不同的相位，根据每次输出的变化，悬架 ECU 便能检测出转弯方向和转向角。当转角传感器断定方向盘的最大转向角过大，而车速又高于预定值时，悬架 ECU 便会使减振力增大。

检查转角传感器如图 5-41 所示，步骤如下：

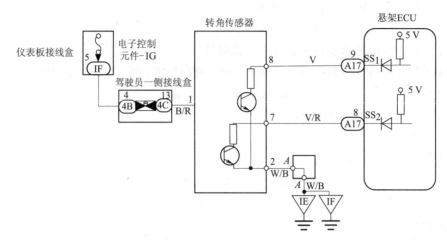

图5-41 检查转角传感器

（1）检查悬架 ECU 连接器端子 SS_1 和 SS_2 与车身接地之间的电压。

准备：

① 拆除仪表台下的手套箱。

② 接通点火开关。

检查：慢慢转动方向盘，测量悬架 ECU 连接器端子 SS_1 和 SS_2 与车身接地之间的电压。正常值在 0～5 V 变化。

（2）检测转角传感器连接端子电压。

准备：

① 拆下方向盘。

② 脱开转角传感器连接器。

③ 接通点火开关。

检查：测量转角传感器连接器端子 1、2 之间的电压。正常值在 9～14 V。

（3）检查转角传感器。

准备：

① 拆下方向盘。

② 脱开转角传感器连接器。

③ 在端子间施加蓄电池电压。

检查：在转角传感器旋转部分慢慢转动的同时，测量转角传感器连接器端子 7、8 与 2 之间的电压。正常值在 0～∞ 变化。

3）制动灯开关

踩下制动踏板时，制动灯开关接通，蓄电池正极电压施加在悬架 ECU 的端子 STP 上。悬架 ECU 还将该信号作为防点头控制的起动条件之一。

检查悬架 ECU 连接端子 STP 与车身接地之间的电压，制动灯开关电路如图 5-42 所示。

准备：

（1）拆除仪表台下的手套箱。

（2）接通点火开关。

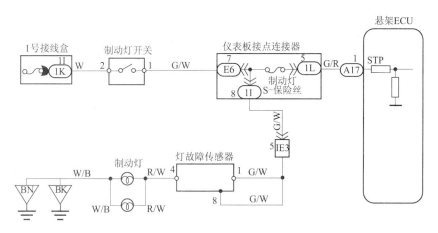

图 5 – 42　检查制动灯开关电路

检查：在踩下和松开制动踏板的同时，分别测量悬架 ECU 连接器端子 STP 与车身接地之间的电压。正常值松开时 0 ~ 1.2 V；踩下时 9 ~ 14 V。若不正常，则需要进一步检查配线连接器以及悬架 ECU。

3. 自诊断系统

当电控悬架系统出现故障时，悬架 ECU 将使 "NORM" 指示灯每秒闪烁一次报警，这时可通过专用仪器进行检查，首先使用故障自诊断系统，读取故障码，分析故障原因后，排除故障。

4. 故障分析

在进行故障分析时，有许多故障原因可能与悬架 ECU 有关，但实际上悬架 ECU 的故障率是很低的，因此在检查故障部位时，应先检查 ECU 之外可能发生故障的部位，待确定这些部位均正常而故障现象不能消除时，再考虑检查或更换悬架 ECU。

（三）故障实例

1. 故障现象

一辆行驶里程超 28.3 万 km，装备 V8 4.6L 发动机，配置 4 速自动变速器，后轮采用电控悬架系统的 1993 款林肯城市（TOWNCAR）高级轿车。

客户反映：该车后部车身无法升起，只有带病把车辆开到机修车间。

2. 故障诊断

维修人员起动车辆确认故障，打开后备厢盖，把作用开关打到 ON 位置，关好车门，上下按动后部车身，空气悬架的压缩机无任何反应。用举升机升起车辆检查，发现两个后悬架空气弹簧气袋已压瘪，外表无损伤，检查空气管路连接良好无脱落，检查高度传感器线路连接器无松动或连接不良现象，空气悬架系统确实无法工作。

3. 故障分析

林肯城市（TOWNCAR）轿车为了提高车辆的乘坐舒适性，装用了计算机控制的后悬架系统，即轿车前面两个悬架仍采用传统型式，不受计算机控制，轿车后轴的两个悬架（空

学习任务二　电控悬架系统的检修

气弹簧）受计算机控制，由空气压缩机及排气电磁阀来控制车身高度，计算机再依据各输入信号来控制压缩机运转或停止，对悬架空气弹簧进行充气和硬度调节。

　　计算机控制后空气悬架系统主要由空气悬架控制模块、空气压缩机及放气阀、两个后轮空气弹簧（气囊）及后空气弹簧控制电磁阀，空气悬架控制模块作用开关、车门开关，转角传感器、车速传感器和一个后部车身高度传感器组成。电控悬架系统主要元件布置图如图5－43所示。电控悬架系统电路图如图5－44所示。

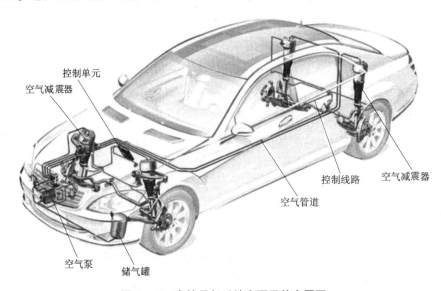

图5－43　电控悬架系统主要元件布置图

　　悬架系统采用模式控制，空气弹簧充气过程主要取决于车辆的车速、制动、转向、车门开关和车身高度传感器信号状态，悬架控制模块将接收到的信号进行处理之后，控制压缩机运转，同时，控制空气弹簧电磁线圈通电开启，向空气弹簧充气，当车身达到规定高度后，关闭空气弹簧电磁阀，压缩机停止运转，从而改变空气弹簧的高度和硬度。

　　制动开关和转角传感器主要用来检测车身负荷，当车辆正常行驶时，控制模块控制悬架，使之处于软模式；当车辆重踩制动踏板或转向角度较大时，控制模块控制悬架处于硬模式，控制模块会根据车速自动升高或降低车身高度，自动调整其悬架硬度及模式，且改变其动力转向负荷。

　　空气悬架作用开关，为悬架控制模块提供主电源，如果开关断开，整个系统将不工作。当车辆进行诊断、举升维修时需要将开关关闭，在进行充电或跨接蓄电池启动时也需要关闭开关，以避免因操作不当导致悬架控制系统及控制模块损坏。

　　车门开关可以检测车门是否关闭，如果车门是打开的，悬架系统就会停止工作。因此，在检查系统是否工作时，一定要关好车门。

　　车身高度传感器，由控制模块提供电源，精确检测车身高度位置，为空气悬架控制模块提供工作信号。

　　空气悬架控制模块，从高度传感器处接收高度信号，通过相应的元件，空气压缩机和空气弹簧电磁阀，控制两个空气弹簧来保持车辆后部的高度。空气悬架控制模块，为了升高车身后部高度，首先接通空气压缩机继电器，空气压缩机开始工作，然后控制空气弹簧，电磁

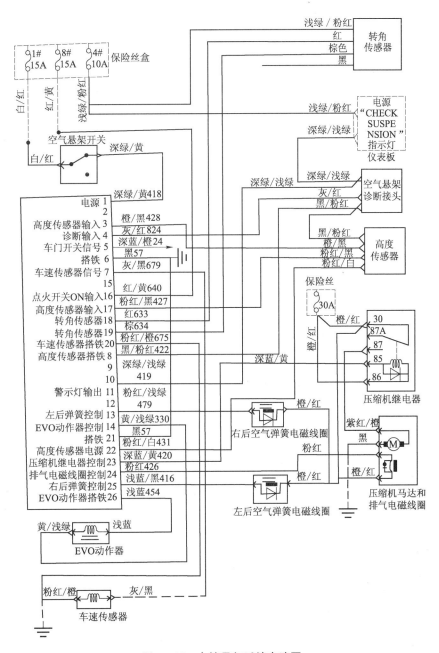

图5－44 电控悬架系统电路图

阀开始工作，直到空气悬架控制模块接收到来自车身度传感器输入的信号，确定车辆已达到正确的高度，此时，空气悬架控制模块会自动控制空气弹簧电磁阀和空气压缩机停止工作。为降低车身后部高度，车辆空气悬架控制模块可以根据车身高度传感器输入的信号，打开空气压缩机的排气电磁阀，将车身降到正确的高度，然后控制模块就会关闭排气电磁阀。

4．故障检测

根据空气悬架系统工作原理及故障症状分析对以下几个方面进行检查：一是空气压缩机及控制线路故障；二是各开关控制信号及车身高度传感器信号故障；三是空气悬架控制模块

故障。

1）检查空气压缩机及控制电路故障

按照电路图在发动机舱右侧的保险丝盒内 U 位置，找到 AIR 30 A 保险丝及压缩机继电器（图 5－45）。测量 30 A 保险丝没有断路，把空气悬架作用开关打到 ON 位置，检查空气压缩机（airsuspension）继电器，用万用表测量 30 端子有 12 V 供电，测量继电器控制线圈 86 端子（橙/红色线）有 12 V 电压输入，测量继电器控制线圈 85 端子（深蓝/黄色线）无控制（接地）信号输入，所以继电器无法吸合。短接继电器 30 端子与 87 端子，压缩机可以运转，证明压缩机本身没有问题，但是车身还是不能升起，说明空气悬架控制系统元件或控制模块有问题存在。

图 5－45　保险丝盒

2）检查各开关控制信号及车身高度传感器信号故障

（1）检查空气悬架作用开关。检查空气悬架作用开关，测量开关供电线（白/紫色线）有 12 V 电压，开关打到 ON 位置时（绿/黄色线）有开关控制的 12 V 供电。

（2）检查空气弹簧电磁阀。用万用表测量左、右空气弹簧电磁阀线圈阻值，两个电磁阀线圈阻值都是 17.4 Ω，线圈阻值在正常范围。查阅电路图得知，两个空气弹簧电磁阀线圈的一端由 30 A 保险供电，左后空气弹簧电磁阀的另一端线路由控制模块 13 端子提供接地信号，右后空气弹簧电磁阀另一端线路由控制模块 25 端子提供接地信号。电磁线圈内部并联 1 个嵌位二极管，因而电磁阀的工作电源就有严格的正负极之分。如果采用外接电源的检测方法，就必须格外谨慎，否则会因极性接反，烧毁二极管。

测量空气弹簧电磁线圈的供电端（橙/红色线）有 12 V 供电，测量左后空气弹簧电磁阀线圈另一端（紫/绿色）信号控制线（控制模块 13 端子）没有接地信号，测量右后空气弹簧电磁阀线圈另一端信号控制（蓝/黑色）线（控制模块 25 端子）没有提供接地信号，说明控制模块没有工作。

（3）检查车门开关信号

检查 4 个车门开关信号，用万用表电压挡测量控制模块 5 端子（深蓝/橙色线）门灯信号线，分别打开 4 个车门时 5 端子都有 12 V 电压，关闭车门时电压为 0 V，检查结果门灯开关信号正常。

（4）检查车身高度传感器是否检测到车身在极限值，测量高度传感器的输出信号，测量高度传感器 2 输出端子（蓝色线和绿色线）没有输出信号，说明传感器没有工作。

用万用表蜂鸣挡测量车身高度传感器线圈的通断，红表笔接高度传感器电源正极、黑表笔接电源负极，万用表屏显示为 1.416；黑表笔接高度传感器电源正极、红表笔接电源负极，万用表屏显示为 738，测量结果高度传感器的线圈通断没有问题。

检查车身高度传感器供电，接通点火开关，测量线束侧连接器上的 2 电源（供电）端子之间电压为 0 V，测量负极有接地。测量结果高度传感器正极电源端子无电压输入，说明高度传感器线路或空气悬挂控制模块有问题。

3）检查空气悬架控制模块故障

测量空气悬架控制模块 1 端子（绿/黄色线）有控制开关控制的 12 V 供电。再检查控制模块接地线 6 端子、21 端子接地良好，检查结果控制模块供电正常。测量空气悬架控制模块输出信号，把空气悬架作用开关放在 ON 位置，关好 4 个车门，起动发动机，测量控制模块的 23 端子（深蓝/黄色线）无接地信号输出。测量控制模块 13 端子（紫/绿色线）左后空气弹簧电磁阀接地信号无输出，测量控制模块 25 端子（蓝/黑色线）右后空气弹簧电磁阀无控制信号输出。测量控制模块 8 端子（黑/粉色高度传感器搭铁线）与接地之间电阻为 0.01 Ω，接地良好，测量控制模块 22 端子（粉/白色高度传感器电源线）无输出电压。检查结果控制模块的两个电源输入端子电压正常，接地正常，控制模块的输出 13 端子、25 端子、23 端子、22 端子都没有输出，说明空气悬架控制模块内部损坏。

5．故障排除

更换空气悬架控制模块，打开空气悬架开关，空气压缩机开始工作，后空气弹簧开始充气，车身后部升起至正常高度，悬架控制模块损坏导致后车身无法升起故障彻底排除。

6．故障总结

该车故障原因是客户用连电的方法起动车辆，连电起动时空气悬架作用开关没有关闭，导致空气悬架控制模块损坏。控制模块内部损坏，导致 22 端子无电压供给高度传感器，传感器无准确的高度信号供给控制模块，空气悬架系统受控制模块控制的执行元件都无法工作。

 小结

电控悬架系统分为传感器、电子控制单元（ECU）、执行器 3 个部分，传感器包括车身高度传感器、方向盘转角传感器、加速度传感器等。执行器包括悬架执行机构、带减震器的空气缸、压缩机和干燥器等。电控悬架是汽车的重要组成部分，电控悬架出现故障时，需要通过基本检测、电路检测、自诊断系统、故障分析来进行故障检测和排除，并通过林肯城市高级轿车电控悬架故障实例来加深对电控悬架故障的检测方法及步骤的学习。

思考与练习

1．简述电控悬架系统的组成。

2．简述电控悬架故障检测方法及步骤。

学习情境六

汽车电控动力转向系统结构与检修

学习任务一

电控动力转向系统概述

🌼 一、任务目标

（一）知识目标

（1）了解电控动力转向系统的分类。
（2）掌握电控动力转向系统的优点。

（二）能力目标

（1）能够区分普通动力转向系统和电控动力转向系统。
（2）能够区分液压式电控动力转向系统和电动式电控动力转向系统。

🌼 二、任务描述

随着电子技术的不断发展，转向系统也避免不了电子革命。现在许多轿车都使用了电控动力转向系统，保证轿车在低速转弯和停车时有更大的动力辅助，从而为驾驶员提供方便。

🌼 三、任务实施——电控动力转向系统分类及优缺点

（一）电控动力转向系统的分类

汽车转向系统就是使转向轮偏转以实现汽车转向的一整套机构，其作用是保证汽车在行驶中能按照驾驶员的操纵要求适时地改变行驶方向，能在受到路面干扰偏离行驶方向时与行驶系统配合共同保持汽车稳定地直线行驶。

电控动力转向系统按控制方式的不同，可分为普通动力转向系统和电控动力转向系统。普通动力转向系统一般采用液压式，按液流形式又可分为常压式和常流式两种。

电控动力转向系统根据动力源不同，又可以分为液压式和电动式两种。液压式电控动力转向系统是在普通动力转向系统中增设了控制液体流量的电控系统，包括电磁阀、车速传感器以及电控单元（ECU）等。ECU通过传感器的信号控制电磁阀的开、闭，使得动力转向的助力程度连续可调，从而满足车辆在高、低速时的不同转向力要求。电动式电控动力转向

系统是采用电动机作为动力源，电控单元依据转向参数和车速传感器信号控制加在转向机构上的电动机转矩的大小和方向，得到一个相应的转向助力。

电控动力转向系统则是动力转向系统和电子控制系统结合的产物，能够根据汽车的行驶速度将汽车的驾驶性能控制在最佳状态。

（二）电控动力转向系统的优点

传统液压式助力转向系统提供不了合适的转向力，即若要保证汽车在停车或低速掉头时转向轻便，那么汽车在高速行驶时就会感到有"发飘"的感觉；若要保证汽车在高速行驶时操纵有适度手感，那么当其要停车或低速掉头时就会感到转向太重，两者不能兼顾。电控动力转向系统既可以实现低速时转向轻便、灵活，又能在高速时保证稳定的转向手感，其驾驶舒适性、操纵稳定性更高，故在轿车上得到了广泛的应用。电控动力转向系统的优点如下：

（1）增强了转向跟随性。方向盘与转向轮之间具有准确的一一对应关系，同时能保证转向轮可维持在任意转向角位置。

（2）有高度的转向灵敏度。转向轮对方向盘具有灵敏的响应。

（3）良好的操纵稳定性。具有很好的直线行驶稳定性和转向自动回正能力。

（4）助力效果能随车速变化和转向阻力的变化做相应的调整。低速时有较大的助力效果，以克服路面的转向阻力；高速时有适当的路感，避免因转向过轻而发生事故。

电控动力转向系统根据动力源不同又可分为液压式电控动力转向系统（液压式 EPS）和电子式电控动力转向系统（电动式 EPS）。

小结

电控动力转向系统是动力转向系统和电子控制系统结合的产物，能够根据汽车行驶速度自动调节转向动力放大倍率，以保证转向系统在高、低速时都获得最佳的驾驶性能。

电控动力转向系统可分为电子控制液压式动力转向系统和电子控制电动式动力转向系统。

思考与练习

1. 电控动力转向系统有什么优点？
2. 电控动力转向系统有哪些类型？

学习任务二

液压式电控动力转向系统结构与检修

❋ 一、任务目标

（一）知识目标

（1）了解液压式电控动力转向系统的结构。
（2）掌握液压式电控动力转向系统的控制方式。
（3）掌握液压式电控动力转向系统的检修方法。

（二）能力目标

（1）能够进行液压式电控动力转向系统的常见故障诊断。
（2）能够对液压式电控动力转系统进行故障维修。

❋ 二、任务描述

随着人们对汽车经济性、环保性、安全性的日益重视以及小排量轿车的发展，人们开始对液压动力转向系统存在的不足进行改进，并开发出一些新型电控液压动力转向系统，其主要改进措施是将车速信号引入液压转向系统，得到车速感应型助力特性，并增加了控制器和执行机构。控制器根据车速传感器信号，改变助力特性，以满足路感和操纵稳定性的要求。电控液压动力转向系统虽然实现了车速感应型助力特性，但由于仍然采用液压系统，液压系统本身的缺点依然难以克服，同时在液压系统的基础上增加了传感器和控制器，整个系统成本有所增加。

❋ 三、任务实施——液压式电控动力转向系统简介

（一）液压式电控动力转向系统基本组成

液压式电控动力转向系统（液压式 EPS）是在传统的液压动力转向系统的基础上增设了控制液体流量的电磁阀、车速传感器和电子控制单元等，电子控制单元根据检测到的车速信号，控制电磁阀，使转向动力放大倍率实现连续可调，从而满足高、低速时转向助力的要求。

液压式电控动力转向系统主要由车速传感器、电控单元、电磁阀、动力转向控制阀和动力转向油泵等组成。该系统是通过控制流向动力转向油缸两侧油室内的液压油流量来实现动力转向控制的，因此该系统又称流量控制式动力转向系统。

（二）液压式电控动力转向系统

根据控制方式的不同，液压式电控动力转向系统又可分为流量控制式、反力控制式和阀灵敏度控制式三种形式。

1. 流量控制式电控动力转向系统

流量控制式电控动力转向系统通过车速信号来调节向动力转向装置供应的油量，从而实现对转向助力的控制。流量控制式电控动力转向系统基本结构如图 6－1 所示，它是在一般液压动力转向系统上增加了旁通流量控制阀、车速传感器、电控单元和控制开关等元件。

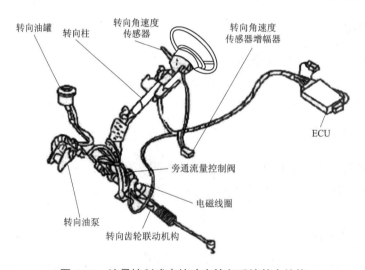

图 6－1　流量控制式电控动力转向系统基本结构

流量控制式电控动力转向系统工作原理如图 6－2 所示，在转向油泵与转向器本体之间设有旁通管路，在旁通管路中又设有旁通油量控制阀。按照来自车速传感器、转向角速度传感器和控制开关信号，电控单元向旁通流量控制阀发出控制信号，控制旁通流量，从而调整向转向器供油的流量。当向转向器供油流量减少时，动力转向控制阀灵敏度下降，转向助力作用降低。

图 6－3 所示为该系统旁通流量控制阀的结构示意图。在阀体内装有主滑阀和稳压滑阀，在主滑阀的右端与电磁线圈柱塞 3 连接，主滑阀与电磁线圈的推力成正比移动，从而改变主滑阀左端流量主孔 1 的开口面积。调整调节螺钉 4 可以调节旁通流量的大小。稳压滑阀的功用是保持流量主孔前后压差的稳定，以使旁通流量与流量主孔的开口面积成正比。当因转向负荷变化而使流量主孔前后压差偏离设定值时，稳压滑阀阀芯将在其左侧弹簧张力和右侧高压油压力的作用下发生滑移。如果压差大于设定值，则阀芯左移，使节流孔开口面积减小，流入阀内的机油量减少，前后压差减小；如果压差小于设定值，则阀芯右移，使节流孔开口面积增大，流入阀内的机油量增多，前后压差增大。流量主孔前后压差的稳定保证了旁通流量的大小只与主滑阀控制的流量主孔的开口面积有关。

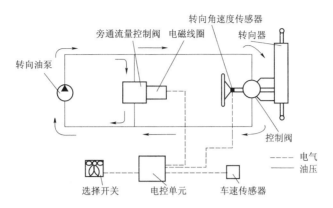

图 6 - 2　流量控制式电控动力转向系统工作原理

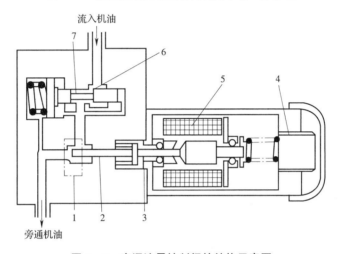

图 6 - 3　旁通流量控制阀的结构示意图

1—流量主孔；2—主滑阀；3—电磁线圈柱塞；4—调节螺钉；5—电磁线圈；6—节流孔；7—稳压滑阀

2. 反力控制式电控动力转向系统

反力控制式电控动力转向系统是按照车速的变化，由电子控制油压反力调整动力转向器，从而使汽车在各种条件行驶条件下，方向盘上所需的转向操控力都能达到最佳状态。反力控制式系统主要由方向盘、分流阀、电磁阀、动力缸、泵、储油罐、车速传感器及电子控制单元等组成，如图 6 - 4 所示。

当汽车低速行驶时，ECU 输出较大的通电电流，使电磁阀的开度增加，由分流阀分出的液体流过电磁阀回到转向储油罐中。因此，油压反力室的压力减少，柱塞推动控制阀杆的力减小。利用方向盘的转向力来增大扭杆扭力。转阀按照扭杆角做相对的旋转，使油泵油压作用于转向动力缸的右室，活塞向左右运动，从而使转向轻便、灵活。

汽车在中高速行驶转向时，汽车方向盘微量转动时，控制阀杆根据扭杆的扭转角度而转动，转阀的开度减小，转阀里面的压力增加，流向电磁阀和油压反力室中的液流量增加，反力增大，使得柱塞推动控制阀杆的力变大。液流还从量孔流进油压反力室中，这也增大了油液反力室中的液体压力，故当方向盘的转动角度增加时，将需要更大的转向操控力，从而在中高速行驶中保证良好的转向特性。

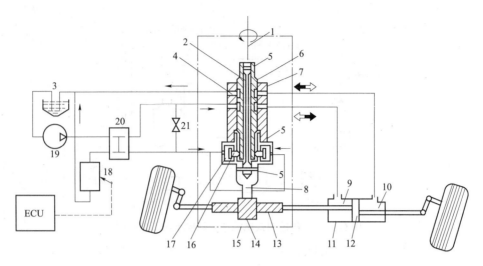

图 6 - 4　反力控制式电控动力转向系统的组成

1—方向盘；2—扭杆；3—储油箱；4—接口；5—销钉；6—控制阀轴；7—回转阀；8—小齿轮轴；
9—左室；10—右室；11—动力油缸；12—活塞；13—齿条；14—小齿轮；15—转向齿轮箱；
16—柱塞；17—油压反力室；18—电磁阀；19—油泵；20—分流阀；21—小节流孔

反力控制式电控动力转向系统的优点是具有较大的选择转向力的自由度，转向刚度大，驾驶员能准确感受到路面情况，可以获得稳定的操作手感等。其缺点是结构复杂，且价格较高。

3. 阀灵敏度控制式电控动力转向系统

阀灵敏度控制式电控动力转向系统是根据车速控制电磁阀直接改变动力转向控制阀的油压增益（阀灵敏度）来控制油压，从而控制转向助力的大小。这种转向系统的特点是结构简单、部件少、价格便宜，而且具有较大的选择转向力的自由度，可以获得自然的转向手感和良好的转向特性。

图 6 - 5 所示为轿车所采用的阀灵敏度控制式动力转向系统。该系统对转向控制阀做了局部改进，并增加了电磁阀、车速传感器和 ECU 等。控制阀的可变小孔分为低速专用小孔（1R、1L、2R、2L）和高速专用小孔（3L、3R）两种，在高速专用可变孔的下边还设有旁通电磁阀回路。

图 6 - 6 所示为该系统的控制阀等效液压回路，其工作过程如下：当车辆停止时，电磁阀完全关闭，如果此时向右转动方向盘，则高灵敏度低速专用小孔 1R 及 2R 在较小的转向扭矩作用下即可关闭，转向油泵的高压油液经 1L 流向转向动力缸右腔室，其左腔室的油液经 3L、2L 流回转向油罐，所以此时具有轻便的转向特性。而且施加在方向盘上的转向力矩越大，可变小孔 1L、2L 的开口面积越大，节流作用越小，转向助力作用越明显。随着车辆行驶速度的提高，在电控单元的作用下，电磁阀的开度也线性增加，如果向右转动方向盘，则转向油泵的高压油液经 1L、3R 旁通电磁阀流回转向油罐。此时，转向动力缸右腔室的转向助力油压就取决于旁通电磁阀和灵敏度低的高速专用可变孔 3R 的开度。车速越高，在电控单元的控制下，电磁阀的开度越大，旁路流量越大，转向助力作用越小；在车速不变的情况下，施加在方向盘上的转向力越小，高速专用小孔 3R 的开度越大，转向助力作用也越

小，当转向力增大时，3R 的开度逐渐减小，转向助力作用也随之增大。由此可见，阀灵敏度控制式电控动力转向系统可使驾驶员获得非常自然的转向手感和良好的速度转向特性。

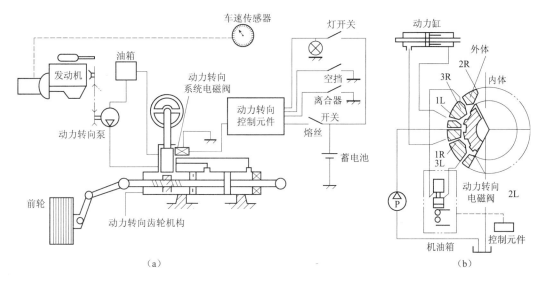

图 6－5　阀灵敏度控制式电控动力转向系统

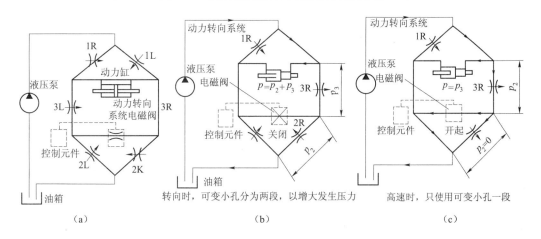

图 6－6　阀灵敏度控制阀等效液压回路

（三）任务实施——液压式电控动力转向系统检修

液压式电控动力转向系统检测主要涉及电控液压系统油压检测和电控部件检测两大部分。

1. 电控液压系统油压检测

检查系统管路和油面高度，确认管路无泄漏，油面稳定在高度正常。将压力表接入在动力转向泵与转向控制阀的压力管路中，压力表的阀门开启到最大，使发动机怠速稳定运转，在左、右极限位置之间将方向盘连续转动 3～4 次，此时转向油液温度不断升高，将系统内空气排除，当转向油液温度升至 80 ℃以上，且液面高度正常时，检测发动机怠速时转向泵

输出油压应为 3 MPa 以上。将方向盘转至极限位置，拔下电磁阀插接器，然后起动发动机，使其转速稳定在 1 000 r/min，测量动力转向泵的输出油压，其最低压力应为 7 MPa 以上。否则，分析转向器内部是否存在泄漏或电磁阀有故障。

2. 电控部件检测

1）电磁阀的检测

电磁阀常见故障为针阀位置不当和电磁阀线圈短路等。随着电磁阀的针阀开启，油道中的电磁阀起旁路作用，转向助力随之发生变化。其诊断步骤如下：

（1）检测电磁阀电磁线圈的电阻：首先拆下线束插接器，然后使用欧姆表测量两端子之间的电阻应为 6 ~ 11 Ω，否则，应更换存在故障的电磁阀；

（2）检测电磁阀的工作情况：先拆下电磁阀的转向器，然后将蓄电池的正极接电磁阀 SOL+ 端子，负极接 SOL– 端子，此时缩回电磁阀的针阀至 2 mm，否则，应更换存在故障的电磁阀。

2）ECU 的检测

架起汽车稳定支撑，使发动机怠速稳定运转，测量 ECU 的 SOL– 端子和 GND 端子之间的电压；之后挂上挡使车轮以 60 km/h 的车速转动，测量 ECU 的 SOL– 端子和 GND 端子之间的电压，该电压应比原来增加 0.07 ~ 0.22 V。当上述测量无电压时，应更换 ECU 重试，便于确诊。

液压式电控动力转向系统的电子控制系统主要由车速传感器、电控单元和控制液体流量的电磁阀组成。其动力源是发动机驱动的油泵产生的高压油。在工作过程中，电控单元根据车速传感器输入的车速信号，控制电磁阀动作，使转向动力放大倍率实现连续可调，以保证转向系统在高、低速时都获得最佳的驾驶性能。

思考与练习

1. 简述流量控制式电控动力转向系统的基本控制原理。
2. 简述反力控制式电控动力转向系统的基本控制原理。
3. 简述阀灵敏度控制式电控动力转向系统的基本控制原理。

学习任务三

电动式电控动力转向系统结构与检修

✳ 一、任务目标

（一）知识目标

（1）了解电动式电控动力转向系统的结构。

（2）掌握电动式电控动力转向系统的工作原理。

（3）掌握电动式电控动力转向系统的检修方法。

（二）能力目标

（1）能够进行电动式电控动力转向系统的常见故障诊断。

（2）能够对电动式电控动力转向系统进行故障维修。

✳ 二、任务描述

随着电子技术的快速发展，目前越来越多的轿车上采用了电动式电控动力转向系统（简称电动式 EPS），EPS 是一种新型的、很有发展前途的动力转向系统。电动助力转向系统完全取消了液压组件，它是一种直接依靠电动机提供辅助转矩的电控动力式转向系统。电动式电控动力转向系统能根据不同的情况产生适合各种车速的动力转向，不受发动机停止运转的影响，在停车时，驾驶员也可获得最大的转向动力；汽车在行驶过程中，电子控制装置可调整电动机的助力以改善路感。

✳ 三、任务实施——电动式电控动力转向系统简介

（一）电动式电控动力转向的分类

根据电动机对转向系统产生助力的部位不同，电动式电控动力转向系统有三种类型：

1. 转向轴助力式

转向轴助力式的转向助力机械安装在转向轴上。当驾驶员转动方向盘时，控制单元根据接收的转矩、转动方向、车速等信号，控制直流助力电动机的电流。电动机的动力经离合

器、电动机齿轮传给转向轴的齿轮，然后经万向节及中间轴传给转向器。

2. 转向器小齿轮助力式

转向器小齿轮助力式的转向助力机械安装在转向器小齿轮处；与转向轴助力式相比，可以提供较大的转向力，适用于中型车。

3. 齿条助力式

齿条助力式的转向助力机械安装在转向齿条处，电动机通过减速传动机构直接驱动转向齿条。与转向器小齿轮助力式相比，可以提供更大的转向力，适用于大型车，对原有转向传动机械有较大改变。

（二）电动式电控动力转向系统主要部件的结构及工作原理

电动式电控动力转向系统主要由扭矩传感器、电子电控单元、电动机、电磁离合器和减速机构等组成，如图 6-7 所示。

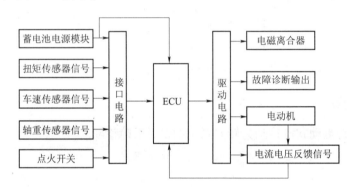

图 6-7 电动式电控动力转向系统的组成

1. 扭矩传感器

扭矩传感器的作用是测量方向盘与转向器之间的相对转矩，以作为电动机动力调节的依据。

1）电磁感应式扭矩传感器

如图 6-8 所示，当方向盘处于中间位置或直行时，扭力杆的纵向对称面正好处于输出轴极靴 AC、BD 的对称面上，当在 U、T 两端加上连续的输入脉冲电压信号 U_i 时，由于通过每个极靴的磁通量相等，所以在 V、W 两端检测到的输出电压信号 $U_o=0$；当转动方向盘时，

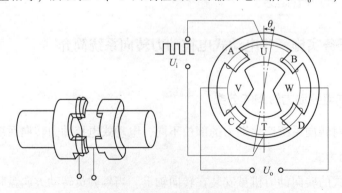

图 6-8 电磁感应式扭矩传感器

由于扭力杆和输出轴极靴之间发生相对扭转变形，极靴 A、D 之间的磁阻增加，B、C 之间的磁阻减少，各个极靴的磁通量发生变化，于是在 V、W 之间就出现了电位差，其电位差与扭力杆的扭转角和输入电压 U_i 成正比。所以，通过测量 V、W 两端的电位差就可以测量出扭力杆的扭转角，即可得出方向盘上施加的转矩大小。

2）滑动可变电阻式扭矩传感器

如图 6-9 所示，当汽车转向时，在转向力矩的作用下，输入轴与输出轴之间的扭杆在转向力矩的作用下产生相对位移时，滑块随之做出轴向移动，滑块的轴向移动通过控制臂转换成滑动可变电阻内部滑动触点的移动，滑动触点的移动引起电阻的变化，并经电路转换成电压信号送向 ECU。

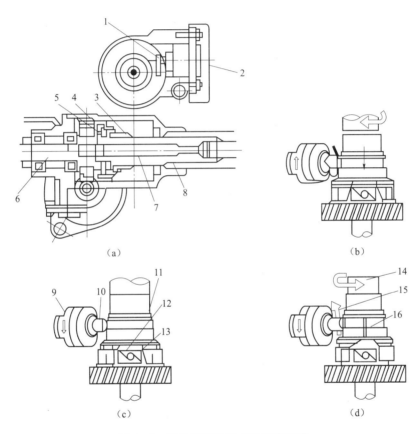

图 6-9 滑动可变电阻式扭矩传感器

（a）传感器结构；（b）方向盘右转时；（c）方向盘在中间位置；（d）方向盘左转时

1,10—控制臂；2—电位器；3,11—滑套；4—环座；5,13—钢球；6—输出轴；7—扭杆；8—输入轴毂；
9—扭矩传感器；12—环座键槽；14—心轴旋转方向；15—控制臂旋转方向；16—滑块滑动方向

传感电位器从控制 ECU 接入 5 V 的标称电压，当方向盘上无转向力矩时，传感器滑套处于中间位置，电位器信号端子上输入 2.5 V 信号电压；当右转向时，扭力杆受到转向力矩作用产生弹性扭转变形，带动滑套在输入轴毂上向后（上）做轴向移动，并经环槽带动电位器摇臂轴转动而改变分压比，使电位器输出大于 2.5 V 的电压信号。在左转向时，电位器的输出端子上输出小于 2.5 V 的信号。电位器的输出电压信号与扭力杆的变形量（转向力矩）成正比，ECU 将电位器的输出电压信号与 2.5 V 的标准中性值比较，即可判断出转向力矩的大小和方向。该扭矩传感器的输出特性如图6-10所示。

2. 电子控制单元

电子控制单元包括检测电路、微处理器、控制电路等。检测电路将传感器的信号进行整形放大后输入微处理器,然后微处理器计算出最优化的助力转矩。控制电路将来自微处理器的电流命令输送到电机驱动电路。

3. 电动机

电动式电控动力转向系统中用的电动机是直流电动机,与起动用直流电动机原理基本相同,一般采用永磁磁场。最大电流为30 A左右,电压为DC 12 V,额定转矩为10 N·m左右。

4. 电磁离合器

图6-11所示为电磁离合器的工作原理,电动机带动主动轮旋转,当线圈通电时,离合器接合,主动轮与压板结合,通过压板内的花键带动从动轴旋转,此时电动机具有助力作用;反之,离合器分离,助力作用被切断。为了减少加与不加助力时驾驶车辆感觉的差别,设法使离合器具有滞后输出特性,同时还使其具有半离合状态区域。

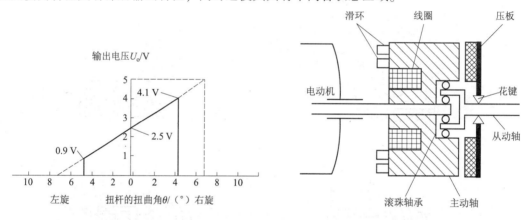

图6-10 扭矩传感器的输出特性   图6-11 电磁离合器的工作原理

电控动力转向系统的工作一般都有一定的范围,如果超过规定车速(45 km/h),就不需要电动机辅助动力转向,此时电动机停止工作,且离合器分离,不再起传递动力的作用。在不加动力情况下,离合器可以消除电动机惯性的影响。同时,在系统发生故障时,因离合器分离,可以恢复手动控制转向。

5. 减速机构

减速机构是电动式电控动力转向系统不可缺少的部件,其作用是把电动机的输出进行减速增扭,再传给转向齿轮箱的主要部件。目前已使用的有多种组合方式,如两级行星齿轮与传动齿轮驱动组合式、蜗轮蜗杆与转向轴驱动组合式等。为了抑制噪声和提高耐久性,减速机构中的齿轮多半采用了特殊齿形或者采用树脂材料。

(三)电动式电控动力转向系统检修案例

大众速腾轿车采用电控动力转向系统(图6-12),主要组件有:方向盘转角传感器G85、转向力矩传感器G269、电子助力转向电机V187、电子助力转向控制单元J500、助力转向故障灯 K161。电控动力转向系统的工作原理是电子助力转向控制单元 J500。根据车速、发动机转速、转向力矩、方向盘转角、方向盘转速以及自身存储的特性曲线图，计算出必要的转向助力力矩并控制电机工作。控制单元如果检测到系统中主要信号部件或线路出现故障，便会点亮助力转向故障灯 K161。

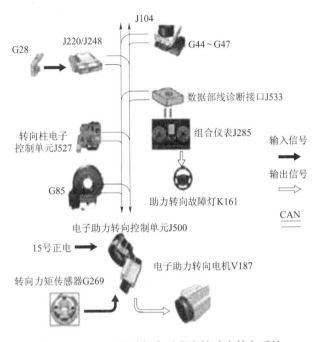

图 6 - 12　大众速腾轿车采用电控动力转向系统

　　首先提取电子助力转向的故障码，显示转向力矩传感器 G269 故障。查阅维修手册得知，转向力矩传感器安装在转向机上。转向力矩传感器失效并不是马上失去助力，而是点亮黄色故障灯，助力逐渐消失，完全消失后故障灯变为红色。图 6 - 13 所示为大众速腾电子助力转向系统局部电路图，转向力矩传感器上的 4 根线全部都是从电子助力转向控制单元 J500 出来的。先检查这 4 根线是否存在断路或短路，用万用表测量 4 根线，线路导通，没有短路与断路现象，而且插头接触良好，无锈蚀。

　　图 6 - 14 所示为转向力矩传感器，磁性转子和转向输入轴为一体，和转向柱相连，磁阻传感元件和转向小齿轮为一体，驱动转向齿条。当转动方向盘时，由于轮胎与路面的接触阻力，使与输入轴一体的转子和转向小齿轮磁阻元件之间产生相对运动，也就是磁性转子和磁阻元件之间发生相对运动。此时磁阻元件会出现一个磁阻的变化信号。这个信号传送给电子助力转向控制单元 J500。电子助力转向控制单元 J500 通过这个信号计算出当时的扭矩值，从而控制电机转向助力的力矩。

　　测量电子助力转向控制单元 J500 的输出线路，有一根 5 V 的电源线，一根搭铁线，判断正常。再测量传感器一侧的电阻，其中 T4ae/3 和 T4ae/4 R 之间短路，电阻为 0.2 Ω。按照磁阻原理，传感器内部不应该断路，于是判断该转向力矩传感器损坏。更换转向力矩传感器，起动发动机，黄色的助力转向故障灯依然点亮，转动方向盘时感觉沉重，助力效果差。连接检测仪，进入电子助力转向系统 44，选择 "02" 提取故障码，显示："U2546" 转向限制停止；"005" 无或错误的基本设置/匹配。

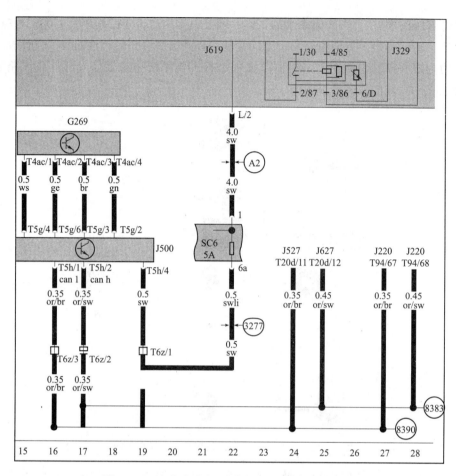

图 6-13 大众速腾电子助力转向系统局部电路图

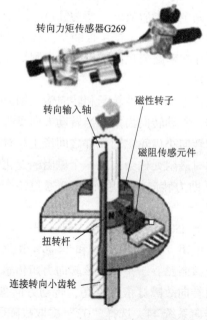

转向力矩传感器G269

磁性转子

转向输入轴

磁阻传感元件

扭转杆

连接转向小齿轮

图 6-14 转向力矩传感器

虽然故障是由转向力矩传感器 G269 引起的，但因拆装作业相当于更换了转向机，因此需对方向盘转角传感器 G85 进行匹配，并用检测仪清除故障码，进入通道"11"控制模块编程，输入"40168"，确认之后迅速地把方向盘向左打到底，并用力拉住，保持在极限位置 3 min，接着再向右把方向盘打到底，并用力拉住，保持 3 min。此时，仪表上的黄色助力转向故障灯熄灭，把方向盘打到直行位置，用检测仪再次提取故障码，退出，然后清除故障码。发动机熄火，再次起动发动机，助力转向故障灯熄灭，原地打方向，方向盘轻便灵活，故障排除。

✷ 四、知识与技能拓展——线控主动转向

线性主动转向（Direct Adaptive Steering，DAS）系统，是英菲尼迪 Q50 首创的技术，也是汽车进入自动驾驶时代最重要的技术之一。线性主动转向系统主要由方向盘、转向柱、转向机、3 组 ECU 电子控制单元、方向盘后的转向动作回馈器、离合器等组成，如图 6-15 所示。

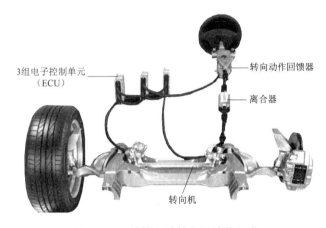

图 6-15　线性主动转向系统的组成

当驾驶员转动方向盘时，方向盘转角传感器向 ECU 发送相关转向信号，ECU 经过分析处理后，向转向机构发送信号，驱动电机完成转向动作。装载 DAS 控制系统的车辆在行驶转向时，不再依靠传统的机械连接，车轮的转向角度与反应速度依靠 3 组电子控制单元（ECU）进行控制，根据行驶路况和方向盘转动力度、速度进行综合计算，从而指挥转向电机机构实现转向。

该线控主动转向控制系统中有三个并联的 ECU，分别负责做前路、方向盘、右前轮，并同时彼此互相监测其他两个 ECU 的工作情况。当任意一个 ECU 被监测到出现了问题时，备用模式将立刻通过一个离合器被激活，恢复传统的机械传动转向模式，确保万无一失。

线控主动转向控制系统比传统的转向系统更加精确，更加灵敏，因为采用智能电子信号控制从而消除了转向力在传递过程中产生的迟滞。传统转向系统，在接近弯道时，驾驶员需要提前做出转向动作，否则汽车无法实现平稳转向。而采用线控主动转向系统，通过消除内部的转向延迟，减少了预先动作的必要，实现了更灵活的转向。驾驶员的感受将更加直接，系统可向方向盘提供必要的信息和稳定的反馈力。

小结

电动式电控动力转向系统主要由扭矩传感器、电子电控单元、电动机、电磁离合器和减速机构等组成。电动式电控动力转向系统的动力源是直流电动机。在汽车转向时，电控单元根据车速传感器等输入的信号，控制电动机输出转矩的大小和方向。电控动力转向系统在低速时可使转向轻便、灵活；在汽车中高速区域转向时，能保证提供最优的动力放大倍率和稳定的转向手感，提高汽车高速行驶时的操纵稳定性。

思考与练习

1. 简述电动式电控动力转向系统主要部件的结构。
2. 简述电动式电控动力转向系统主要部件的工作原理。